An Introduction to
Labor Education for
College Students in the New Era

新时代
大学生劳动教育教程

主　编　鲁明川　刘珊珊
副主编　张义修　胡小波

ZHEJIANG UNIVERSITY PRESS
浙江大学出版社
·杭州·

图书在版编目（CIP）数据

新时代大学生劳动教育教程 / 鲁明川，刘珊珊主编
. — 杭州 ：浙江大学出版社，2023.6（2025.7重印）
ISBN 978-7-308-23818-2

Ⅰ. ①新… Ⅱ. ①鲁… ②刘… Ⅲ. ①大学生－劳动
教育－高等学校－教材 Ⅳ. ①G40-015

中国国家版本馆CIP数据核字（2023）第091096号

新时代大学生劳动教育教程

XINSHIDAI DAXUESHENG LAODONG JIAOYU JIAOCHENG

鲁明川　　刘珊珊　主编

策划编辑	黄娟琴　柯华杰	
责任编辑	李　晨	
责任校对	郑成业	
责任印制	范洪法	
封面设计	春天书装	
出版发行	浙江大学出版社	
	（杭州市天目山路148号　　邮政编码　310007）	
	（网址：http://www.zjupress.com）	
排　　版	杭州林智广告有限公司	
印　　刷	杭州捷派印务有限公司	
开　　本	787mm×1092mm　1/16	
印　　张	13.75	
字　　数	300千	
版 印 次	2023年6月第1版　2025年7月第4次印刷	
书　　号	ISBN 978-7-308-23818-2	
定　　价	49.80元	

前　言

党的二十大报告指出，"坚持尊重劳动"，"在全社会弘扬劳动精神"。劳动教育是国民教育体系的重要内容，是学生成长的必要途径，具有树德、增智、强体、育美的综合育人价值。正如教育家苏霍姆林斯基所言："离开劳动，不可能有真正的教育。"长期以来，各地区和各高校坚持教育与生产劳动相结合，在实践育人方面取得了一定成效。但是，也出现了一些大学生不珍惜劳动成果、不想劳动、不会劳动的现象，劳动的独特育人价值没有得到充分发挥。党的十八大以来，习近平总书记对劳动和劳动教育做出一系列重要论述，明确要求把劳动教育纳入人才培养全过程，贯通大中小学各学段和家庭、学校、社会各方面，为全面加强新时代大中小学劳动教育提供了根本遵循。

为深入贯彻落实习近平总书记重要论述精神和中共中央、国务院《关于全面加强新时代大中小学劳动教育的意见》，加强大学生劳动教育，我们编写了本教材。教材坚持"新时代大学生需要什么样的劳动教育"问题导向，共分为"劳动观念""劳动精神""劳动技能""劳动保障"四篇。其中："劳动观念篇"以马克思主义劳动观为核心，引导学生了解什么是劳动、为什么要劳动、劳动的历史演变和新时代表现、劳动教育的意义与目标，从而把握马克思主义劳动观的立场、观点和方法，树立正确劳动观。"劳动精神篇"以劳模精神、劳动精神、工匠精神为核心，分别阐释这三种精神的历史渊源、新时代内涵，引导学生培育和践行劳模精神、劳动精神、工匠精神，尊重劳动、尊重劳动者，积极投身劳动实践。"劳动技能篇"围绕大学生的生活实际，从日常生活劳动、生产劳动、服务性劳动和创新性劳动四个方面，覆盖了大学生劳动活动的各个领域，突出了产业新业态与劳动新形态的影响，引导学生全面增强劳动本领，学会创造性地解决实际问题，提升就业创业能力。"劳动保障篇"聚焦劳动者权益，以劳动安全、劳动法律关系与法律保障、劳动心理为重点，帮助学生了解与劳动者权益相关的保障措施，培养健康的劳动心理，在劳动中成就自我、奉献社会。

本教材的编写着力体现如下特征：第一，坚持理论与实践相结合。在教材中，除了学理性的论述之外，还设置有延伸性、拓展性的经典文献、典型案例，帮助学生在经典研读中直接感悟理论的魅力，在案例解析中深刻体会劳动的精神，在现实映照中切实增强劳动的自觉。在每一节之后，还设有"思考题"和"劳动实践"板块，引导学生在教材基础上更进一层思考、更深一步实践。第二，突出时代特征和地方特色。新时代经济社会发展对大学生的劳动素质提出了新的要求，浙江作为新时代全面展示中国特色社会主义制度优越性的重要窗口、高质量发展建设共同富裕示范区，在数字经济、先进制造、创新创业等方面走在全国前列，在劳动教育方面也积累了宝贵经验。本教材在章节设置、案例选取等方面，努力体现时代性、前沿性，帮助大学生切实感受劳动发展变迁的脉搏，积极提高劳动技能，增强创新创业意识。第三，注重学生视角和学生需要。在保证劳动教育的系统性、理论性的同时，注重从新时代大学生的实际出发，回答大学生在劳动教育方面可能产生的问题，贴合大学生在培养劳动精神、提高劳动技能等方面的需要，转变学术研究性的探讨方式和灌输式的教育姿态，努力增强教材在劳动教育课程教学中的实用性和实效性。

本教材在编写过程中，听取了国内劳动教育领域多位专家的意见，借鉴了相关领域的一些研究成果，在此一并表示感谢。限于编者水平，教材中不免存在疏漏、不妥之处，敬请读者批评指正。

编　者

2023 年 3 月

目 录
CONTENTS

第三篇　劳动技能篇

第五章　大学生日常生活劳动 / 91

第一篇

劳动观念篇

PART 1

作为大学生，我们为什么要接受劳动教育？劳动教育的目标是什么？大学生首先要理解和形成马克思主义劳动观，牢固树立劳动最光荣、劳动最崇高、劳动最伟大、劳动最美丽的观念。有了正确劳动观念的指引，大学生才能主动培养劳动精神，积极提高劳动能力，形成良好劳动习惯，成为未来社会主义建设的接班人和美好生活的创造者。因此，本教材第一篇聚焦劳动观念的塑造，围绕"劳动是什么"和"劳动教育做什么"两个问题，从理论逻辑、历史逻辑和现实逻辑三个层面，帮助同学们理解：在理论层面，马克思主义如何理解劳动的本质内涵和重要意义？在历史层面，劳动在不同的社会发展阶段经历了怎样的演变？在现实层面，新时代的劳动出现了什么新变化？立足新时代，大学生在劳动教育中如何提升自己，如何坚持马克思主义劳动观？通过以上三个层面的学习，相信同学们能够对劳动形成更加丰富、立体、深刻的理解，能够基本掌握马克思主义劳动观的立场、观点和方法，树立正确的劳动观念，体会劳动创造美好生活的意义，为接下来深刻感悟劳动精神、全面增强劳动本领奠定基础。

第一章 | 劳动与劳动教育

大学生处于从校园走向社会的过渡阶段，身处新时代，面对新征程，更站在历史与未来交汇的关键节点，我们不禁思考：国家靠什么在百舸争流、千帆竞发的洪流中勇立潮头？企业靠什么在不进则退、不强则弱的市场竞争中赢得优势？青年一代靠什么在报效祖国、服务人民的人生中有所作为？一个共同的答案是：依靠千百万劳动者勤勉、奋发的努力。"人世间的一切幸福都需要靠辛勤的劳动来创造。"[①]这正是劳动和劳动教育的重要意义。

第一节 | 马克思主义劳动观

劳动是人类的基础性实践活动，人类的生存、个人的发展、社会的进步，都离不开劳动。那么，劳动究竟是什么？劳动对我们具有怎样的意义？马克思主义劳动观为我们理解上述问题、树立正确的劳动观提供了科学指引。

一、劳动是人区别于动物的历史性活动

在我们这颗蔚蓝色的星球上，人类是一种区别于其他动物的特殊生物。对于人类的特殊性，思想家们曾经给出各种不同的界定。亚里士多德认为，人是城邦的动物，这一定义强调人类生活方式的社会性；一些哲学家和经济学家主张，人是理性的动物，人由于其理性思维能力而与其他动物相区别；富兰克林提出，人是能够制造工具的动物，这说明人类活动具有独特的技术特征；卡西尔等人强调，人是符号的动物、语言的动物，这突出了文化系统对人的独特作用。那么，人类究竟是如何现实地同其他动物区别开来的呢？

马克思、恩格斯认为，人类自诞生以来就通过自己特有的方式满足自己的生活需要，这种独特的方式最初是由人类的生物特征所决定的。从现实来看，正是这种生产物质生活资料的活动，将人与动物区别开来。"可以根据意识、宗教或随便别的什么来区别人和动物。一当人开始生产自己的生活资料，即迈出由他们的肉体组织所决定的这一步的时候，人本身就开始把自己和动物区别开来。人们生产自己的生活资料，同时间接地生产

---

① 习近平. 习近平谈治国理政 [M]. 北京：外文出版社，2014: 4.

着自己的物质生活本身。"①这也就是说，从宏观的人类历史层面看，物质生产活动是人区别于其他动物的基础活动。而从微观的层面看，人类的物质生产总是表现为无数普通人的劳动。因此，我们也可以说，正是"劳动"将人与动物区别开来。

那么，同动物的谋生活动相比，人类的劳动有什么不同之处呢?

第一，从外部表现来看，相比于绝大部分动物的活动，人类的劳动具有较高的技术水平和生产效率。劳动的技术水平，一方面表现在人类对于工具的制造和使用上。劳动工具是人类面对自然时的重要中介。从旧石器时代、新石器时代，到青铜时代、铁器时代，一部劳动工具的进化史，也是人类从蛮荒走向文明的历史。另一方面，劳动的技术水平也体现在人们共同劳动的组织形式和管理方式上。通过不断发展起来的分工协作和复杂有序的劳动组织形式，人类的劳动过程变得越来越专业化、高效化。虽然某些动物在谋生活动中也会使用简单的工具，或者有一定程度的分工，但从上述两个方面看，人类劳动的技术水平是动物的谋生活动所无法企及的。

第二，从内在机制来看，相比于动物的生存活动，人类的劳动具有更加明确的目的性，包含对自然规律的自觉理解和运用。马克思说:"蜘蛛的活动与织工的活动相似，蜜蜂建筑蜂房的本领使人间的许多建筑师感到惭愧。但是，最蹩脚的建筑师从一开始就比最灵巧的蜜蜂高明的地方，是他在用蜂蜡建筑蜂房以前，已经在自己的头脑中把它建成了。……他不仅使自然物发生形式变化，同时他还在自然物中实现自己的目的，这个目的是他所知道的，是作为规律决定着他的活动的方式和方法的。"②这就是说，动物虽然也具备了不起的生存技能，但是，动物并不理解其背后的目的和机理，只是遵循其本能而行动，而人类的劳动是一种有目的、有计划、包含着对自然规律理解的活动，是人类的认识水平和思维能力的现实体现。

第三，从历史演变来看，人类的劳动具有内在的发展潜能，劳动的发展进步总是伴随人类历史的发展进步。动物的谋生活动始终是由其生物特征所决定的，在其代际交替中，并不会出现显著的改变。而在人类历史进程中，劳动的形式不断变化，劳动的水平不断上升。人类总是综合内在需要和外界环境，积极提高劳动能力，改变劳动条件，创造出更高水平的劳动成果。这种劳动的变化和发展也深刻改变着人类物质生活和精神生活的面貌，因此，物质生产方式的变革也就成为人类历史进步的重要推动力。可见，劳动不仅是人类历史得以诞生的第一个历史活动，也是持续推动人类发展进步的历史性活动。

总之，劳动是人类为了满足自身需要，运用自身能力，依托自然条件、社会环境、技术工具，有目的、有计划地进行的生产活动。劳动不断向更高水平演进，它现实地将人与动物区别开来，不断推动人类社会的发展进步。

---

① 马克思，恩格斯. 马克思恩格斯文集: 第1卷 [M]. 中共中央马克思恩格斯列宁斯大林著作编译局，编译. 北京: 人民出版社. 2009: 519.
② 马克思. 资本论: 第一卷 [M]. 中共中央马克思恩格斯列宁斯大林著作编译局，译. 北京: 人民出版社，2004: 208.

📚 拓展阅读

"劳动创造了人本身"

劳动是整个人类生活的第一个基本条件，而且达到这样的程度，以致我们在某种意义上不得不说：劳动创造了人本身。

……

手不仅是劳动的器官，它还是劳动的产物。只是由于劳动，由于总是要去适应新的动作，由于这样所引起的肌肉、韧带以及经过更长的时间引起的骨骼的特殊发育遗传下来，而且由于这些遗传下来的灵巧性不断以新的方式应用于新的越来越复杂的动作，人的手才达到这样高度的完善，以致像施魔法一样产生了拉斐尔的绘画、托瓦森的雕刻和帕格尼尼的音乐。

……

首先是劳动，然后是语言和劳动一起，成了两个最主要的推动力，在它们的影响下，猿脑就逐渐地过渡到人脑，后者和前者虽然十分相似，但是要大得多和完善得多。随着脑的进一步的发育，脑的最密切的工具，即感觉器官，也进一步发育起来。

……

由于手、说话器官和脑不仅在每个人身上，而且在社会中发生共同作用，人才有能力完成越来越复杂的动作，提出并达到越来越高的目的。劳动本身经过一代又一代变得更加不同、更加完善和更加多方面了。除打猎和畜牧外，又有了农业，农业之后又有了纺纱、织布、冶金、制陶和航海。伴随着商业和手工业，最后出现了艺术和科学；从部落发展成了民族和国家。法和政治发展起来了，而且和它们一起，人间事物在人的头脑中的虚幻的反映——宗教，也发展起来了。在所有这些起初表现为头脑的产物并且似乎支配着人类社会的创造物面前，劳动的手的较为简陋的产品退到了次要地位；何况能作出劳动计划的头脑在社会发展的很早的阶段上（例如，在简单的家庭中），就已经能不通过自己的手而是通过别人的手来完成计划好的劳动了。迅速前进的文明完全被归功于头脑，归功于脑的发展和活动；人们已经习惯于用他们的思维而不是用他们的需要来解释他们的行为（当然，这些需要是反映在头脑中，是进入意识的）。这样，随着时间的推移，便产生了唯心主义世界观。

——恩格斯《劳动在从猿到人的转变中的作用》

二、劳动是满足社会需要的社会性活动

由于人类总是在一定的社会中生活，人们的劳动成果也就成为一种社会财富。更具体地说，人类总是以一定的方式开展生产劳动，并且围绕劳动过程的组织和劳动成果的分配，形成一定的社会生产关系和政治关系。因此，劳动是一种具有经济意义、社会意义乃至政治意义的活动。马克思主义对劳动的经济性质和社会性质做出了卓有成效的分析，为我们科学理解现代社会的劳动奠定了基础。

一方面，从劳动产品与人的关系上来说，劳动创造了满足社会需要的有用物。马克思认为，"劳动作为使用价值的创造者，作为有用劳动，是不以一切社会形式为转移的人类生存条件，是人和自然之间的物质变换即人类生活得以实现的永恒的自然必然性。"①这就是说，无论人类历史发展到什么阶段，只要人类要继续生活下去，就需要进行劳动。之所以如此，是因为人类面临的外部环境无法直接满足生活的需要，因此要通过劳动来改造外部环境，实现"人和自然之间的物质变换"。通过人和外部环境条件的物质变换，劳动创造出具有使用价值的东西，成为"有用劳动"。这里的"有用"，既可能是对劳动者本人有用，也可能是对社会中的其他人有用。总之，劳动总是为了满足社会中人们的各种生活需要。需要强调的是，社会财富并不是单靠人类的劳动就能创造出来的，而要结合自然环境等物质条件。英国古典政治经济学的创始人配第提出："土地为财富之母，而劳动则为财富之父和能动的要素。"②这就是说，劳动并非财富的唯一源泉，土地所代表的自然资源为劳动提供了物质基础。劳动只有能动地作用于自然，才能创造出对人有用的东西。恩格斯也谈到，"劳动和自然界在一起才是一切财富的源泉，自然界为劳动提供材料，劳动把材料转变为财富。"③在今天，劳动的直接对象已经不限于原初的自然界。但是，如果抛开各种由自然物质转化而来的外部条件，单靠人类本身的活动，仍然无法创造出绝大部分的社会财富。这说明，劳动始终是人与外部的物质条件相结合的活动，是人与物发生关系的过程。通过劳动，人改造外物，让外物更好地满足人的需要。

另一方面，从人与人的关系上来说，劳动通过创造社会财富，满足社会需要，形成了人与人相互支持的共同生活状态。人类生产方式的变革伴随着社会分工的不断发展。人们各自在一定的领域内进行劳动，并以各自生产的劳动产品来满足彼此的生活需要。在不同的生产力水平和社会制度下，劳动产品的相互满足表现为不同的形式：共同体内部的无偿共享、市场上的私人交换、特定群体之间的不平等分配等。但无论哪种形式，劳动所创造的社会财富，都不仅仅是有用物，而且是人与人的社会关系的一种物性中介、物性表现：在一个社会中，一个人的劳动产品满足了另一个人的需要，那么，这个劳动产品便成为生产者和使用者之间的中介，他们之间便存在着一种社会关系。这样，劳动

① 马克思，恩格斯.马克思恩格斯全集：第 44 卷 [M].中共中央马克思恩格斯列宁斯大林著作编译局，编译.北京：人民出版社，2001：56.
② 配第.配第经济著作选集 [M].陈冬野，马清槐，周锦如，译.北京：商务印书馆，1981：66.
③ 马克思，恩格斯.马克思恩格斯文集：第 9 卷 [M].中共中央马克思恩格斯列宁斯大林著作编译局，编译.北京：人民出版社，2009：550.

便超越了生产者的私人性质，成为一种具有社会性质的劳动。由此可见，劳动能够创造满足社会需要的财富，也意味着劳动本身成为一种人与人相互支持的社会性活动。

商品经济是社会分工体系下一种具有独特性质的经济形态。在这一形态下，劳动的私人性质和社会性质形成了一种独特的对立统一关系。一方面，劳动产品之所以能够成为可交换的商品，只是因为它们是彼此独立进行的私人劳动的产品。另一方面，一旦这些劳动产品变成商品，私人劳动也就作为社会总劳动的一部分，表现出一种独特的社会性质，这种性质要通过物物交换才能实现。马克思说："私人劳动在事实上证实为社会总劳动的一部分，只是由于交换使劳动产品之间、从而使生产者之间发生了关系。因此，在生产者面前，他们的私人劳动的社会关系就表现为现在这个样子，就是说，不是表现为人们在自己劳动中的直接的社会关系，而是表现为人们之间的物的关系和物之间的社会关系。"[①]这就是说，在商品经济中，不同的私人劳动借助商品而间接发生交换，人与人的劳动的社会关系就表现为物与物的交换关系。

由此可见，马克思关于劳动的伟大创见在于：不仅把劳动看成人与物的关系、看成人面对自然的劳动，而且把劳动看成人与人的关系、看成特定社会关系下的劳动。在商品经济条件下，表面上各自独立的私人劳动，总是以商品交换为中介间接地发生关系。这样，劳动便将一个社会中的人们广泛地联系在一起。在《资本论》中，马克思不仅清晰区分了商品的二重性与劳动的二重性，而且基于上述深刻理解，揭示了商品和劳动二重性得以形成的根源：一方面，私人劳动必须作为一种具体的有用劳动来满足社会的需要，这就决定了，生产商品的劳动和所有其他社会的劳动一样，是创造使用价值的具体劳动；另一方面，各种不同的劳动必须能够作为同等的东西发生交换，私人劳动才成为可衡量的社会劳动，这就决定了，商品除了使用价值，还具有一种相同的、可衡量的性质，这就是作为抽象人类劳动之凝结的"价值"。[②]换言之，使用价值表现的是劳动中人与物的关系，是人对物的改造和需要；价值表现的则不是人与物的关系，而是以物的形式表现出来的人与人的关系。在物的关系背后，是人们的私人劳动与社会总劳动之间的关系。这是商品经济中一种特殊的社会关系。

总之，劳动往往不是为了直接满足劳动者自身的需要，而是为了满足社会成员的需要。社会分工的发展促进了劳动生产率乃至整个社会发展水平的提高，导致劳动产品作为满足社会需要的有用物、作为社会的共同财富，以特定方式分配到社会成员手中。这样，人与人便通过劳动产品形成了相互支持的社会生活共同体。围绕谁占有生产资料、谁来劳动、劳动产品如何分配等问题，在不同时代、不同地区形成了不同的经济、政治等社会关系，这也是社会形态变迁的主要表现。

---

① 马克思，恩格斯 . 马克思恩格斯全集：第 44 卷 [M]. 中共中央马克思恩格斯列宁斯大林著作编译局，编译 . 北京：人民出版社，2001: 90.
② 马克思，恩格斯 . 马克思恩格斯全集：第 44 卷 [M]. 中共中央马克思恩格斯列宁斯大林著作编译局，编译 . 北京：人民出版社，2001: 90-91.

三、劳动是促进人的全面发展的发展性活动

劳动不仅是人的谋生手段，也是人类文明进步和个人自我发展的重要途径。从宏观上讲，人类创造的各种文明都是劳动和智慧的结晶，人世间的一切伟大成就都离不开辛勤的劳动；从微观上讲，一个人通过学习劳动、践行劳动，掌握了生存本领，丰富了生活技能，提高了生活水平，为自己的全面发展奠定了基础。一切人的自由全面发展是马克思主义的理想目标，而劳动对于人的发展具有重要作用，这一点已经被历史所证明，并将在未来表现得更加突出。

第一，劳动是一种创造性的活动，是人的主体能力的现实表现。在劳动过程中，人借助劳动资料，使劳动对象发生预定的变化，创造出劳动产品。外部对象发生变化的过程，也是人的主体能力转化为现实产物的过程。马克思把劳动产品称为劳动的"对象化"，这就是说，劳动从一个活的"过程"变成了一个固定的"对象"。"劳动与劳动对象结合在一起。劳动对象化了，而对象被加工了。在劳动者方面曾以动的形式表现出来的东西，现在在产品方面作为静的属性，以存在的形式表现出来。"①劳动产品往往是静态的，但它也是对动态的劳动过程的一种固化、现实化。在劳动中，人的活的劳动能力转化为现实的劳动产品。劳动就像一团活的"火焰"，笼罩着、重塑着劳动对象，把劳动对象"当作自己的躯体加以同化"，在消耗掉劳动能力和劳动对象的同时，也创造出新的使用价值。②不难看出，劳动虽然是人与外部物质条件的结合，但人始终发挥着关键的能动作用。马克思说，劳动本身是"活的酵母"，其他形成产品的材料只是"死的要素"。③总之，劳动是一种充满创造性、能动性的活动，劳动产品是人的能力的现实表现。

随着社会的发展，劳动还将进一步提升人的自由度和创造性。一方面，在面对自然环境时，劳动让人拥有了比其他动物更深刻的认知、更大的自由度。正如恩格斯所说："随着手的发展、随着劳动而开始的人对自然的支配，在每一新的进展中扩大了人的眼界。他们在自然对象中不断地发现新的、以往所不知道的属性。"④随着科学和技术的发展，人们在面对自然和外部物质条件时的认识水平和自由程度将不断提升。马克思说："动物只生产自身，而人再生产整个自然界；动物的产品直接属于它的肉体，而人则自由地面对自己的产品。"⑤这就是说，劳动让人摆脱了肉体组织和个人活动范围的限制，将整个自然界作为劳动对象，使自然界为人的目的服务。劳动持续加深人们对自然世界和人类社会的认识，帮助人们在掌握规律的情况下更加自由地面对外部世界。

---

① 马克思，恩格斯. 马克思恩格斯全集：第 44 卷 [M]. 中共中央马克思恩格斯列宁斯大林著作编译局，编译. 北京：人民出版社，2001: 211.
② 马克思，恩格斯. 马克思恩格斯全集：第 44 卷 [M]. 中共中央马克思恩格斯列宁斯大林著作编译局，编译. 北京：人民出版社，2001: 214.
③ 马克思，恩格斯. 马克思恩格斯全集：第 44 卷 [M]. 中共中央马克思恩格斯列宁斯大林著作编译局，编译. 北京：人民出版社，2001: 216.
④ 马克思，恩格斯. 马克思恩格斯文集：第 9 卷 [M]. 中共中央马克思恩格斯列宁斯大林著作编译局，编译. 北京：人民出版社，2009: 553.
⑤ 马克思，恩格斯. 马克思恩格斯全集：第 3 卷 [M]. 中共中央马克思恩格斯列宁斯大林著作编译局，编译. 北京：人民出版社，2002: 273-274.

另一方面，劳动还将进一步体现人超越现实条件的创造潜能，促进人的全面发展。马克思说："动物只是按照它所属的那个种的尺度和需要来构造，而人懂得按照任何一个种的尺度来进行生产，并且懂得处处都把内在的尺度运用于对象；因此，人也按照美的规律来构造。"[1] 这表明，人在劳动中展现的创造性是无限的，并且遵循美的规律。劳动是人的脑力和体力的结合，是合规律性与合目的性的统一。通过劳动，人不仅可以把"内在的尺度"充分运用发挥出来，综合提升自己的认识水平、思维能力、实践本领、身体素质，而且可以在与其他劳动者的分工协作中提升自己的团队意识、合作能力，获得自我实现的满足感。可见，劳动过程可以成为真、善、美的统一，全面提升人的身心素质和发展水平。当然，要想实现这一点，让劳动者通过劳动得到全面发展，需要一定的社会制度的支撑。

第二，在商品经济社会，人们通过劳动，为自己的生存和发展换取物质条件。在简单商品经济条件下，商品生产者通过自己劳动创造的商品在市场上换取货币，然后购买自己需要的各种商品，以此实现自己的生存和发展。在资本主义条件下，雇佣劳动者通过出卖劳动力，获得工资，并以此购买自己的生活资料；而资本家占有劳动力创造的剩余价值，获得利润，并以此用于个人消费以及扩大再生产。总之，在商品经济社会中，人的生存和发展离不开商品和货币的中介，但是商品和货币的最终来源仍然是人的劳动。只有通过辛勤劳动，才能创造出社会需要的使用价值和社会认可的价值，进而为个人的发展提供充足的物质条件。

在资本主义私有制条件下，工人的剩余价值被资本家所占有，因此终究无法享有与资本家同等的发展条件，甚至在资本主义发展初期承受着极端恶劣的生存条件和工作条件。尽管从总体上说，劳动促进了人的发展，但是在资本的支配下，工人的劳动过程不是表现为自己主动的、全面的、创造性、发展性的活动，而是表现为被迫的、片面的、机械性、重复性的活动。因此，我们要辩证地看待商品经济和社会分工的发展对人的发展的影响：一方面，它为人们发挥自己的劳动能力和创造能力提供了更多的机会，为人的生存和发展提供了更好的条件；另一方面，由此产生的资本主义经济制度也造成了资本家和雇佣劳动者之间新的不平等，给普通劳动者的发展施加了新的限制。应该看到，每一代人的发展都受制于特定的社会历史条件，对资本主义制度的超越也需要一个历史过程。为了促进人们的发展，需要探索有效的制度安排，更好引导和驾驭资本，使之服务于发展生产力，支持和保障劳动者通过劳动创造美好生活，维护社会公平正义。

第三，在未来共产主义社会，劳动将最终成为人的生活和发展的第一需要。马克思、恩格斯在《德意志意识形态》中这样描绘共产主义社会中人们摆脱分工束缚之后的理想状态："任何人都没有特殊的活动范围，而是都可以在任何部门内发展，社会调节着整个生产，因而使我有可能随我自己的兴趣今天干这事，明天干那事，上午打猎，下午捕

---

[1] 马克思，恩格斯. 马克思恩格斯全集：第 3 卷 [M]. 中共中央马克思恩格斯列宁斯大林著作编译局，编译. 北京：人民出版社，2002: 274.

鱼，傍晚从事畜牧，晚饭后从事批判，这样就不会使我老是一个猎人、渔夫、牧人或批判者。"①这就是说，如果摆脱了强制性的生产关系的制约，那么，人们并不会彻底地放弃劳动，而是会自由地进行不同的劳动，因为劳动就其本身而言，可以成为一种发展性的活动。发达的社会分工体系不会将人们永远束缚在固定的岗位上，而是会给每个人的自主选择和全面发展提供更为丰富的可能性，从而消除资本主义生产方式之下工人被迫从事劳动，成为片面发展的"局部工人"的弊端。

当然，这种理想状态的实现需要以高度发达的生产力和社会对生产的强大调节能力为基础。人类历史发展至今，劳动总体来说还是为了满足人类的生存需要，这是由人的自然属性所决定的。马克思将这种为了生存而劳动的世界称为"自然必然性的王国"："在一切社会形式中，在一切可能的生产方式中，他都必须这样做。这个自然必然性的王国会随着人的发展而扩大，因为需要会扩大……这个领域始终是一个必然王国。在这个必然王国的彼岸，作为目的本身的人类能力的发挥，真正的自由王国，就开始了。"②换言之，劳动终将摆脱自然必然性的强制，成为人类发展自身、自我实现的第一需要。尽管迄今为止，人类还没有条件"使劳动会成为吸引人的劳动，成为个人的自我实现，但这绝不是说，劳动不过是一种娱乐，一种消遣，就像傅立叶完全以一个浪漫女郎的方式极其天真地理解的那样。真正自由的劳动，例如作曲，同时也是非常严肃，极其紧张的事情"③。这就是说，劳动不会变成单纯的消遣享乐，而是会成为展现和提升人的创造性的活动。

拓展阅读

共产主义社会中的自由劳动

在一个集体的、以生产资料公有为基础的社会中，生产者不交换自己的产品；用在产品上的劳动，在这里也不表现为这些产品的价值，不表现为这些产品所具有的某种物的属性，因为这时，同资本主义社会相反，个人的劳动不再经过迂回曲折的道路，而是直接作为总劳动的组成部分存在着。

……

在共产主义社会高级阶段，在迫使个人奴隶般地服从分工的情形已经消失，从而脑力劳动和体力劳动的对立也随之消失之后；在劳动已经不仅仅是谋生的手段，而且本身成了生活的第一需要之后；在随着个人的全面发展，他们的生产力也增长起来，而集体

---

① 马克思，恩格斯．马克思恩格斯文集：第 1 卷 [M]．中共中央马克思恩格斯列宁斯大林著作编译局，编译．北京：人民出版社，2009：537．
② 马克思，恩格斯．马克思恩格斯全集：第 46 卷 [M]．中共中央马克思恩格斯列宁斯大林著作编译局，编译．北京：人民出版社，2003：928—929．
③ 马克思，恩格斯．马克思恩格斯全集：第 30 卷 [M]．中共中央马克思恩格斯列宁斯大林著作编译局，编译．北京：人民出版社，1995：616．

财富的一切源泉都充分涌流之后，——只有在那个时候，才能完全超出资产阶级权利的狭隘眼界，社会才能在自己的旗帜上写上：各尽所能，按需分配！

——马克思《哥达纲领批判》

第二节 | 劳动的历史演变

劳动是一种社会历史性的活动，不同时代、不同地区人们的劳动方式是不同的，人类的劳动形态、劳动水平伴随生产力的发展和生产关系的演变而变化。在历史上，人类的劳动经历了几次重要的变革。梳理劳动的历史演变，有助于我们鉴往知来，深化对劳动的理解。

一、从猿到人：以采集和狩猎为主的原始劳动

人类是从猿进化而来的。古猿是人类的早期祖先，也是今天的人类和类人猿的共同祖先。南方古猿被认为是从古猿到人的过渡类型，他们已经能够直立行走。这样一来，手的功能就被解放出来，并且能做的事情的越来越多，此后人的演化也越发重视神经的发展，手开始能够处理一些精细的任务，包括制造和使用工具。恩格斯说："我们的祖先在从猿过渡到人的好几十万年的过程中逐渐学会的使自己的手能做出的一些动作，在开始时只能是非常简单的。……在人用手把第一块石头做成石刀以前，可能已经过了一段漫长的时间，和这段时间相比，我们所知道的历史时间就显得微不足道了。但是具有决定意义的一步迈出了：手变得自由了，并能不断掌握新的技能，而由此获得的更大的灵活性便遗传下来，并且一代一代地增加着。"[①]

在超过 200 万年的漫长时间里，人类主要使用的是就地取材的打制石器，并且学会了使用火。随着人类使用工具和火来获取食物、驱赶野兽，人的大脑也明显大于其他动物。人类大脑所消耗的能量占整个身体的比重，显著大于其他猿类，而人的肌肉则相对退化萎缩。有观点认为，这是因为人手的进化和使用工具都需要大脑的配合，也有观点认为，人类在学会用火之后，获取食物的方式以及消化系统都随之发生变化，这为大脑容量的增加提供了条件。总之，人类满足自身生存的方式是这样同动物区别开来的：他们直立行走，用双手进行复杂的操作，借助简单的工具和火来获取食物、应对敌人。同时，人类和一些动物一样，采取群居的方式相互帮助。

由此可以发现，人类最初的劳动活动虽然是较为原始的，却已经和人的身体进化紧密联系在一起。在这一阶段，人的四肢的变化已经在维系生存过程中发挥显著作用，而大脑的作用尚不明显，人类的语言系统也尚不发达，人类也还只是位于自然食物链的中

[①] 马克思，恩格斯 . 马克思恩格斯文集：第 9 卷 [M]. 中共中央马克思恩格斯列宁斯大林著作编译局，编译 . 北京：人民出版社，2009：551-552.

间位置。在这段漫长的时间里，和地球上所有其他动物遵循科—属—种的分类一样，在人科（Hominidae）、人属（Homo）之下，也存在着不同的人种，包括能人（Homo habilis）、尼安德特人（Homo neanderthalensis）、直立人（Homo erectus）、智人（Homo sapiens）等。除了智人之外，其他的人种均已灭绝。也就是说，大约 10 万年前开始崛起的智人是我们现代人的共同祖先。

距今 2 万年左右，人类开始使用磨制石器，制造一些用燧石组合成的小型工具，在某些地区出现了捕鱼工具、石斧、独木舟等。这就是人类从旧石器时代走向中石器时代和新石器时代的证明。在这个阶段，人类主要的谋生方式是狩猎和采集，并且需要经常迁徙，与后来的农业社会相比，人类在这一阶段还极少使用人造物品。为了生存，他们需要对所在地区的自然环境了如指掌，包括了解各种动物、植物，判断季节和气候的变化，这些对他们的大脑有更高的要求。"随着完全形成的人的出现又增添了新的因素——社会。"[1] 在此过程中，人类的语言功能也随之变得复杂起来，一个族群内的宗教文化也开始发展起来。人们开始能够想象不存在的事物，并用语言和有形的东西来表示它们，这对于人类形成复杂的社会组织具有重要意义。正如马克思和恩格斯所说："思想、观念、意识的生产最初是直接与人们的物质活动，与人们的物质交往，与现实生活的语言交织在一起的。人们的想象、思维、精神交往在这里还是人们物质行动的直接产物。"[2] 在这一阶段，不同地区的人类以血缘家庭和氏族为单位形成了不同的社会生活方式。但总的来说，人们共同进行劳动，共享劳动成果，未出现明确的社会分工和阶级分化。"在生活资料由社员共同生产和共同分配的原始公社里，共同的产品直接满足公社每个社员、每个生产者的生活需要。"[3]

总之，原始社会中的人类主要以采集和狩猎为生，劳动就是从制造这些工具开始的，这种借助工具的劳动将人和动物的捕食活动区分开来。随着生产力水平的提高，人类的劳动形态变得更加丰富，也开始出现明确的分工。人类由此开始摆脱蒙昧时代，开创人类文明。

二、进入文明时代：农业革命与劳动的社会分工

大约 1 万年前，人类的谋生方式发生了第一次革命性的变化：从采集和狩猎走向农业。到公元前 3500 年左右，人类基本完成了对各类植物的大规模驯化：在中美洲，人类驯化了玉米和豆类；在中东，人类驯化了小麦和豌豆；在非洲，人类驯化了小米、非洲稻和高粱；在中国，人类驯化了水稻、小米。自此，农业成为人类主要的生产方式，到公元 1 世纪，全球大部分人口都从事农业。人类的农业革命，也是人类进入文明社会的开端。

---

① 马克思，恩格斯. 马克思恩格斯文集：第 9 卷 [M]. 中共中央马克思恩格斯列宁斯大林著作编译局，编译. 北京：人民出版社，2009: 554.

② 马克思，恩格斯. 马克思恩格斯文集：第 1 卷 [M]. 中共中央马克思恩格斯列宁斯大林著作编译局，编译. 北京：人民出版社，2009: 524.

③ 马克思，恩格斯. 马克思恩格斯全集：第 19 卷 [M]. 中共中央马克思恩格斯列宁斯大林著作编译局，编译. 北京：人民出版社，1963: 413.

进入农业文明时代的人类劳动和此前蒙昧时代的人类劳动有什么区别呢？恩格斯这样总结道："蒙昧时代是以获取现成的天然产物为主的时期，人工产品主要是用作获取天然产物的辅助工具。野蛮时代是学会畜牧和农耕的时期，是学会靠人的活动来增加天然产物生产的方法的时期。"①换言之，劳动在形态上从以采集为主转变为以耕作为主，在人与自然的关系上，从被动获取自然产物转变为主动改造自然环境，增加特定作物的生产。这是人类利用自然水平的进步。在农业发展的过程中，人类在驯化动物方面也取得了进展，这带来了畜牧业与农业的分离，一些游牧部落开始专门从事畜牧业，并用他们的劳动产品与农耕部落进行交换。恩格斯将这一分离称为人类的"第一次社会大分工"②。

随着农业和畜牧业对生产力水平的促进，一个人类的族群有能力供养更多的人口，这就导致人类在生产中形成了规模更加庞大、组织更加复杂的社会。人们共同劳动、共同分享生活资料的原始生活被有分工的、有等级的社会生活所取代。一部分人的劳动创造出的产品可以满足全部人口的生存需要，另一部分人则无须直接从事农业劳动，转而成为直接劳动者的支配者，靠前者所提供的劳动产品来生活。这就有了阶级的对立。"从第一次社会大分工中，也就产生了第一次社会大分裂，分裂为两个阶级：主人和奴隶、剥削者和被剥削者。"③阶级的形成和生产资料的私有制联系在一起，这是因为农业时代的劳动更加需要借助生产资料，主要是各类更加精巧的农业工具。剥削阶级正是凭借他们对生产资料的私人独占，迫使被剥削阶级为其劳动。这种经济关系反映在政治、军事、空间、文化等方面，就有了与这种关系相适应的制度安排、统治集团、建筑布局、文化系统。

拓展阅读

良渚：中华五千年文明的实证之城④

史前时代的太湖流域，有一座临水而居的城市——良渚古城。壮阔辉煌的良渚王都坐落在山间平原上，这里曾是一片河湖遍布的水乡泽国。5000多年前，尚玉的良渚先民来到这片富饶的土地营建良渚古城。由于没有文献记载，我们只能透过残存在地下的遗迹、遗物来解读当时的社会。时至今日，气势恢宏的王城、工程浩大的水利系统、技艺高超的手工业、发达的水稻种植业、神秘的原始宗教等，无一不让世人为之惊叹。国际著名考

良渚：实证中华五千多年文明史的圣地

① 马克思，恩格斯. 马克思恩格斯文集：第4卷 [M]. 中共中央马克思恩格斯列宁斯大林著作编译局，编译. 北京：人民出版社，2009: 38.
② 马克思，恩格斯. 马克思恩格斯文集：第4卷 [M]. 中共中央马克思恩格斯列宁斯大林著作编译局，编译. 北京：人民出版社，2009: 179.
③ 马克思，恩格斯. 马克思恩格斯文集：第4卷 [M]. 中共中央马克思恩格斯列宁斯大林著作编译局，编译. 北京：人民出版社，2009: 180.
④ 宋姝，刘斌. 良渚：中华5000多年文明史的实证之城 [J]. 自然与文化遗产研究，2020(3): 8-25.

古学家科林·伦福儒曾高度评价过良渚文明："良渚不仅是中华五千多年文明的源头，也是东亚最早的文明。"

……

环太湖地区气候暖湿，降雨充沛，湖塘、沼泽、河流密布，十分适合野生稻的生长和水稻的种植。从已有的考古发现来看，在新石器时代稻作农业贯穿该地区生业模式的始终，早在距今10000年以前的上山文化时期就已经发现了驯化水稻遗存。不过在驯化初期，囿于种植水平低、稻田面积小、单位面积产量低、劳动力投入有限等因素，狩猎采集经济仍然占据主导地位。随着稻作水平的不断提高，到了崧泽文化晚期，水稻已成为人们的主食。进入良渚文化时期，以火耕、水耨技术为代表的原始稻作农业已经相当成熟。此时，水稻的驯化历程基本完成，出现了大量与之相关的农业工具，水稻产量也大大增加。水稻种植技术的进步使更多人从农业劳动中解放出来，转而从事其他行业，促进了社会分工和复杂化，为进入文明社会奠定了坚实的物质基础。

……

虽然目前尚未在良渚古城内发现水稻田的迹象，却找到了几处与水稻遗存相关的重要仓储性遗址。在莫角山西坡的一个大型灰坑遗迹（H11）中，曾出土过约1.3万kg的炭化稻米。莫角山以南的池中寺遗址中，发现超过19.5万kg的炭化稻米，它无疑是城内最大、最核心的稻米仓储区。

……

上述发现传达了一个重要的信息，即"城里人"极有可能并不从事基本的农业生产，口粮完全依靠城外供应。可见，城内具有丰富的稻米储备，是良渚权贵阶级占有巨大社会财富的表现形式之一，也反映出良渚统治核心区对周边地区的统摄力。

可见，在社会关系层面，农业革命之后，人类的生产方式出现了这样的变化：不同群体在是否占有生产资料、是否需要劳动方面出现明显差别，这种差别进而表现为他们在经济、政治乃至文化层面的阶级对立。无论在东方还是西方，在早期农业社会中都出现了一种城市和乡村的对立统一关系：占统治地位的阶级居住在一个常常具有军事功能的城市中，统治范围延伸到周边的乡村。他们自己并不从事劳动，而是支配着奴隶为其进行劳动，并且占有乡村的农业劳动者的产品。于是，阶级的对立又表现为一种城市和乡村的对立。

针对这一现象，马克思、恩格斯指出："物质劳动和精神劳动的最大的一次分工，就是城市和乡村的分离。……在这里，居民第一次划分为两大阶级，这种划分直接以分工和生产工具为基础。……城乡之间的对立是个人屈从于分工、屈从于他被迫从事的某种活动的最鲜明的反映，这种屈从把一部分人变为受局限的城市动物，把另一部分人变为受局限的乡村动物，并且每天都重新产生二者利益之间的对立。在这里，劳动仍然是最主要的，是凌驾于个人之上的力量，只要这种力量还存在，私有制也就必然会存在下去。"①这就是说，农业社会不仅造成了畜牧业和农业分离这样的社会分工，也造成了剥削者和被剥削者、"劳心者"和"劳力者"的社会分化，无论是前者还是后者，他们的活动都受制于社会秩序的约束。对他们来说，"劳动仍然是最主要的"，因为每个人都仍然要依靠劳动产品才能生活下去，而且都要屈从于上述社会分工，而无法得到自由发展。

在生产力水平提高、社会组织规模增大的过程中，人类从石器时代走向青铜时代、铁器时代。更大面积的田野得到耕作，广阔的森林得到开垦，手工业劳动有了坚硬而锐利的工具，金属冶炼、制陶、纺织、酿酒、建筑等得到发展，人类的劳动形态变得更加多样化、专业化，这就"发生了第二次大分工：手工业和农业分离了"②。社会分工的进一步发展巩固了农业社会的统治秩序，催生了更大规模的国家，推动一些地区的阶级关系从奴隶主和奴隶的关系转变为封建地主和农民或农奴的关系。社会大分工也促进了不同地区、不同生产部门之间的贸易，形成了专门的商人阶层。总之，在进入农业时代后，人类的劳动形态加速演进和分化，对人类文明产生了重大而深远的影响。

三、现代社会的兴起：工业革命与资本主义条件下的劳动

现代社会兴起于主导性劳动形态的转变以及生产关系的演变。在农业社会中，农耕劳作是主导性的劳动形态，而商业和手工业劳动只占据次要地位，发挥补充作用。然而，在欧洲中世纪，大量的农奴从乡村逃到一些新兴城市，成为自由的手工业者，他们的谋生方式彻底改变了。随着手工业的繁荣，城市间的贸易联系日益发达，专门的商人阶级出现，并且积累起更多的资本。随着15世纪末美洲和通往印度航道的新发现，世界市场迅速扩大，商品经济以更大的规模和更快的速度发展起来，进而形成了更大规模的工场手工业。在手工业工场中，拥有资金、原料的工场主雇佣具有自由身份的雇工，按照市场需要进行生产。这样，劳动者和雇主的关系也发生了变化：传统行会中的帮工学徒和师傅的关系，转变成雇佣劳动者和资本家的关系。这一切导致新兴的市民阶级的力量逐渐壮大，他们为了维护自身的利益，和封建地主阶级展开了各种形式的斗争。这就是14—16世纪资本主义在欧洲的萌芽和发展。

自15世纪末开始，新兴的资产阶级进行资本的原始积累，利用暴力手段为资本主义的迅速发展创造条件。17—18世纪，英、法等国先后进行资产阶级革命。自18世纪60年代起，英、法等国相继发生工业革命，机器大工业代替了工场手工业，促进了社会生产力的空前发展，资本主义生产方式的支配地位得以形成。至此，商品的社会化大生产扩展到社会生活的方方面面，商品经济取代自然经济成为主导性的经济形态，生产商品

① 马克思，恩格斯. 马克思恩格斯文集：第1卷 [M]. 中共中央马克思恩格斯列宁斯大林著作编译局，编译. 北京：人民出版社，2009：556−557.
② 马克思，恩格斯. 马克思恩格斯文集：第4卷 [M]. 中共中央马克思恩格斯列宁斯大林著作编译局，编译. 北京：人民出版社，2009：182.

的劳动成为主导性的劳动，资本和雇佣劳动的关系成为主导性的生产关系。

工业革命和资本主义生产方式的影响不仅体现在劳动的具体形态方面，而且体现在劳动的社会关系层面。从劳动的具体形态来说，工场手工业的劳动进一步发展为机器大工业的劳动，劳动者所面对的劳动对象、所借助的劳动资料更多地变成了人工产品，人类相对于外部自然环境和物质条件的主观能动性大大增强。在《共产党宣言》中，马克思和恩格斯这样描绘资本主义条件下社会劳动生产力的巨大进步："资产阶级在它的不到一百年的阶级统治中所创造的生产力，比过去一切世代创造的全部生产力还要多，还要大。自然力的征服，机器的采用，化学在工业和农业中的应用，轮船的行驶，铁路的通行，电报的使用，整个整个大陆的开垦，河川的通航，仿佛用法术从地下呼唤出来的大量人口——过去哪一个世纪料想到在社会劳动里蕴藏有这样的生产力呢？"[1]在原始社会中，人类面对的是原初的自然界，只是凭借劳动活动本身的形态与动物区分开来；在农业社会中，人类面对的是经过拣选、驯化的动植物和经过初步改造的自然环境，人类的整个劳动过程乃至社会生活，都已经具有了人类文明的独特性；在工业社会中，人类逐渐改造了自己生活所及的整个自然界，把原初自然变成了"人化自然"。对于一个现代人来说，我们"周围的感性世界决不是某种开天辟地以来就直接存在的、始终如一的东西，而是工业和社会状况的产物，是历史的产物"[2]。

从劳动的社会关系层面来说，这种相较于以往更加进步的劳动，没有给工业时代的劳动者带来更大的自由，反而给他们带来了新的压迫。在资本主义条件下，劳动者们虽然不再"受自然界的支配"，却变成了"受劳动产品的支配"[3]。因为在资本主义生产关系中，资本通过雇佣劳动力，获得了对劳动的支配权和对劳动产品的所有权。于是，劳动者所创造的社会生产力变成了资本的生产力，劳动者的生产过程变成了资本支配下的价值增殖过程。因此，从简单协作到手工业工场中的分工，再到机器大工业，社会劳动在生产力方面的每一次进步，都成为资本进一步攫取社会财富，并且据此进一步支配和剥削劳动者的力量。这种生产关系使工人在劳动中受到剥削和压迫，而不是得到平等和发展。"在资本主义制度内部，一切提高社会劳动生产力的方法都是靠牺牲工人个人来实现的；一切发展生产的手段都转变为统治和剥削生产者的手段，都使工人畸形发展，成为局部的人，把工人贬低为机器的附属品，使工人受劳动的折磨，从而使劳动失去内容，并且随着科学作为独立的力量被并入劳动过程而使劳动过程的智力与工人相异化。"[4]这就是说，尽管工业革命让人类劳动获得了相对于自然而言的更大自由，资本主义的生产方式和生产关系却让劳动变成一种折磨劳动者的活动。随着科学技术和生产的结合日益

---

① 马克思，恩格斯. 马克思恩格斯文集：第 2 卷 [M]. 中共中央马克思恩格斯列宁斯大林著作编译局，编译. 北京：人民出版社，2009: 36.
② 马克思，恩格斯. 马克思恩格斯文集：第 1 卷 [M]. 中共中央马克思恩格斯列宁斯大林著作编译局，编译. 北京：人民出版社，2009: 528.
③ 马克思，恩格斯. 马克思恩格斯文集：第 1 卷 [M]. 中共中央马克思恩格斯列宁斯大林著作编译局，编译. 北京：人民出版社，2009: 555.
④ 马克思，恩格斯. 马克思恩格斯全集：第 44 卷 [M]. 中共中央马克思恩格斯列宁斯大林著作编译局，编译. 北京：人民出版社，2001: 743.

紧密，脑力劳动和体力劳动的分工表现为资本家所掌握的智力和工人所投入的体力之间的对立，这样，资本主义条件下的科学技术就从促进人的发展的力量变成了资本支配下的力量。

从马克思、恩格斯生活的 19 世纪到今天，资本主义经历了从自由竞争阶段到垄断阶段的转变，20 世纪 30 年代兴起的国家垄断资本主义、20 世纪 70 年代以来的金融垄断资本主义都是后者的具体表现形式。与此同时，科学社会主义也经历了从理想到现实、从一国到多国的发展历程。社会主义国家致力于将劳动从资本的支配中解放出来，使劳动成果服务于社会发展进步，使劳动者成为国家和自己命运的主人，使劳动成为提升生活水平、促进个人发展的活动。这既是对资本主义制度弊端的积极克服，也符合人类社会发展的客观规律。未来，以发达的生产力为基础，"联合起来的生产者，将合理地调节他们和自然之间的物质变换，把它置于他们的共同控制之下，而不让它作为一种盲目的力量来统治自己：靠消耗最小的力量，在最无愧于和最适合于他们的人类本性的条件下来进行这种物质变换"[①]，这样，劳动也将不再只是谋生活动，而是更好地促进人的全面发展。

第三节 | 新时代的劳动与劳动教育

本章的前两节分别从理论和历史两个维度讨论了马克思主义视野中劳动的本质内涵和历史演变。无论是理论分析还是历史回顾，都是为了更好地把握现实、指导实践。进入新时代，劳动形态发生怎样的新变化？劳动教育具有怎样的目标和任务？这对于大学生的成长和成才具有直接的现实意义。

一、劳动形态的新变化

当今世界，新一轮科技革命蓄势待发，新一轮产业革命方兴未艾。一些重大科学问题的原创性突破正在开辟新前沿新方向，一些重大颠覆性技术创新正在创造新产业新业态，信息技术、生物技术、制造技术、新材料技术、新能源技术几乎渗透到所有领域，带动了以绿色、智能、泛在为特征的群体性重大技术变革，正在深刻改变人类的生产劳动和社会生活。

数字经济的兴起是科技革命和产业革命的一个突出表现。数字经济是继农业经济、工业经济之后的主要经济形态，是以数据资源为关键要素，以现代信息网络为主要载体，以信息通信技术融合应用、全要素数字化转型为重要推动力，促进公平与效率更加统一的新经济形态。数字经济发展速度之快、辐射范围之广、影响程度之深前所未有，正推动生产方式、生活方式和治理方式深刻变革，成为重组全球要素资源、重塑全球经济结

---

① 马克思，恩格斯．马克思恩格斯全集：第 46 卷 [M]．中共中央马克思恩格斯列宁斯大林著作编译局，编译．北京：人民出版社，2003：928—929．

构、改变全球竞争格局的关键力量。因此，我国正在加快数字化发展，建设数字中国，打造数字经济新优势。

那么，数字经济会对劳动产生什么影响？提到数字经济，人们首先会想到的是人工智能、大数据、区块链、云计算、网络安全等新兴数字产业，想到从事这些工作的程序员、工程师。实际上，数字经济不仅包括数字产业，还包括传统产业的数字化转型，即通过数据赋能全产业链协同转型。数字技术同机器人和智能制造技术相互融合步伐加快，科技创新链条更加灵巧，技术更新和成果转化更加快捷，产业更新换代不断加快，使社会生产和消费从工业化向自动化、智能化转变，社会生产力将再次大提高，劳动生产率将再次大飞跃。这不仅是国家发展的重大机遇，也将深刻改变各行各业的劳动方式，以产业新业态催生劳动新形态。

📖 拓展阅读

数字经济蓬勃发展带动产业集群提速换挡①

"你好，我刚到杭州……今年皇冠品牌在阿尔及利亚的销售额超过了 5000 万美元，我带来了明年的新订单……"脉链集团董事长徐伟强向记者展示的微信留言，来自约旦商人穆德。

"凭借对北非五金市场需求的准确把握，穆德先生将当地需求录入脉链云商平台，形成平台采购订单，线上订单通过脉链未来工厂平台精确发送到对应厂家进行生产，并且按照出口国认证标准实施品控。"徐伟强介绍，接下来，贴上皇冠商标的五金产品将通过脉链云商的线下履约服务渠道，出口到阿尔及利亚本地仓。"今年，皇冠品牌在阿尔及利亚的市场占有率攀升到 60%。"

全面融入阿里生态，为脉链带来了云服务、电商流量、物流等全方位助力，更为浙江永康五金产业集群数字化赋能。目前，脉链数字化平台已连接近 5000 家工厂、200 家海内外服务商以及超过 2 万家零售网点。

"通过数字技术助力集群内企业经营优化、技术创新与协同合作，带动产业集群的生产过程升级、产品服务升级和价值链条升级等，为产业集群转型升级提供了关键驱动力。"国家工业信息安全发展研究中心发布的《产业集群数字化：构建协同发展的新生态》研究报告如此评价。

……

那么，什么是数字产业集群呢？

"数字产业集群是以新发展理念为引领，从事数字产品制造、数字产品服务、数字

---

① 王政. 我国数字产业集群加速成长 [N]. 人民日报，2022-11-30(18).

技术应用、数字要素驱动的企业主体及其相关机构等组成的，具有较强核心竞争力的企业集群。"工信部有关负责人表示，数字产业集群高度依赖信息网络、互联网平台开展协同制造，通过数字化方式对集群活动进行管理，并以此吸引更多的资本、人才、数据等要素资源以及企业、机构等主体参与集群建设。

根据国家统计局发布的《数字经济及其核心产业统计分类（2021）》，数字经济产业范围包括数字产品制造业、数字产品服务业、数字技术应用业、数字要素驱动业、数字化效率提升业等五大类。其中，前四大类为数字经济核心产业。

"数字化效率提升业，包含智慧农业、智能制造、智能交通、智能物流、数字金融、数字商贸、数字政府、数字社会等。"高婴劢说，这些行业已经按照原先的分类进行了统计，不能算作数字经济核心产业，但为这些行业赋能的平台或数字化解决方案供应商，是算在数字经济核心产业之中的。

数字经济催生了新的数字职业，也带动了传统职业的数字化。在《中华人民共和国职业分类大典（2022年版）》中，首次增加了"数字职业"标识，共标注数字职业97个，包括数字媒体艺术专业人员、网络编辑、互联网营销师、商务数据分析师、农业数字化技术员、工业机器人系统操作员等。数字职业的标注反映了各行业数字化进程及数字经济的发展趋势，引领广大劳动者投身数字经济建设实践。除了数字职业以外，新修订的大典还延续2015年版的做法，标注了134个绿色职业。与2015年版相比，本次大典净增了158个新的职业，包括农业经理人、碳管理工程技术人员、金融科技师等，职业总数达到了1639个。这说明，数字化只是产业变革与劳动形态变化的一方面，新时代中国的快速发展为劳动者提供了更多的职业选择，也对劳动者的劳动技能提出了新的要求。

我国广大劳动者要适应当今世界科技革命和产业变革的需要，勤学苦练、深入钻研，勇于创新、敢为人先，不断提高技术技能水平，为推动高质量发展、实施制造强国战略、全面建设社会主义现代化国家贡献智慧和力量。大学生作为国家未来的建设者、引领变革的生力军，应该积极适应新一轮科技革命和产业变革的需要，密切关注行业、产业前沿知识和技术进展，勤学苦练、深入钻研、打好基础，提高专业技术能力和劳动技能水平，将来在制造强国、数字中国、乡村振兴等各个领域发挥才智，挥洒汗水，建功立业。

二、劳动教育的新使命

我国教育事业的根本目标是培养德智体美劳全面发展的社会主义建设者和接班人。劳动教育作为中国特色社会主义教育制度的重要内容，直接决定了社会主义建设者和接班人的劳动精神面貌、劳动价值取向和劳动技能水平，具有特殊的、重要的意义。长期以来，我国坚持教育与生产劳动相结合，在实践育人方面取得了一定成效。同时，我们也看到，随着经济发展和生活水平的提高，在一些大学生中出现了不珍惜劳动成果、不想劳动、不会劳动的现象，劳动的独特育人价值在一定程度上没有得到充分发挥，劳动教育的方式方法在一定程度上不够恰当。对此，我们需要高度重视，并且切实加强劳动教育。

习近平总书记对全面加强新时代大中小学劳动教育作出了一系列重要论述，提出了明确要求。他强调，"要在学生中弘扬劳动精神，教育引导学生崇尚劳动、尊重劳动，懂得劳动最光荣、劳动最崇高、劳动最伟大、劳动最美丽的道理，长大后能够辛勤劳动、诚实劳动、创造性劳动。要采取适应当前环境和条件的有效措施，加强劳动教育，组织好形式多样的劳动实践，让学生在实践中养成劳动习惯，学会劳动、学会勤俭"①，"要开展以劳动创造幸福为主题的宣传教育，把劳动教育纳入人才培养全过程，贯通大中小学各学段和家庭、学校、社会各方面，教育引导青少年树立以辛勤劳动为荣、以好逸恶劳为耻的劳动观，培养一代又一代热爱劳动、勤于劳动、善于劳动的高素质劳动者"。②新时代劳动教育的使命，就是把劳动教育纳入人才培养全过程，贯通大中小学各学段，贯穿家庭、学校、社会各方面，与德育、智育、体育、美育相融合，紧密结合经济社会发展变化和学生生活实际，积极探索具有中国特色的劳动教育模式，促进学生形成正确的劳动观。

作为新时代大学生，我们应该正确认识劳动教育的重大意义。劳动教育以"劳动"为载体和对象，但它不是单纯的"劳动"，而是一种"教育"，是国民教育体系的重要内容，是大学生成长的必要途径。劳动教育的重点，不是单纯的关于劳动的理论学习，也不是直接为社会生产创造财富，而是在系统的文化知识学习之外，通过组织日常生活劳动、生产劳动和服务性劳动，让学生动手实践、出力流汗，从而接受锻炼、磨炼意志，培养学生正确劳动价值观和良好劳动品质。总之，劳动教育具有树德、增智、强体、育美的综合育人价值，有利于促进学生的全面发展。大学生思想活跃、视野开阔，希望同学们能够在劳动教育中充分发挥自己的主动性、创造性，让劳动教育更好地服务于自身的全面发展。

大学生劳动教育也要充分适应大学学段和类型特点，依托必修课程进行，其他课程也要结合学科、专业特点，有机融入劳动教育内容。要以日常生活劳动、生产劳动和服务性劳动为主要内容开展劳动教育，结合产业新业态、劳动新形态，注重选择新型创造性劳动。希望同学们能通过劳动教育，结合学科和专业积极开展实习实训、专业服务、社会实践、勤工助学等，重视新知识、新技术、新工艺、新方法应用，增强自己的就业创业能力，提高创新意识和本领。通过劳动实践，深化对马克思主义劳动观的理解，感悟空谈误国、实干兴邦的道理，培养勤俭、奋斗、创新、奉献的劳动精神，提升个人的劳动能力，形成良好的劳动习惯。

---

① 习近平.论党的宣传思想工作 [M].北京：中央文献出版社，2020：350.
② 习近平.在全国劳动模范和先进工作者表彰大会上的讲话 [M].北京：人民出版社，2020：5-6.

三、坚持马克思主义劳动观

理念是实践的先导。在新时代开展劳动教育，既要在实践层面提升劳动技能，也要在理念层面加强马克思主义劳动观的思想武装，知行合一，将劳动教育成果转化为个人成长和社会进步的力量。

第一，坚持马克思主义劳动观，就是要尊重劳动、尊重劳动者、尊重劳动成果。马克思主义充分肯定劳动在人类历史中发挥的作用，充分肯定劳动者对推动社会进步的贡献，强调尊重劳动者的劳动权益和劳动成果。这和历史上一些鄙夷体力劳动、轻视普通劳动者、漠视劳动者的劳动权益和劳动成果的观念鲜明对立。在社会主义中国，必须牢固树立劳动最光荣、劳动最崇高、劳动最伟大、劳动最美丽的观念，让全体人民进一步焕发劳动热情、释放创造潜能，通过劳动创造更加美好的生活。全社会都要贯彻尊重劳动、尊重知识、尊重人才、尊重创造的重大方针，维护和发展劳动者的利益，保障劳动者的权利。要坚持社会公平正义，排除阻碍劳动者参与发展、分享发展成果的障碍，努力让劳动者实现体面劳动、全面发展。

第二，坚持马克思主义劳动观，就是要倡导勤劳奋斗，用劳动创造美好生活。"人世间的一切幸福都需要靠辛勤的劳动来创造。"马克思主义坚持实践的观点，强调知行合一。有了正确的劳动观，还需要扎扎实实将其付诸行动、亲身实践。我们不仅要尊重劳动，还要热爱劳动，不仅要尊重各行各业的劳动者，自己也要努力成为勤于劳动、善于劳动的高素质劳动者。不仅要在全社会形成尊重劳动的风气，还要倡导全社会都要热爱劳动，牢固树立热爱劳动的思想、养成热爱劳动的习惯。马克思主义劳动观和中华优秀传统文化中勤劳奋斗的价值观有着高度契合性，要倡导"一勤天下无难事"，坚持以辛勤劳动为荣，以好逸恶劳为耻。劳动是一切成功的必经之路。要通过倡导辛勤劳动，扭转社会上一些错误认识和不良风气，既要杜绝把精力耗费在无谓事务上的"内卷"，也要拒绝放弃努力、缺乏奋斗精神的"躺平"。

第三，坚持马克思主义劳动观，就是要顺应时代发展，靠劳动推动社会进步。"人民创造历史，劳动开创未来。劳动是推动人类社会进步的根本力量。"[①]这是马克思主义劳动观和唯物主义历史观的内在统一，也是指导个人发展和社会进步的重要原则。要坚持从人民群众的生产劳动出发来看待社会历史，把劳动的发展和社会的进步联系起来，通过增强劳动本领，提高劳动水平，推动生产力发展和生产关系优化，改善社会面貌和人民生活。中国特色社会主义进入新时代，迈上全面建设社会主义现代化国家新征程，实现中华民族伟大复兴的中国梦，根本上要靠全体人民的劳动、创造、奉献。要积极顺应科技革命和产业变革的新趋势，贯彻创新发展理念，鼓励全社会创新创业，积极支持产业新业态、劳动新形态，推动高质量发展。当代中国青年生逢其时，施展才干的舞台无比广阔，实现梦想的前景无比光明。要结合专业学习，提高自己创造性解决实际问题的

---

① 习近平.习近平谈治国理政 [M].北京：外文出版社，2014：44.

能力；树立正确择业观，为日后发展积累职业经验，坚持诚实劳动，涵养奋斗精神；注重提升公共服务意识，在面对危机和挑战时主动作为，甘于奉献。要立志做有理想、敢担当、能吃苦、肯奋斗的新时代好青年，让青春在全面建设社会主义现代化国家的火热实践中绽放绚丽之花。

⑦ 思考题

1. 如何理解劳动与人的发展之间的关系？

2. 从自然和社会两方面看，现代工业社会的劳动有什么新变化？

3. 结合身边的数字经济实践，谈谈数字劳动有哪些新形态？

4. 同中小学生劳动教育相比，大学生劳动教育有什么特点？

◇ 劳动实践

结合本章内容，组织开展"劳模工匠进校园"专题讲座和"万名师生进工厂、进农场、进商场、进机关"等劳动实践活动。

第二篇

劳动精神篇

PART 2

习近平总书记在知识分子、劳动模范、青年代表座谈会的讲话中指出，要"在全社会弘扬劳动精神"①，充分肯定劳动精神对培育新时代新风貌的重要作用。劳模精神、劳动精神、工匠精神分别来自劳模群体、劳动者群体和工匠群体。从三个精神的理论内涵和价值导向来看，劳模精神反映了劳动模范在社会生产活动中的职业能力和职业素养等内容，强调用劳动模范的先进思想、优秀品德、模范行为引领、鼓舞周围群体，进而在全社会范围内形成"爱岗敬业、争创一流、艰苦奋斗、勇于创新、淡泊名利、甘于奉献"②的劳模精神。劳动精神反映了劳动者群体在具体劳动过程中的劳动观念、劳动态度等内容，要求劳动者在劳动过程中能够正确认识劳动，树立正确的劳动观念，进而在全社会范围内形成"崇尚劳动、热爱劳动、辛勤劳动、诚实劳动"③的劳动精神。工匠精神展现了技术工匠在科学创造中追求卓越，在技术创新中突破自我的专业素质和职业精神，强调用匠人对待职业的严谨踏实的工作态度和认真专注的专业精神影响、带动周围群体，进而在全社会范围内形成"执着专注、精益求精、一丝不苟、追求卓越"④的工匠精神。劳模精神、劳动精神、工匠精神虽然在内涵上各有侧重，但这三种精神是中国劳动者精神风貌的集中展现，是中国特色社会主义先进文化的重要内容，是马克思主义劳动观的深刻诠释，三者有着密不可分的内在联系。

① 习近平. 在知识分子、劳动模范、青年代表座谈会上的讲话 [M]. 北京：人民出版社，2016: 9.
② 习近平. 在同全国劳动模范代表座谈时的讲话 [N]. 人民日报，2013-04-29(2).
③ 习近平. 在全国劳动模范和先进工作者表彰大会上的讲话 [N]. 人民日报，2020-11-25(2).
④ 习近平. 在全国劳动模范和先进工作者表彰大会上的讲话 [N]. 人民日报，2020-11-25(2).

第二章 劳模精神

　　人民创造历史，劳动创造未来。无数劳动者兢兢业业、努力拼搏，以自身的实际行动诠释了"爱岗敬业、争创一流、艰苦奋斗、勇于创新、淡泊名利、甘于奉献"的伟大劳模精神，展现了中国人民的"伟大创造精神、伟大奋斗精神、伟大团结精神、伟大梦想精神"[①]。社会主义是干出来的，幸福是奋斗出来的，实现中华民族伟大复兴的奋进征程离不开广大人民群众的一致努力。劳动实践活动本身具有极其重要的教育价值，发挥好劳动模范的榜样示范作用，将劳动教育、劳模精神教育纳入人才培养的全过程，有利于在全社会范围内形成崇尚劳动、积极劳动的良好氛围，对大学生的成长、成才具有十分积极的意义。

第一节 劳模精神的历史渊源

　　劳动模范，简称劳模，是奋斗在各行各业劳动群众中的先进分子和杰出代表，集中体现了我国工人阶级群体和广大劳动者的优秀品格。劳动模范具有示范性和先进性，是创造和展现劳模精神的主体，是广大劳动者的榜样。劳动模范在各自平凡的岗位上创造了不平凡的成绩，并以积极的行动影响、带动周围群体，是中国广大劳动人民伟大奋斗精神和伟大创造精神的生动写照。

　　伟大出自平凡，英雄来自人民。劳动模范在我们党团结带领人民进行革命、建设、改革、发展等各个时期中发挥了重要作用。习近平总书记在 2020 年 11 月的全国劳动模范和先进工作者表彰大会上指出，劳动模范是"民族的精英、人民的楷模，是共和国的功臣"[②]。劳动模范作为我国工人阶级中的一个闪光群体，在我国发展建设的不同历史时期都发挥了重要的榜样示范和引领带头作用，激励和鼓舞了大量的劳动者。劳动模范享有崇高声誉，备受人民尊敬。

---

① 习近平 . 在全国劳动模范和先进工作者表彰大会上的讲话 [N]. 人民日报，2020-11-25(2).
② 习近平 . 在全国劳动模范和先进工作者表彰大会上的讲话 [N]. 人民日报，2020-11-25(2).

📖 **拓展阅读**

切不可将"公众人物"等同于"劳动模范"

劳动模范作为不同行业中行为和道德的标兵典范，承载了国家、社会、民众对职业及个人发展的道德感、使命感和责任感。在各种文化和社会思潮不断冲突碰撞的现代社会中，大学生对劳动模范的认知渠道呈现多元化、多样化态势。其认知方式具体包括新闻媒体、学校教育、父母及亲戚讲述等。其中，媒体导向的倾向尤为明显。在这样的背景之下，大学生极其容易盲目地将一些公众人物等同于劳动模范，如将一些影视明星、商界大咖等作为劳动模范的候选人，而忽视了劳动精神和劳模精神的真正内涵。需知道，劳动模范并不是单纯以社会影响力为衡量标准，真正的劳动模范，不仅需要有敬业的职业精神，还需要具有高尚的道德品质，并且在自身的行业领域中做出突出的贡献。

劳模精神是体现于劳动模范群体的特殊精神品质。其特殊性在于具体的社会规定性，即国家在现实层面对优秀劳动者进行定义的具体标准和内容，主要指劳动者在生产劳动过程中对国家建设和社会发展所做出的具体贡献和价值。劳模精神作为上层建设的一部分，是时代精神的体现。伴随着我国的革命、建设和发展历程，劳模精神也在不断丰富和发展其自身内涵。劳模精神孕育于新民主主义革命时期，形成于社会主义革命和建设时期，发展于改革开放和社会主义现代化建设阶段，在中国特色社会主义新时代发扬光大。纵观中国社会主义建设伟大实践的历程，各个历史发展阶段所蕴含的劳模精神都独具特色，教育和激励着一代又一代劳动者为社会主义现代化建设事业而不懈奋斗，在民族振兴、国家发展和人民幸福等领域建立了卓越的功勋。

一、新民主主义革命时期的劳模精神

在新民主主义革命时期，革命是历史的主题，也是时代赋予先辈们的光荣使命。在这一时期，我们党团结带领全国各族人民浴血奋战，创造了新民主主义革命的伟大成就。从"边区工人一面旗帜"赵占魁，到"兵工事业开拓者"吴运铎，再到"新劳动运动旗手"甄荣典等劳动模范，他们以"新的劳动态度对待新的劳动"，积极参加义务劳动，全力支援前线斗争。正是劳动模范不畏生死、无私奉献的精神品质，不断鼓舞、带动群众投身于革命解放事业，最终在中国共产党的领导下，推翻了三座大山，实现了民族独立和人民解放。从此，工人阶级和广大劳动群众真正成为自己的主人。

榜样的力量：边区英雄赵占魁①

赵占魁是一位用革命者的态度对待工作的"新式劳动者"，山西定襄人，1896年出生于一个农民的家庭。他是抗日战争时期陕甘宁边区农具厂化铁工人，是在生产竞赛中涌现出来的劳动英雄。

赵占魁1938年到延安参加抗日并加入中国共产党。经过抗大的学习，他清楚地认识到：自己的命运与共产党、与革命，是血肉相连分不开的，边区公营工厂是为抗战而生产的，工厂本身就是革命的财产，作为工人应当尽力爱护它。在高达2000摄氏度的高热熔炉面前，他每时每刻都认真工作着，毫不懈怠。他每天早晨上工，都先把当天一切工作准备妥当；晚上放工，把工场收拾清爽，始终"冲锋在前，退却在后"。赵占魁在工作上不怕艰苦繁重，始终站在最前面，做得最多最好，但他从来不自夸、不贪功，每遇论功行赏的时候总是让开，认为那是大家努力的结果。他说，为革命多做些工作，是自我牺牲精神的应有体现，为了抗战与人民的需要增加生产，在工作中发挥最高的劳动热忱心甘情愿。他从来不计较个人的待遇与得失，克己奉公。赵占魁这种埋头苦干、大公无私、自我牺牲的精神，大大地鼓舞了边区工人的劳动热情，有力地推动了整个边区工业建设的向前发展。在赵占魁的身上，体现了一种新的劳动态度，那就是能够认识自己的主人翁的地位，把自己锻炼成为一个劳动英雄、技术能手、节约模范，锻炼成为一个团结和学习的标兵。朱德称赞他是用革命者态度对待工作的"新式劳动者"。在赵占魁身上，还有一种自觉爱护工厂、团结工人、努力生产、提高技术，一切为着革命利益、不计较个人得失的无产阶级的宝贵品质。

赵占魁同志1939年被边区政府评为模范工人；1941年，被选为边区参议会候补议员；1942年，边区总工会在工厂开展"赵占魁运动"，号召全边区工人向赵占魁同志学习；1943年，被评为边区特等劳动英雄，成为边区工人的一面旗帜；1950年9月被授予"全国劳动模范"称号。新中国成立后，赵占魁先后担任西北总工会、陕西省总工会副主席，继续为社会主义建设做贡献。

（注：选取时略有改动。）

---

① 付康，董雪飞. 赵占魁：边区英雄 [EB/OL]. (2011-04-22)[2023-03-10]. https://www.xuexi.cn/d9238ef55c534d4f12c78f5220fed25f/e43e220633a65f9b6d8b53712cba9caa.html.

二、社会主义革命和建设时期的劳模精神

在新中国建设初期，面对物质基础极为薄弱的社会发展现实，面对各行各业百废待兴的建设难题，国家高度重视物质资料生产和劳动成果。这一时期，社会中涌现了大量奋斗在生产一线的劳动模范，他们在各自岗位上不畏艰难、屡创佳绩，是各行各业中的先进分子和佼佼者，如"高炉卫士"孟泰、"铁人"王进喜、"两弹元勋"邓稼先、"知识分子的杰出代表"蒋筑英、"宁肯一人脏、换来万人净"的时传祥等一大批先进劳动模范。他们响应党的号召，积极带动广大群众自力更生、奋发图强，为祖国发展无私奉献。这些劳动模范的光辉事迹，极大地鼓舞了当时的劳动者，使全社会迸发出强大的生产热情。王进喜以"宁肯少活 20 年，拼命也要拿下大油田"的气概，带领石油工人为我国石油工业发展顽强拼搏，"铁人精神""大庆精神"也成为激励各族人民投身社会主义建设的强大精神力量。

📖 拓展阅读

榜样的力量：宁愿一人脏，换来万家净的时传祥[1]

"咱要一人嫌脏，就会千人受脏，咱要一人嫌臭，就会百家闻臭。俺脏脏一人，俺怕脏就得脏一街"，这是掏粪工人时传祥常挂在嘴边的话。

时传祥，1915 年 9 月出生在大胡庄一个贫苦农民家庭。1930 年初，他逃荒流落到北京城郊，受生活所迫当了一名掏粪工，在粪霸手下受尽了压迫与欺凌。新中国成立后，时传祥进入北京市崇文区清洁队工作。在此后的十七八年时间里，他无冬无夏，挨家挨户掏粪扫污，几乎没有闲暇时间。

时传祥：甘当人民勤务员的掏粪工人

老北京平房多，四合院里人口密度大，茅坑浅，粪便常溢出来，气味非常难闻。时传祥总是不声不响地找来砖头，把茅坑砌得高一些。哪里该掏粪，不用人来找，他总是主动去。不管坑外多烂、坑底多深，他都想方设法掏干扫净。

时传祥带着对党和人民报恩的朴素感情，苦干加巧干，还进行技术革新，带领大家共同进步，在掏粪工人中享有很高的威信，被工友们推选为前门粪业工人工会委员兼工会小组长。

当时，北京市人民政府为了体现对清洁工人劳动的尊重，不仅规定他们的工资高于别的行业，还想办法减轻劳动强度，把过去送粪的轱辘车换成汽车。运输工具改善后，时传祥合理计算工时，挖掘潜力，把过去 7 人一班的大班，改为 5 人一班的小班。他带领全班由过去每人每班背 50 桶增加到 80 桶，他自己则每班背 90 桶，最多每班掏粪背粪

---

[1] 贾云鹏. 时传祥：一人脏换来万家净[EB/OL]. (2021−05−29)[2023−03−10]. https://m.gmw.cn/baijia/2021−05/30/1302328573.html.

达 5 吨。管区内的居民享受到了清洁优美的环境，而他背粪的右肩常年肿胀，被磨出一层厚厚的老茧。

时传祥干工作从不分分内分外，谁家的墙头倒了，他就主动给砌好，谁家的厕所没有挖坑，他就带上工具给挖好。时间一长，他不仅成了百姓尊敬和信赖的朋友，还赢得了全社会的尊重。

1956 年 11 月时传祥加入中国共产党。1958 年当选为北京市政协委员。1959 年被评为全国劳动模范。1964 年当选为第三届全国人大代表。

时传祥不仅自己一生投身环卫事业，还非常关心环卫事业的后继与发展。在他提议下，自 1962 年开始，清洁队陆续分来一批初高中毕业生，时传祥担任原崇文区清洁队"青年班"班长，担负起这些年轻人的传帮带任务。他通过言传身教，帮助青年人树立了"工作无贵贱、行业无尊卑"的为人民服务的思想，带出了一个思想过硬、业务一流的青年班。而在时传祥感召下，他的 4 个子女全部进入环卫战线工作。他的孙女时新春，也成为时家的第三代环卫工人，继续发扬"宁愿一人脏，换来万家净"的时传祥精神。

2009 年时传祥当选"100 位新中国成立以来感动中国人物"，荣获"最美奋斗者"称号。

齐河县城管局有一支以时传祥名字命名的"时传祥女子保洁班"，保洁班班长张艳说："虽然现在环卫工作条件发生了翻天覆地的变化，但时传祥精神永不过时，一直激励着我们要坚守好全心全意为人民服务的初心。"

（注：选取时略有改动。）

三、改革开放和社会主义现代化建设新时期的劳模精神

党的十一届三中全会吹响了改革开放的号角，解放和发展社会生产力成为时代的主基调，劳动模范的实践内涵进一步深化。在这一时期，对于劳动模范的评价体系打破了物质规定性的限制，除了奋斗在产业生产一线的优秀工人，在科学文化事业、商业、服务业等各生产劳动领域中取得巨大成就的劳动者也备受关注。尤其是"知识分子是工人阶级的一部分"论断的出现，更加打破了将劳动模范群体固定于一线产业工人的限制，劳动模范逐渐拓展为在国家经济建设和社会发展各个领域具有突出贡献的劳动者，劳模精神在内涵上强调勤奋努力、自力更生、开拓创新等。"蓝领专家"孔祥瑞、"金牌工人"窦铁成、"新时期铁人"王启民、"新时代雷锋"徐虎、"知识工人"邓建军、"马班邮路"王顺友、"白衣圣人"吴登云、"中国航空发动机之父"吴大观等一大批劳动模范和先进工作者，他们干一行、爱一行，专一行、精一行，带动群众锐意进取，积极投身改革开放和社会主义现代化建设，为国家和人民做出了巨大贡献，成为新的时代标杆。

📖 **拓展阅读**

榜样的力量："新铁人"王启民[①]

1960年，还在北京石油学院读书的王启民，来到刚开发的大庆油田实习。"当时，几万会战职工住地窖子、啃窝窝头，人拉肩扛、爬冰卧雪也要为国家找油。"他被这种场景震撼，毕业后毅然重返大庆。

当时，外国专家的一席话深深刺痛了他的心。"他们说，中国人根本开发不了这样复杂的大油田。"王启民回忆。

早期，由于缺少经验，大庆油田只能套用外国"温和注水，均衡开采"方法开发，结果造成油井含水上升快，原油采收率一度不到5%。长此以往，将对油田带来极大破坏。"大庆油田地下构造千差万别，有富油层，也有薄差油层，怎么能以同一个水平开发呢？"王启民质疑。通过不断试验，他提出"非均匀"注采理论，使日产百吨以上的高产井成批涌现，为大庆油田原油上产提供了重要保证。

"宁肯把心血熬干，也要让油田稳产再高产"。

20世纪70年代，一面是国家急需更多的原油，一面是随着开采程度加大，油井平均含水明显上升，油田开发又一次面临严峻考验。

1970年，王启民和试验组一行在油田中区西部开辟试验区。吃、住、办公几乎都在现场，王启民和团队坚持了10年。3000多个日夜，他们白天跑井，晚上做分析，和无言的地层"沟通"，终于绘制出了大庆油田第一张高含水期地下油水饱和度图，揭示了油田各个含水期的基本规律，发展形成了"六分四清"分层开采调整控制技术。1976年，大庆油田年产原油攀上5000万吨。

为接续高产稳产，王启民又把目光瞄向了表外储层，这是被国内外学界认定为"废弃物"的油层。"这些油层虽然薄、差，但层数很多，储量丰富。"王启民认为，既然禁区是人设定的，就能打破它。

在质疑声中，一次次失败、一次次纠错、一次次再来……王启民带队对1500多口井逐一分析，对4个试验区45口井进行试油试采，终于找到了开发表外储层的"金钥匙"。这项技术使得大庆油田新增地质储量7亿多吨、可采储量2亿吨。

"既然选择了这条路，吃苦就是最基本的准备。宁肯把心血熬干，也要让油田稳产再高产。"这是"新铁人"的宣言。

20世纪90年代中期，大庆油田主力油层含水超过90%。王启民坐不住了，带队开展"稳油控水"技术攻关，使3年含水上升不超过1%。到2002年，大庆油田实现了连

---

① 闫睿. "新铁人"王启民：一生为祖国"加油"[EB/OL]. (2019-09-30)[2023-03-10]. https://baijiahao.baidu.com/s?id=1646090280708959529&wfr=spider&for=pc.

续 27 年年 5000 万吨以上的高产稳产。

如今，83 岁的王启民还坚持每天来到办公室。"退而不休"的他又开展起新能源技术研究。"我虽然岗位退了，但有责任为年轻科研人员成长当好人梯。"王启民说。

四、中国特色社会主义新时代的劳模精神

中国特色社会主义进入新时代，无数辛勤的劳动者在自己的岗位上接续奋斗，不断书写"中国梦·劳动美"的新篇章。劳模精神在传承其历史内涵的同时，又随着时代主题的调整和劳动实践的深入发展不断丰富其价值内涵，呈现出历史性的发展特点。在 2021 年"五一劳动奖章"和"全国工人先锋号"表彰活动中，表彰规模进一步扩大，产业工人、其他一线职工和专业技术人员、农民工、科教人员比重进一步提高，越来越多知识型、技能型、创新型的劳动模范成为了各行各业的中坚力量，他们不断用自身的创新实践，为行业发展注入新的生机和活力。

从"苦干"到"实干"，劳模精神的价值内涵体现在劳动模范的具体行动之中，在无数劳动者的实践中不断焕发出新的生机和活力。党的十八大以来，习近平总书记在不同场合多次强调，要在全社会范围内大力弘扬劳模精神，发挥好劳动模范的榜样示范作用。当今世界正处于百年未有之大变局，国际局势风云变化，国内建设和发展刻不容缓，面对人民日益增长的美好生活需要，面对智能化生产不断发展的时代新背景，发挥好劳动模范的巨大示范作用，以回应新的时代问题为导向，在中国共产党的领导下，向着实现中华民族伟大复兴的中国梦不断迈进。

📖 **拓展阅读**

劳模就在我们身边

劳动模范是立足于自身岗位并做出突出贡献的普通人，他们当中既有甘于奉献的普通工人，也有在科学技术、文化教育等领域坚守初心的骨干精英，劳模就是我们身边的平凡人。他们爱岗敬业，争创一流，艰苦奋斗，勇于创新，淡泊名利，甘于奉献，劳模和劳模的事迹可亲、可信、可学。劳动模范不应总是以拼命三郎的形象出现，他们不一定是来自最基层的体力劳动者，在各行各业中，都有劳动模范的身影。他们以坚持不懈的奋斗精神，以高度的责任感和使命感，以饱满的工作热情，带动、鼓舞周围的群众，在全国人民心中树立起光辉的榜样形象。

第二节 劳模精神的新时代内涵

进入新时代，习近平总书记多次肯定劳模和劳模精神的宝贵价值，并将劳模精神的内涵概括为"爱岗敬业、争创一流、艰苦奋斗、勇于创新、淡泊名利、甘于奉献"。习近平总书记在 2018 年 4 月 30 日给中国劳动关系学院劳模本科班的回信中，用"干劲""闯劲""钻劲"生动形象地描绘了劳模的整体形象，激励广大劳动人民争做新时代的奋斗者。[①]对待工作要富有"干劲"，爱岗敬业、甘于奉献、求真务实、脚踏实地；要有"闯劲"，艰苦奋斗、争创一流、持之以恒、负重前行；要有"钻劲"，勇于创新、精益求精、不计得失、无私奉献。这既是总书记对劳模工作的肯定，也是对亿万劳动者的美好期许。将一件简单的事情反复做，你就是行家；将重复的事情认真做，你就是专家。劳动模范正是始终秉持爱岗敬业的职业态度，坚定争创一流的目标追求，在工作中保持艰苦奋斗的前进姿态，牢记勇于创新的重要使命，淡泊名利，甘于奉献，将每一项工作做实做细，书写了一个个动人的劳模故事。

劳模精神

一、爱岗敬业、争创一流

"爱岗敬业、争创一流"是劳模精神的本质特征，体现了劳动模范对国家、社会、职业的高度责任感和使命感。其中，爱岗敬业是对劳动者的普遍性要求，而争创一流则是对劳动者的先进性要求。

劳模精神表现为劳动模范爱岗敬业的职业态度。它主要表现为劳动模范热爱、尊重自己为之奋斗的职业，能够遵守职业道德，认真负责、恪尽职守，努力做好各项具体工作，这是对劳动者的普遍性要求。试想，如果一个劳动者对自己所从事的职业都不尊重和热爱，好逸恶劳，以消极的态度应付工作，那么他也很难在事业上获得较大的成就，也很难获得别人的尊敬和认同。在一定意义上讲，不是一个人成就了某个岗位或者某项职业；相反，是劳动者所从事的岗位或者行业成就了他，为他提供了实现自身价值的平台，锻炼了他实现自身价值的能力。判断一个人是否成功，是否对社会做出贡献，也并不在于其具体从事怎样的行业，从事什么样的岗位，而在于考察他在自身的岗位上对社会和公众做出了怎样的贡献。

爱岗敬业是实现自身价值、追求个人理想的基本要求。美好生活需要依靠劳动来创造，幸福需要依靠劳动来争取，只有在自己的岗位上爱岗敬业、脚踏实地、兢兢业业，才能在平凡的岗位上做出成绩。弘扬新时代劳模精神，首先要培养干一行爱一行的爱岗态度，以勤勤恳恳、无私奉献的敬业精神，扎扎实实做好每一项工作。在工作上，少一

---

① 习近平给中国劳动关系学院劳模本科班学员的回信 [N]. 人民日报，2018—05—01(1).

些"躺平",多一些奋斗；少一些埋怨，多一些奉献。从点滴的小事做起，从自身做起，始终牢记"空谈误国，实干兴邦"①，坚决抵制不劳而获的不良风气，积极进取，奋发有为，不断尝试，不懈奋斗。再好的蓝图，如果没有脚踏实地的实干精神，都将只是海市蜃楼。

📚 **拓展阅读**

榜样的力量：为火箭"焊心"38年的高凤林②

择一业而终一生，这就是为火箭"焊心"38年的高凤林的真实写照。

1978年，16岁的高凤林以高分考入隶属于首都航天机械有限公司的技校。一次偶然的机会，高凤林到了厂里焊接师傅陈继凤所在的14车间学习。这个车间专门负责火箭发动机的焊接，也就是制造火箭"心脏"。

匠心筑梦·
高凤林

亲眼见证了老师傅们在操作台的熟练工艺，这令年轻的高凤林印象深刻。一名制造火箭"心脏"的特种熔融焊接工，工作时装备并不特殊：焊枪、防护帽、双层手套和放大镜。虽说都是焊工，但这与寻常的焊工有极大差别。

发动机是火箭的动力和源泉。尽管车间里有激光跟踪、视觉追踪等智能设备，可以模仿人的眼睛去抓取信号。但在一个焊点宽度仅有0.16毫米的微小空间进行处理，且需将时间误差控制在0.1秒之内，难度极大——而这一切，目前仍旧无法以机器替代人工精准完成。此外，焊接也讲究审美。在保证内外质量的同时，宽窄高低一致性、保护色漂亮与否，都是衡量基本功的数据，而这一切都会在15倍放大镜下进行检验。

在实习中，高凤林的勤快、能吃苦、基本功扎实给师傅陈继凤留下了很好的印象，他觉得高凤林极具潜力。高凤林毕业后，为了将人才留在最适合的岗位，陈继凤和当时的几位厂领导将他调到了14车间。

刚到厂里一年多，高凤林很快便崭露头角。

师傅陈继凤让他参与长征三号运载火箭发动机燃烧室的研制。即使是有七八年经验的焊工，一般也不会轻易获得如此重要的产品焊接工作，况且这还是当时最先进的发动机产品。但"小高"却一点没怵，拿着焊枪、戴着焊帽就上了操作台。也是这一次，车间里的人见识到这位年轻人的高超技艺，"焊得比师傅还漂亮！"

20世纪90年代初，为庆祝航天事业创建35周年，当时的航天部举办了航天系统青工技术比赛。高凤林一举拿下实践第一、理论第二的好成绩。这次比赛后，高凤林的名气走出了211厂，时常有厂外甚至国外的项目，在遇到关键技术难题时辗转找到高凤林

① 习近平.习近平谈治国理政 [M].北京：外文出版社，2014：57.
② 杜雯雯.铁裁缝高凤林 为火箭焊心38年 [EB/OL].(2018-11-23)[2023-03-10].https://baijiahao.baidu.com/s?id=16178816621141 62278&wfr=spider&for=pc.

"救火"。

在长征三号甲运载火箭膜盒的焊接生产中，就曾面临技术难题：要在薄如发丝的高精密度焊接中保证零件不变形，同时还要通过氦气检漏的考验。高凤林受邀前往，从工艺过程、夹具设计到焊接生产都给出了自己的建议方案，并最终攻克了这一难题。

2007年，长征五号新二级火箭的发动机在试射台上出现高难度问题。火箭设计部所发函邀请高凤林上台补焊。操作在半山腰上，近似盲焊的状态，操作难度极大。但为了减少燃料挥发，高凤林硬是赶在天黑之前完成了抢修工作。

此外，高凤林还与诺贝尔奖得主丁肇中共同合作，解决了一项困扰十二年的国际难题。在AMS-02暗物质与反物质探测器项目中，当时的探测器使用的是液流氦低温超导电磁装置，焊接导致装备变形。丁肇中邀请高凤林前往解决。在操作方案论证会上，高凤林提出了一个设计方案，是此前该领域专家未曾成功尝试的创新。多次论证试验后，高凤林成功解决了这项国际难题。

过去几十年中，高凤林曾先后攻克航天焊接200多项难关，包括为16个国家参与的国际项目攻坚，被美国宇航局委以特派专家身份督导实施，并著有论文30多篇。2014年底他携三项成果参加德国纽伦堡国际发明展，项目全部摘得金奖。

自1980进厂后至今，高凤林一直坚守在车间一线，这一待就是38年。从"小高"变成了"老高"。车间角落的会议室里，金色的奖杯奖牌、红绒锦旗占满了靠窗的那面墙。这些年总共获得了多少奖项，高凤林没有细算过，但"100多项肯定是有的"。长三甲系列运载火箭、长征五号运载火箭的氢氧发动机喷管，都出自他手。

（注：选取时略有改动。）

劳模精神表现为劳动模范争创一流的强大进取精神，是在爱岗敬业基础上对劳动者提出的先进性要求。它主要表现为劳动模范主动在工作上树标杆、立榜样，努力实现更高的工作目标，在具体的劳动实践过程中追求一流的技术、追求一流的质量、追求一流的服务等等，以此促进产业生产力的发展和服务水平的提高。"取法于上，仅得为中。取法于中，仅得于下"[1]，无论身处于怎样的岗位之中，都需要树立远大的理想和追求，规划好自己的工作和生活，在不懈奋斗中不断追求更高的目标。谦虚使人进步，骄傲使人落后。社会发展日新月异，面对百年未有之大变局，我们决不能停留于眼前的微小成就，更不能有半点骄傲自满、故步自封的情绪。一个没有远大目标而无所事事的人、一个碌碌无为而无所成就的人，最终必将被淹没在时代的洪流之中。

争创一流表现为劳动模范追求更高的职业发展目标，实现个人理想的决心和勇气。积极进取、争创一流就是具有一定的目标追求，不满足于平庸，以迎难而上的勇气、坚

持不懈的努力、知难而进的决心不懈奋斗，用努力为成功筑起桥梁，向着一个又一个新目标不断进发。一方面，争创一流需要劳动者克服思想中的惰性，以高标准、高要求严格约束自己，做到干一行钻一行，数十年如一日地坚守在自己的工作岗位上。另一方面，需要劳动者打破思想中因循守旧的部分，勇于探索、勇于创新，做到干一行精一行，在工作中不断寻求最优解，戒骄戒躁、勇攀高峰、力争上游。

📚 **拓展阅读**

榜样的力量：探路先锋肖明清①

2008 年 12 月 28 日，是中国工程建设史上值得记忆的一天。这一天，有"万里长江第一隧"美誉的武汉长江隧道建成通车。中华民族实现了"隧穿长江"的百年梦想，长江过江交通迎来"江上架桥、江面行船、江底通隧"的"三维"时代。

这一标志性工程的成功，与全国工程勘察设计大师、中国铁建首席专家、中铁第四勘察设计院总工程师肖明清的努力密不可分。

20 世纪八九十年代，我国地下隧道，尤其是水下隧道的发展几乎是空白。1998 年，当武汉长江隧道项目筹备工作正式启动时，许多外国专家认为中国人没有能力在长江江面下 50 多米深处，攻克高水压、强透水、超浅埋等水下盾构掘进世界级难题，一次性穿越 2500 米的长江江底。

"那时我心里想外国人可以做的，为什么中国人不可以？我们的技术差距究竟在哪里？一定要攻克这些难题！"肖明清回忆说。水下隧道是一项系统工程，各方面的技术难题多，他几乎没有休息日，不停地思考每一个细节和风险点，寻求技术突破对策。

当时，武汉长江隧道是我国地质条件最复杂、工程技术含量最高、施工难度最大的江底隧道工程。打通隧道，需要攻克高水压、软硬不均地层、超浅埋、强透水、长距离掘进等五大世界级难题。

在担任武汉长江隧道工程设计总工程师并主持设计与研究工作期间，肖明清带领设计团队通过"引进、吸收、消化、创新"的方法，打了一场漂亮的"创新之战"：他们首次提出并采用"管片衬砌与非封闭内衬叠合结构"技术；在国内首次提出并采用"大直径盾构通用楔形环管片"技术、"盾构隧道管片接缝双道密封垫防水"技术、"盾构隧道段顶部排烟与底部疏散结合"技术……

"武汉长江隧道最后成功破解了五大设计施工难题，取得 10 多项国家专利。因其技术领先，成为其他水下隧道极有参考价值的标杆。"肖明清说。

---

① 樊曦，王贤. 肖明清：穿山越水的探路先锋 [EB/OL]. (2021-12-13)[2023-03-10]. https://baijiahao.baidu.com/s?id=17190241919123 83455&wfr=spider&for=pc.

此后，从武汉长江隧道工程的设计总工程师，到当时世界上在强渗透高磨蚀地层中修建的直径最大、水压最高、覆跨比最小的水下盾构隧道——南京长江隧道的设计总工程师，再到成为国内首创、世界首座高速铁路水下盾构隧道——广深港高铁狮子洋隧道的设计总工程师……肖明清的奋战经历和取得的成绩，见证了中国隧道建设迈向世界先进行列的坚实足印。

到目前为止，肖明清已领衔研究和设计了 50 多座大型水下隧道，多座隧道创造了全国乃至世界之最。他先后获得"全国劳动模范""全国青年岗位能手""全国五一劳动奖章"，并获国家科技进步二等奖 3 项、国家级优秀设计奖 5 项、中国土木工程詹天佑奖 6 项……荣誉的背后，是深沉的责任和巨大的担当。

"能不能把工作做好，很大程度上取决于想不想把工作做好，只要有想法，肯定会有办法。每个人都要心系自己的使命，为行业的发展贡献力量。"肖明清说。

"放眼未来，工程建设环境更为复杂，建设条件更为苛刻，不断突破现有技术制约、提高设计水平是技术发展的必由之路。"肖明清表示，只有以更加谦虚谨慎的态度、更加求真务实的精神、更加勤奋进取的学习、更加敏锐严谨的研究、更加细致贴心的服务，才能为祖国的交通事业发展做出更大贡献。

（注：选取时略有改动。）

二、艰苦奋斗、勇于创新

"艰苦奋斗、勇于创新"是劳模精神的核心内容，体现了劳动模范奋发图强、吃苦耐劳的优秀工作作风和解放思想、敢为人先的强烈开拓意识。其中，艰苦奋斗是劳动者收获成功的重要法宝，而勇于创新则是其职业发展的生命力所在。

劳模精神表现为劳动模范艰苦奋斗的前进姿态。它主要表现为劳动模范不畏艰难险阻，锐意进取、奋发有为，不怕苦不怕累，知难迎难、攻坚克难，在困境中开新局，在顺境中迎曙光。奋斗是实现人生目标的必由之路，世界上没有坐享其成的美事，要想成功必然要努力奋斗。成功并不是一蹴而就的，无数的量变才能形成质变，无数的积累才能创造新的奇迹，奋斗的过程本身就是一种幸福。习近平总书记在中共中央政治局第三十一次集体学习时强调，革命加拼命的精神决不能丢，谦虚谨慎、戒骄戒躁、艰苦奋斗、勤俭节约的优良传统决不能丢，不畏强敌、不惧风险、敢于斗争、敢于胜利的勇气决不能丢。[①] 困难不可避免，吃得苦中苦方为人上人，机会总是留给有准备的人。只有始终坚持艰苦奋斗的优良作风，才能在工作中屡创佳绩。

艰苦奋斗是中华民族的优秀传统美德，深深熔铸于中华民族的基因血脉之中，是劳

---

① 习近平在中共中央政治局第三十一次集体学习时强调　用好红色资源赓续红色血脉　努力创造无愧于历史和人民的新业绩 [N].人民日报，2021-06-27(1).

模精神最为稳定的精神特质。新中国成立和不断发展壮大的历史就是中国共产党带领无数中国人民攻坚克难的艰苦奋斗史。中国共产党自诞生之日起，就肩负起了实现民族独立和人民解放的历史重任。改革开放的伟大壮举，更使中国实现了从经济社会发展相对落后到经济总量跃居世界第二的历史性突破。路不行不到，事不为不成。国家的发展需要无数中华儿女的勠力同心、艰苦奋斗。正如习近平总书记在党的二十大报告中指出，"新时代的伟大成就是党和人民一道拼出来、干出来、奋斗出来的！"①正是无数英雄和先辈们抛头颅洒热血、前仆后继、艰苦奋斗，才有了我们今日的美好生活。先辈们在没有路的地方踏出坦途大道，在荆棘丛生的领域中开辟出沃野良田，依靠的正是不怕牺牲的勇气、筚路蓝缕的决心和艰苦奋斗的信念。

奋斗是青春最鲜明的底色，也是通往成功的必经之路。从勉强满足温饱到全面建成小康社会，人民的生活水平得到了极大提高，社会物质财富大量积累，创造物质财富的条件和门槛相对降低。面对当下生活的相对富足，社会中部分人产生了一些"浮躁"和"焦虑"的情绪。"躺平""摆烂""带薪摸鱼"等词汇开始成为了当下流行的网络用语。一部分人群想要通过这种自我调侃的方式，以暂时性的放松来缓解工作和生活带来的压力；而另一部分人则将其作为自己的处事原则，以"多做多错、不做不错、少做少错"的消极态度对待生活和工作，安于现状，希望通过尽量少的劳动，来获取更多的社会财富。但显然，幸福不会从天而降，坐享其成的美梦终将破碎，长时间"躺平"，在思想层面会摧毁我们奋斗的意志，在现实层面会使我们与社会逐渐脱节，使我们成为真正的"孤家寡人"。习近平总书记指出，"一切伟大成就都是接续奋斗的结果，一切伟大事业都需要在继往开来中推进"②。当代青年作为实现中华民族伟大复兴事业的主力军，"当代学生建功立业的舞台空前广阔，梦想成真的前景无限光明"③，更要在思想上克服消极情绪，在行动上奋勇争先，不断勇攀高峰，有所作为，将青春挥洒在社会主义建设发展的伟大事业当中。

当然，我们今天强调始终保持艰苦奋斗的优良作风，并不是提倡过一贫如洗的生活，做生活中的"苦行僧"，而是强调要赓续红色血脉，主动传承勤俭节约的优秀品质，让勤俭节约在全社会蔚然成风。"俭，德之共也；侈，恶之大也"④，一个人一旦被奢欲冲昏了头脑，不能慎独克己、量入为出地合理消费，必将陷入一些消费陷阱之中。例如"快餐式"的穿衣时尚、对奢侈品的过度追求等等，必将养成好逸恶劳、贪图享乐的毛病，助长享乐主义和奢靡之风。须知"一粥一饭，当思来之不易；半丝半缕，恒念物力维艰"⑤，社会物质财富的创造需要依靠勤劳的双手，骄奢淫逸必将使人丧失斗志、不思进取，最终贻害终身。因此，要始终不忘初心，抵制各种诱惑，反对奢靡之风，摒弃盲目

---

① 习近平. 高举中国特色社会主义伟大旗帜　为全面建设社会主义现代化国家而团结奋斗——在中国共产党第二十次全国代表大会上的报告 [M]. 北京：人民出版社，2022：15.
② 习近平. 在庆祝海南建省办经济特区 30 周年大会上的讲话 [M]. 北京：人民出版社，2018：21.
③ 中共中央文献研究室. 习近平关于青少年和共青团工作论述摘编 [M]. 北京：中央文献出版社，2017：18.
④ 李大钊. 李大钊全集：第 3 卷 [M]. 北京：人民出版社，2013：288.
⑤ 中共中央文献研究室. 十六大以来重要文献选编 [M]. 北京：中央文献出版社，2006：449.

攀比，培养不畏艰难、勇于吃苦的顽强意志，克己奉公、不懈奋斗，让艰苦奋斗的优良作风在新时代不断焕发出新的生机。

📚 **拓展阅读**

榜样的力量：当代"愚公"黄大发①

他带领村民，历时30余年，在悬崖绝壁上开凿出一条主渠长7200米、支渠长2200米的"生命渠"；他用实干兑现誓言，为改善山区群众用水条件、实现脱贫致富做出突出贡献；他一心为民、埋头苦干、百折不挠……

黄大发：奋斗永不止步，共产党员就是干一辈子

他是"七一勋章"获得者黄大发，贵州省遵义市播州区平正仡佬族乡原草王坝村党支部书记，被誉为"当代愚公"。

黄大发性格朴实刚毅、大公无私、敢想敢干，23岁就当上了草王坝大队大队长。1959年，黄大发光荣入党。此后几十年里，他先后担任村主任、村支书，直到2004年退休。"作为一名普通的基层党员，我什么困难都不怕，带领村民们开渠取水。水过不去，拿命来铺！"

草王坝村山高岩陡，是典型的喀斯特地貌，雨水落地，顺着空洞和石头缝流走，根本留不下来。村民去最近的水源地挑水，来回需走两个小时。村民用水，第一遍淘米洗菜，第二遍洗脸洗脚，第三遍喂猪喂牛。县里的干部到草王坝考察，村民递过来的水杯里，满是浑黄。地里也打不出多少粮食。村民一年四季连饭都吃不饱。

然而，距离草王坝几公里外，就有充沛水源。但是，高山成了险阻。

村子不通水、不通电、不通路，黄大发看在眼里，急在心上。"穷就穷在缺水上，一定要想法通上水，让大家吃上大米饭。"当上村干部后，黄大发下定了决心。

20世纪60年代，草王坝人在政府的支持和黄大发带领下，第一次大规模修渠，却因技术等原因，耗时10多年也没修成。不少人打起了退堂鼓，但黄大发不肯服输。1989年，年过半百的他到附近的水利站，一边帮工一边学习。3年多时间里，只有小学文化的他从基础学起，下苦功夫，硬是掌握了许多水利知识。

1990年腊月，天寒地冻。为了修渠资金，黄大发赶了两天山路。等找到原遵义县水利局领导时，已满身是泥，一双旧解放鞋磨破了，露出冻得发紫的脚趾。"草王坝大旱，地里颗粒无收，我要带领群众修渠引水。"黄大发从破烂不堪的挎包中掏出立项申请报告。

当时，遵义县一年的水利资金不过20万元。据初步测算，从水源地取水到草王坝要

---

① 李惊亚，郑明鸿."七一勋章"获得者"当代愚公"黄大发：绝壁天渠映初心 [EB/OL]. (2021-07-23)[2023-03-10]. https://baijiahao.baidu.com/s?id=1706077134081445938&wfr=spider&for=pc.

经过大小 9 处悬崖、10 多处峻岭，水渠需要从离地几百米高的大土湾岩、擦耳岩和灰洞岩的悬崖峭壁上，打出半幅隧道，需要五六万个工时。草王坝才一两百个劳力，怎么完成这么大的工程量？黄大发撂下一句话："一年修不成，修两年；两年修不成，修三年。哪怕我用命去换，也要干成！"

1992 年春，引水工程终于开工，57 岁的黄大发带领 200 多名乡亲，浩浩荡荡奔赴工地。有次炸山出现哑炮，黄大发准备前去查看，有人突然大喊"要炸了"。情急之下，他用随身的背篓罩住自己，碎石块刹时满天飞。万幸的是，碎石只击破了背篓，擦破了他的手臂。

1993 年，工程进行到异常险峻的擦耳岩，垂直 300 多米高，放炮非常危险。黄大发第一个站出来，带几名党员上到山顶，把绳子拴在大树上，再系到腰上，顺着石壁慢慢往下探，寻找放炸药的合适位置。

1994 年，水渠的主渠贯通。清澈的渠水第一次流进草王坝，村里的孩子跟着水流跑，村民们捧着渠水大口地喝："真甜啊，真甜……"从没见过黄大发流泪的村民发现，老支书躲在一个角落里，哭了。

1995 年，一条跨三重大山、10 余个村民组，总长 9400 米的水渠全线贯通，草王坝彻底告别了"滴水贵如油"的历史。村民以黄大发的名字命名这条渠，叫它"大发渠"。

"大发渠"通水后，黄大发马不停蹄地带领村民"坡改梯"、修路、通电，发展乡村产业。2019 年底，团结村顺利脱贫出列，全村建档立卡贫困人口清零。现在的团结村，村民有饭吃，孩子有学上，日子有盼头，致富道路越走越宽。

黄大发说，"愚公移山就是为人民服务，让我再活一次，我还做'愚公'"！

（注：选取时略有改动。）

劳模精神表现为劳动模范勇于创新的使命追求。它主要表现为劳动模范为了不断适应产业发展和科学技术变革，根据新的产业发展和社会需求，不断学习、深入钻研，大胆思考、敢为人先，不断创新工作的方式方法，提高技术和技能水平。

创新在推动国家建设和产业发展方面发挥着十分重要的作用。习近平总书记强调，"创新是民族进步的灵魂，是一个国家兴旺发达的不竭源泉，也是中华民族最深沉的民族禀赋"。[1]创新是第一动力，是推进社会主义现代化建设实践的本质要求，一个国家的发展水平和发展潜能在很大程度上取决于其创新能力和创新水平。在全球化背景下，面对激烈的国际竞争，需要抓住发展机遇、勇于改革创新，才能够更好地应对我国经济发展面临的转型困境，加速推动传统产业的转型升级，于困境中找生机；才能不断拓展新的行业和领域，开辟新赛道，于变局中开新局，寻找新的发展机遇。只有将创新发展的主

---

① 中共中央文献研究室. 习近平关于青少年和共青团工作论述摘编 [M]. 北京：中央文献出版社，2017: 46.

动权牢牢地掌握在自己手中，坚定不移走自主创新道路，激发创新的澎湃动能，才能在新征程上赢得优势、赢得未来。同时，创新是引领产业发展的第一驱动力量，是企业发展进步的灵魂和不竭动力。无论是传统的科技创新还是理念创新，乃至企业管理、组织服务等方面的创新，都将转化为现实的生产力为企业发展注入新的活力。伴随着人工智能等行业领域的快速发展，单纯依靠"规模"产生效益的企业传统发展模式在市场上逐渐丧失了其比较优势，在人工智能时代的新背景下，把握机遇、迎接挑战，寻找新的创新突破口，成为未来企业发展的新增长点。

新时代的劳动模范，不仅是各行各业中的佼佼者，更是勇于创新、善于创新、走在创新创业前沿的行业带头人。创新是查漏补缺，需要打破思维上的固化，摒弃脑海中的偏见，在前人未完成的事业上或在前人未探索的领域中不断摸索，不断尝试和寻找新的可能。创新是与众不同，打破行业间的壁垒，消除各领域的隔阂，在看似无解的谜题中寻找新的答案，在黑白单调的色板中画上新的色彩。创新是不怕失败，是即便经历无数次跌倒也要勇敢地站起来努力前行。创新从来就不是一件容易的事，需要经历长时间的学习和知识积累，以及在岗位上数十年如一日的努力坚守。也正是这份勇于创新的勇气、不撞南墙不回头的决心，才铸就了一个个创新奇迹。

自主创新是中华民族屹立于世界之林、攀登世界科技高峰的必由之路，而创新驱动在本质上就是人才驱动，人才是实现自主创新的关键。培养创新意识，首先要坚持不断地学习，养成勤奋好学的良好品质，注重知识积累。当代社会，经济快速发展，各种文化相互激荡，科学技术日新月异，不断变化的社会发展需要我们不断适应快节奏的工作和生活，学习新知识、追求新进步，跟上社会发展的脚步，引领新的发展方向。其次要坚定理想信念，不负"强国有我"的豪情，勤学苦练、深入钻研、敢为人先、勇于创新，不断增强做好各项工作的本领，为推动高质量发展、实施制造强国战略、全面建设社会主义现代化国家贡献智慧和力量。再次要始终保持开放的思维，不断学习借鉴他人的优秀成果。创新不是单打独斗，创新也不是闭门造车，既需要整合各项资源，拥有团队意识，加强团队交流合作，又需要加强竞争意识，在与他人的比较中发现问题、寻找答案，不能排斥先进，夜郎自大。只有站在巨人的肩膀上，才能看得高、看得远。

📚 拓展阅读

榜样的力量：实干创新为实现"中国梦"贡献力量的盖立亚①

2020 年 11 月 24 日，2020 年全国劳动模范和先进工作者表彰大会在北京举行。通用技术集团所属沈阳机床股份有限公司沈阳优尼斯智能装备有限公司总经理，教授级高级工程师盖立亚荣获"全国劳动模范"荣誉称号。

爱国情　奋斗者

---

① 刘舒. 全国劳动模范盖立亚：实干创新为实现"中国梦"贡献力量 [EB/OL]. (2021-03-15)[2023-03-10]. https://j.eastday.com/p/161577432177010856.

盖立亚参加工作22载，一直埋头在数控机床研制第一线，坚持创新发展理念，在推动装备制造业高质量发展进程中做出了贡献。

1999年，沈阳机床公司从生产制造普通机床向数控机床转型，刚刚入职的盖立亚跟着一位资深工程师研发CKS6132数控机床。当时，研究所能够用于产品设计的电脑只有五六台，像她这样刚来的年轻人只能等到晚上进行设计，一干就是一个通宵。当产品组装起来的时候，发生了漏水问题，盖立亚二话不说就钻到车床下找漏水点。漏水点找到后，她重新设计了防护装置，把问题解决了。随后她又着手解决了主轴振动、刀架不锁紧等问题。2000年8月，产品按时交货，这是公司第一台高端数控车床，也开创了国产数控机床商品化之路。

"大学书本中的经典车床不可能永远是市场的主流，所以必须要创新。"这是盖立亚常说的话，她力主创新，瞄准新观念、新方法，创造新成果。

2007年，一家世界轴承行业顶级品牌进入中国市场时，提出了高难度的技术要求，于是，盖立亚临危受命，进行技术研发。那时，她刚刚怀孕，克服了严重的妊娠反应，频繁到生产现场收集可靠数据，组织技术人员自制毛坯料在机床上进行模拟模型试验，并根据试验结果反复修改技术方案。最终，产品从外到内都满足企业的要求，而该技术处于世界领先水平。

2009年，经过10年的技术积淀与实战，盖立亚从一名普通的设计员成长为技术部部长。她带领研发团队历时3年，奋战在技术攻关第一线，成功取得了重大技术突破，走出了一条自主创新的发展道路。

据统计，近10年，盖立亚主持和参与4项数控机床重大专项项目，取得主导实用新型专利22项、发明专利3项，为国内机床行业发展做出重要贡献。

除了立足创新，在团队培养上，盖立亚也有自己的一本经。无论在什么岗位上，她始终注重个人和团队的伴随成长。研发团队成员近半数为党员，在盖立亚的直接带领下，所在党支部2009年至2012年连获企业"先进党支部"称号；2010年被评为公司"创新创效型"党建工作示范区、"雷锋攻关小组"。

盖立亚深知学习成就未来，提出"学习中创新、创新中实践、实践中提升"的团队学习理念，不断培养团队成员成为"有理想，守信念，懂技术，会创新，敢担当，讲奉献"的知识型、技能型、创新型的新时期产业工人。仅2017年一年团队圆满完成共产党员重点工程立项4项，解决12个关键难题，荣获辽宁省职工经济技术创新立功竞赛创新成果奖，为企业创造千万元的经济效益。

当选为全国劳模，盖立亚表示，这是对她的鼓舞和肯定，更是鞭策与指引。"我将把劳模精神、劳动精神、工匠精神体现在日常工作中，示范带动广大员工成为劳动模范和大国工匠，以创新托起高质量发展，以辛勤劳动托起中国梦，为实现'两个一百年'奋斗目标贡献力量。"

（注：选取时略有改动。）

三、淡泊名利、甘于奉献

"淡泊名利、甘于奉献"是劳模精神的重要精神特质，体现了劳动模范志存高远、无私奉献的精神品格和高尚情操。其中，淡泊名利是戒骄戒躁、脚踏实地做出成绩的基本要求，而甘于奉献则是"赠人玫瑰，手有余香"的高尚情怀。

劳模精神表现为劳动模范淡泊名利的豁达态度。它主要表现为劳动模范正确看待劳动与劳动成果之间的关系问题，对物质待遇多一些淡然，面对诱惑多一分定力，淡泊自守、不求闻达。无论身处于怎样的行业或者岗位，他们都能始终坚持以饱满的工作热情和勤劳踏实的工作态度，做好每一项工作。他们不计小利，不以获得某种物质回报或者奖励为唯一目的。只有放眼高远，砥砺奋进，才能创造出无愧于时代的业绩，实现自身的进步。

淡泊名利要志存高远，坚守"无我"的初心，将"小我"的成长融入国家和民族发展的"大我"之中。习近平总书记在纪念五四运动100周年大会上的重要讲话中强调，"青年志存高远就能激发奋进潜力，青春岁月就不会像无舵之舟漂泊不定"。[①] 始终坚持明确自身的目标和追求，不断加强学习，用科学理论武装头脑，让理想信念在心灵深处扎根，才能在各种风险考验面前把稳思想之舵，认准前行航向，在实现中华民族伟大复兴的大舞台上实现人生价值，绽放自己的青春之花。淡泊名利要戒骄戒躁、恪守本分，抵制各种不良诱惑，正确处理、对待荣誉和物质财富与劳动之间的关系问题，做到不为名所累，不为利所缚，不为欲所惑，不为色所诱，兢兢业业、不懈奋斗。一味计较个人得失、一味追求荣誉和物质财富，必然因小失大，错失成功机遇。

当然，我们今天强调坚持淡泊名利的高尚品格，并不是要求放弃一切荣誉和物质财富，而是强调在工作和生活中不急功近利、不沽名钓誉、不损人利己、不损公肥私，恪守道德底线，守住法律红线，做事讲原则，做到公平竞争、取之有道。此外，需要注重个人品德修养的提升，以平常心来对待荣誉和物质财富，耐得住寂寞、守得住清贫，不断向着更高的山峰攀登。非淡泊无以明志，非宁静无以致远，中华民族伟大复兴的梦想需要无数个在平凡岗位默默耕耘的奉献者和脚踏实地的奋斗者。花开蝴蝶自然来，名和利从来都只是成功的赠品，而并非成功本身。

---

① 习近平. 在纪念五四运动100周年大会上的讲话 [M]. 北京：人民出版社，2019: 6.

拓展阅读

榜样的力量：初心本色张富清[①]

2022 年 12 月 20 日 23 时 15 分，"共和国勋章"获得者、全国优秀共产党员、全国道德模范、"时代楷模"称号获得者、全国模范退役军人、"最美奋斗者"张富清同志，因病医治无效，在湖北武汉逝世，享年 98 岁。

革命老兵张富清：深藏功名 永葆本色

几张类似奖状的泛黄纸页、一个红本子、三枚奖章……2018 年底，湖北恩施土家族苗族自治州来凤县退役军人事务局进行退役军人信息采集工作时，收到了张富清珍藏多年的军功证明，人们这才发现了这位深藏功名 63 年的老英雄。

张富清生于陕西省洋县。1948 年 3 月，24 岁的张富清参加中国人民解放军。"我从参加解放军起就觉得，共产党领导的这支队伍是真正为老百姓打天下的。也是从那时起，我一直想加入中国共产党。"张富清老人曾回忆。由于作战勇猛，当年 8 月，由连队集体推荐火线入党，成为预备党员。1948 年 6 月至 9 月，张富清参加壶梯山战役，攻下敌人碉堡一座、打死敌人两名、缴获机枪一挺，并巩固阵地；在东马村消灭外围守敌，占领敌人一座碉堡，为后续部队打开缺口；在临皋执行搜索任务，发现敌人后即刻占领外围制高点，压制敌人火力，完成截击敌人任务。

1948 年，张富清作为班长，和两名战友组成突击组，率先攀上永丰城墙。他第一个跳下城墙，冲进敌群展开近身混战，端着冲锋枪朝敌群猛扫，突然感到头顶仿佛被人重重捶了一下，后来又感觉血流到脸上，用手一摸头顶，一块头皮翻了起来……击退外围敌人后，张富清冲到一座碉堡下，刨出一个土坑，将捆在一起的八颗手榴弹和一个炸药包码在一起，拉下手榴弹的拉环，手榴弹和炸药包一起炸响，将碉堡炸毁。这场战斗一直持续到天亮，他炸毁了两座碉堡，缴获两挺机枪。永丰战役后，他荣获西北野战军一等功。

每一次战斗，张富清总是担任"突击队员"。"那时候，解放军的'突击队'就是'敢死队'，是冲入敌阵、消灭敌军火力点的先头部队，伤亡最大。我每次都积极报名参加突击队，为什么？因为我是共产党员，党需要的时候，越是艰险，越要向前！为了党和人民，就是牺牲了，也是无比光荣！"说起当年的战斗岁月，张富清总是无比坚定。英勇作战的张富清曾荣获西北野战军特等功一次、军一等功一次、师一等功一次、师二等功一次、团一等功一次，并被授予军战斗英雄称号和师战斗英雄称号。

1955 年，张富清即将复员转业。"部队号召我们，到最艰苦的地方去，到最需要的

① 一位老英雄的初心本色 [EB/OL]. (2022−12−22)[2023−03−10]. https://baijiahao.baidu.com/s?id=1634445486307590620&wfr=spider&for=pc.

地方去建设祖国。哪里最困难，我就去哪里。"张富清选择了湖北最偏远、最艰苦的地方之一，恩施土家族苗族自治州来凤县。

从到来凤的那一天起，张富清就封存了所有战功，一心一意干好每件工作。他先后在县粮食局、三胡区、卯洞公社、县外贸局、县建行工作。工作 30 年，他从没提过军功，也从没向组织提过任何要求。

在来凤，张富清同样是"哪里最困难去哪里"。公社班子成员分配工作片区，张富清抢先选了最偏远的高洞片区，那里不通路、不通电，是全公社最困难的片区。在那里，张富清带领社员们投工投劳，一起打炮眼、放炸药，开山修路……用两年时间修通了高洞的第一条公路。

工作 30 年，不管职务如何变迁，他从不利用手中职权照顾自己的亲人。20 世纪 60 年代，张富清任三胡区副区长，一人几十元的工资要养活一家六口。妻子孙玉兰原本在三胡供销社上班；国家开展精简退职工作，张富清首先动员妻子离职，减轻国家负担。"我不让你下岗，怎么好去做别人工作？"张富清对妻子说。对于自己的孩子，他也总是教育他们只能靠自己努力学习，自己奋斗。"我是共产党员，是党的干部，如果我照顾亲属，群众对党怎么想？"张富清说。

张富清离休后，一直保持着艰苦朴素的本色。住旧房子穿旧衣，家里的家具电器都是有年头的"老物件"。物件虽旧，他的思想却一直保持与时俱进。直到 90 多岁，张富清依然保持着每天上午 8 点到 9 点读报纸，晚上 7 点收看新闻联播的习惯。"人不学习要落后，机器不用要生锈。"他常常对老伴这样说。

每逢党和国家举办重大活动，张富清都认真收听收看广播电视。2021 年 7 月 1 日，庆祝中国共产党成立 100 周年大会在北京天安门广场隆重举行，当听到共青团员和少先队员代表"请党放心、强国有我"的铮铮誓言时，他感慨道："青少年是祖国的未来，很多事情需要年轻人接着做。党和人民的事业需要一代代人干下去，这样才能实现中华民族伟大复兴。"

随着张富清事迹被人们熟知，他获得了许多荣誉。一个个沉甸甸的荣誉对张富清来说，是一次次鞭策。他说："要时刻问自己，党的要求都做到了没有；要不断努力，为党的事业继续奋斗。"他说，自己这辈子最深的信念就是：听党的话，永远跟党走。

张富清 60 多年深藏功名，一辈子坚守初心、不改本色。在部队，他保家卫国；到地方，他为民造福。他用自己的朴实纯粹、淡泊名利书写了精彩人生。

劳模精神表现为劳动模范甘于奉献的价值追求。它主要表现为劳动模范在具体的工作和生活中勇挑重担、勇当先锋、勇于挑战，能吃苦、肯奋斗，将艰苦的环境、艰巨的任务作为磨炼自身的机会，把青春的足迹镌刻在历史的丰碑上。中国特色社会主义进入新时代，面对新的机遇和挑战，正如习近平总书记的嘱托，实现中华民族伟大复兴是中华民族近代以来最伟大的梦想，需要一代又一代人接续奋斗[1]。

甘于奉献就是不求回报地付出。纵观中华民族的悠久历史，奉献精神熠熠生辉，是李商隐在《无题》中"春蚕到死丝方尽，蜡炬成灰泪始干"的感叹，是范仲淹在《岳阳楼记》中"先天下之忧而忧，后天下之乐而乐"的情怀，是林则徐在《赴戍登程口占示家人二首》中"苟利国家生死以，岂因祸避趋之"的决心，是钟南山院士不顾自身危险奔赴战疫一线的勇气，是人民教师"学生虐我千百遍，我待学生如初恋"的初心，是边疆战士保家卫国、守土一方的责任，等等。在祖国最需要的地方奉献自己的青春，在最艰苦的工作环境中寻找乐趣，在日复一日、年复一年的实验攻关中创新，无数的仁人志士正奋斗在各自平凡的岗位上。也正是他们的无私奉献和家国情怀，才创造了今天中国特色社会主义的伟大成就，才使得人民对于美好生活的向往不再是空中楼阁。

甘于奉献就是不以事小而不为，不怕吃苦、不怕吃亏，将自己最大的热情投入到工作当中。具备奉献精神的人并非不讲求个人利益，而是更加注重集体利益，将集体利益放在第一位。当集体利益与个人权益产生冲突时，或者当国家、集体、他人需要时，他们能够放弃部分个人利益，心甘情愿地做出牺牲，实现集体利益的最大化。以我国航天技术领域的发展为例，无论是天宫问月、天眼观星，还是北斗组网，都不是仅仅依靠单个人付出就能实现的，这些伟大的成就凝聚了无数航天工作者的努力奋斗。如果每个人都计较个人得失，患得患失，缺乏团队精神，那么也无法取得这样的光辉成绩。

📚 拓展阅读

勇于担当　甘于奉献——凝聚抗击疫情的精神力量[2]

2020 年，新冠疫情首先在中国的武汉暴发，在这场战疫中，无数人以担当之勇、奋斗之志，书写下一曲曲荡气回肠的乐章，在挑战中挺起不屈的脊梁。

山东威海：沙画《众志成城抗击疫情》

山河无恙，英雄归来。援鄂医疗队撤离时，武汉市民在窗口挥手高呼：谢谢你们，为我们拼过命。而各地也以最高礼遇，致敬最美身影。贵州援鄂医疗队车队所经之处，市民自发鸣笛迎接；深圳全城亮灯，迎接援鄂医疗队回家；济南机场用"水门礼"，迎接山东医疗队员的航班……就在新冠疫情刚刚发生时，听闻战斗号角吹响，同样是这群身影，有的父母年事已高，有的孩子嗷嗷待哺，还有的新婚宴尔，却依然义无反顾冲向疫情防治最前沿。人们感谢的，是一种悬壶济世的责任担

---

① 中共中央文献研究室. 习近平关于青少年和共青团工作论述摘编 [M]，北京：中央文献出版社，2017: 18.
② 《人民日报》评论部. 勇于担当　甘于奉献——凝聚抗击疫情的精神力量 [N]. 人民日报，2020-04-01(5).

当；人们致敬的，是一种舍己为人的无私奉献。

正是各行各业、千千万万个坚守在抗疫一线的奋斗者，勇于担当、甘于奉献，聚涓滴之力，护山河无恙。在这场战疫中，不论是医护人员还是民警辅警，不论是社区工作者、下沉干部还是志愿者，在关键时刻冲得上去，在危难关头豁得出来，用行动诠释着担当，用辛劳书写着奉献。"最辛苦的岗位，党员必须先上"，是党员干部冲锋在前的身影；"我不能哭，护目镜花了就没办法工作了"，是一位护士面对采访镜头时的坚强；"万家灯火，就是战疫路上最大的动力"，是社区工作者不惧风雨的独白……新冠疫情当前，有人远征前线，也有人守护家园；有临危不惧、挺身而出的英雄，也有默默无闻、点滴奉献的身边好人。新冠疫情面前没有旁观者，每个人都担一份责，献一份力，筑起了阻击病毒的铜墙铁壁，汇聚起战胜新冠疫情的强大力量。

"常思奋不顾身，而殉国家之急。"挑战面前，每一份牺牲和奉献都将融入中华民族的精神血脉，化作穿越风雨的力量。为阻断病源输出，湖北所有地级市相继采取措施，以壮士断腕的精神，为全国乃至全世界赢得抗击疫情的"时间窗口"；各省区市鼎力相助、火线驰援，选最精锐的医生往湖北送，拿最好的物资往武汉运，写下一个个感人的故事；企业员工牺牲与亲人团聚的机会，春节期间加班加点生产口罩等医疗物资；建筑工人为抢工期，牺牲了休息的时间，火神山、雷神山医院如期完工。梁武东、李文亮、刘智明、黄汉明、马承武、郑勇……这些牺牲在抗疫一线的医务人员、基层干部、民警辅警、志愿者们，他们的名字必将铭刻于历史、铭记于人心。无畏、无私、无悔，大仁、大勇、大爱，读懂了没有硝烟的战场上的这些牺牲和奉献，才能读懂什么叫爱国情怀，什么叫家国大义。

伟大的事业需要伟大的精神。在实现中华民族伟大复兴的征途上，事不避难、义不逃责的决心和以身许国、无私奉献的行动，支撑我们向着一个又一个目标勇毅前行。习近平总书记赴湖北省武汉市考察疫情防控工作时强调，在这场大考中磨砺责任担当之勇、科学防控之智、统筹兼顾之谋、组织实施之能。在与新冠疫情的正面交锋中，一个个干部经受住考验，被组织火线提拔；一批批青年扛起最艰巨的任务，在火线光荣入党。从研究新型冠状病毒的科学家，到为民排忧解难的网格员，再到广大党员干部，他们在经风雨中壮筋骨，在见世面中长才干。这场抗疫中展现出的勇于担当、甘于奉献的精神力量，善作善成的底气，都将熔铸成为我们共同的民族记忆。

（注：选取时略有改动。）

第三节 | 培育和践行劳模精神

劳模精神是劳动模范在生产实践过程中精神风貌的生动展现，承载着重要的育人功能和教育功能。习近平总书记在全国劳动模范和先进工作者表彰大会上明确指出，"全社会要崇尚劳动、见贤思齐，加大对劳动模范和先进工作者的宣传力度，讲好劳模故事、讲好劳动故事、讲好工匠故事，弘扬劳动最光荣、劳动最崇高、劳动最伟大、劳动最美丽的社会风尚。要开展以劳动创造幸福为主题的宣传教育，把劳动教育纳入人才培养全过程，贯通大中小学各学段和家庭、学校、社会各方面，教育引导青少年树立以辛勤劳动为荣、以好逸恶劳为耻的劳动观，培养一代又一代热爱劳动、勤于劳动、善于劳动的高素质劳动者。"[①]为大学生如何培育和践行劳模精神指明了方向。

一、提升劳动认知，学习身边榜样

青年的价值取向决定了未来整个社会的价值取向，大学时期是青年非常重要的人生阶段，也是其世界观、人生观和价值观形成及确立的重要时期。劳模精神是中国精神和社会主义核心价值观的劳动文化形态，是重要的精神驱动力量。劳模精神符合人民群众的根本利益和期待，深刻体现了中国特色社会主义共同理想，能够形成广泛的社会共识和强大的社会凝聚力。扣好人生的第一颗扣子，需要充分发挥劳模精神的价值引领和榜样示范作用，借助校内校外资源，以身边的优秀劳动者为榜样，学习劳动理论知识，提升专业技术水平，培养良好的劳动习惯，在具体的实践过程中不断锻炼和发展自身。

培育和践行劳模精神，要充分认识到劳模精神在青年自身价值观塑造过程中的重要作用，自觉主动接受劳模精神的文化熏陶。劳模精神是社会主义核心价值观在工作和职业发展中的具体化、直观化、人格化和实践化体现，是社会主义核心价值观的生动呈现，也是培育和践行社会主义核心价值观的重要途径。劳模精神与社会主义核心价值观都是社会主义核心价值体系的重要组成部分，二者在文化传承上同根同源，在内容上高度契合，在目标导向上具有一致性。在文化传承上，两者均根植于中华优秀传统文化和社会主义先进文化，并伴随着社会主义建设发展的现实不断丰富其理论内涵。在理论内容上，社会主义核心价值观倡导在国家层面实现富强、民主、文明、和谐的价值目标，在社会层面践行自由、平等、公正、法治的价值取向，在个人层面恪守爱国、敬业、诚信、友善的价值准则。而劳模精神所包含的"爱岗敬业"的职业态度、"艰苦奋斗"的工作作风、"甘于奉献"价值追求等内容，都与社会主义核心价值观的价值理念和道德要求相融相通。在目标导向上，社会主义核心价值观是当代中国精神的集中体现，凝结着全体人民共同的价值追求。而劳模精神在不同的历史时期都发挥了重要的引领性作用，不断激

---

① 习近平. 在全国劳动模范和先进工作者表彰大会上的讲话 [N]. 人民日报，2020-11-25(2).

励着广大劳动者脚踏实地、奋发图强、无私奉献，不断推动行业发展，助力国家建设。培育和践行劳模精神的过程，也是青年学生不断明确人生方向，坚定理想信念，促进自身发展的过程。

培育和践行劳模精神，要找好参照坐标，明确努力方向。劳动模范具有极强的榜样示范作用。不同时期有着不同的奋斗主题，劳模精神根植于中国大地，反映中国劳动人民的普遍愿望和期待，不断适应时代发展和国家建设的需要，具有鲜明的民族性、实践性和时代性。劳动模范作为各个时期的典型代表，反映了各个时期国家建设发展的主要方向。在新时代背景之下，通过对劳动模范优秀事迹的学习，通过与优秀劳动者的对照，以劳动模范为度量标准，就能明确未来努力的方向，查漏补缺，在观察和对比中不断端正自己的学习态度，规划自己未来的职业方向，不断提升劳动能力，争做新时代的建设者。作为青年学生，需要进一步转变思维方式，消除"应试""敷衍"的错误心态，不断加强理论学习，珍惜与劳动模范面对面交流的机会；投身劳动实践，增强劳动技能和本领。心中有阳光，脚下才有力量；校准了精神航向，才能不断地超越自我，实现人生价值。

二、培养劳动能力，感受劳动魅力

纸上得来终觉浅，绝知此事要躬行。社会实践是大学生拓展知识、学习技能的第二课堂，也是进行大学生思想政治教育的重要途径，是促使大学生将对劳模精神的理论认同转为现实行为的关键环节。学习劳动模范，培养劳模精神，最终要落实到日常的生产劳动和生活劳动之中，在具体的劳动实践过程中加强价值认同，形成良好的职业品质。

培育和践行劳模精神，要在实践中增强劳动能力，感受劳动魅力。大学教育的过程并不是简单的书本知识讲授，而是不断丰富理论知识，不断加强道德修养，不断提高实践能力的过程。第一，劳动实践的过程是实现理论知识与实践工作相结合的过程。在科研探索中不断学习和检验理论知识，在生产实践中感受企业文化，能够明确社会需求，明确职业标准，与社会接轨，明确未来的择业方向。第二，劳动实践的过程是不断发现问题，认识自我的过程。经历过无数次的失败和挫折，才能清晰地认识到自己所存在的不足；也正是在与优秀劳动者和先进分子的竞争和比较中，才能发现自身的知识短板，进而不断鞭策自己，刻苦学习、勤于思考，努力增才干、强本领、敢创新，不断挑战自我、超越自我。第三，劳动实践的过程是明确劳动意义、发现自我价值的过程。只有亲自参与劳动实践活动，才能了解劳动者的甘苦，才能真正体会到劳动成果的来之不易，产生更多的劳动情怀，从而发自内心地崇尚劳动、尊重劳动。

功崇惟志，业广惟勤。劳模精神是具体的、鲜活的，积极践行劳模精神，从来都不只是一句口号，而需要每一位劳动者明确时代使命和自身肩负的责任，将自己的职业理想和祖国的未来发展结合起来，将自己的人生同民族的命运紧密联系起来，立足岗位、不断学习、努力奋斗，以"小角色"成就"大事业"。奋斗是青春的底色，行动是青年的磨砺。青年学生作为建设祖国的后备军，更应当牢记中华民族伟大复兴的使命，立大志、明大德，不断在实践中锻炼自己，提升自己，使自己逐渐成长为一名合格的社会主义劳动者。在具体的劳动实践中感受和学习劳动模范的责任意识、创新意识、家国情怀、拼搏精神和奉献精神，将青春播撒在实现民族复兴的伟大征程上，真正做到"祖国放心，强国有我"。

📚 拓展阅读

1.8万名赛会志愿者展示青春风采，这是双奥之城最好的名片[①]

在体育竞赛、场馆管理、语言服务、新闻运行等41个业务领域，1.8万余名赛会志愿者以阳光、活力的面貌和专业、敬业的服务，为本届盛会注入了温暖与感动。

"请问去首都体育馆坐哪路车？""我想在混合采访区采访，在哪里登记？""这里有吃饭的地方吗？"……所有这些问题，都是在问一个群体——穿着蓝色制服的志愿者们。

刚刚结束的北京冬奥会上，无论是在寒冷的滑雪场还是嘈杂的室内，无论是说中文还是英语，只要你有问题，都可以找志愿者帮忙。正如北京冬奥组委志愿者部部长滕盛萍所说，他们就像一朵朵热情洋溢的小雪花，在各自的岗位上展示着开放、阳光、向上的青春风采。用阳光、活力的面貌和专业、敬业的服务为本届盛会注入温暖与感动，向世界展现中国青年一代的风采。

北京冬奥会开幕式上，担任标兵志愿者的孙泽宇一句"Welcome to China"，让美国运动员泰莎热泪盈眶。来自河北地质大学的志愿者刘瑶，在张家口赛区的班车站前为记者们指路，寒冷的天气让她的面罩上结了霜。一名美联社记者拍下了这一幕，并且写文章向坚守岗位的志愿者表达敬意。

在场馆的混合采访区，有专门负责语言翻译的志愿者，不管采访哪个国家的运动员，都不会遇到语言障碍；在一轮比赛结束后，志愿者会及时送来相关统计数据；如果想要采访外国记者，服务台的志愿者会帮忙寻找外国代表团新闻官的联系方式……

据滕盛萍介绍，北京冬奥会共录用了1.8万余名赛会志愿者，其中北京赛区约占63%，延庆赛区约占12%，张家口赛区约占25%，35岁以下的青年人占了94%。志愿者的服务，涵盖了体育竞赛、场馆管理、语言服务、新闻运行等41个业务领域。

所有志愿者在正式上岗服务前都接受了比较系统的培训，包括通用培训、场馆培训和岗位培训等，疫情防控、冰雪运动等方面的知识也有专门培训。一些特殊岗位还有特

---

① 毕振山. 双奥之城最好的名片：1.8万余名赛会志愿者展示青春风采[EB/OL]. (2022-02-23)[2023-03-10]. https://baijiahao.baidu.com/s?id=1725530261838535228&wfr=spider&for=pc.

殊要求，如一些语言类志愿者需要具备英语专业八级水平，医疗类志愿者要具备一定的医疗知识，雪上项目的志愿者要会滑雪等。

由于志愿者也需要接受闭环管理，为了更好地保证志愿者的身体和心理健康，北京冬奥会还首创了"志愿者之家"，给志愿者营造温馨的环境。在国家高山滑雪中心，还有冬奥辅导员为志愿者们提供辅导，帮助他们解决问题，调节好身心状态。

"当我看到'90后''00后'们能够扛起责任，成为服务支撑冬奥盛会的主力军时，我看到的是无比宏大的青年力量，我看到了国家和民族的未来！"一名高校负责人激动地说。

在各方努力下，志愿者的服务赢得了中外记者的肯定，得到了运动员和观众的表扬，也受到了国际奥委会主席巴赫的赞赏。北京冬奥组委新闻发言人严家蓉说，志愿者已经成为"双奥之城最好的名片"。

（注：选取时略有改动。）

三、培养创新意识，做新时代劳动者

"创新是第一动力，人才是第一资源"[1]，劳动贵在创造，没有创新和创造，劳动实践活动就只能是简单的重复。劳动本身就是一种极具创造性的活动，劳动实践的过程也是人发挥主观能动性的过程。从实践到认识，再到实践的过程，就是人不断增强创新能力、提升劳动技能的过程。"勇于创新"是新时代劳模精神的核心内容，同时也是个人职业发展的生命力所在。

培育和践行劳模精神，要树立创新意识，不断提高进行创新创造的能力和本领。大学生作为创新创业的实践者，要充分发挥主观能动性，有效利用学校和社会所提供的各项资源。一方面，通过参加创新创业培训课程、聆听前辈经验等方式，加强理论知识学习；另一方面，借助校内校外各类创新实践平台，勇于探索，不唯上、不唯书，打破思维上的局限，在专业实践中提升专业水平，在合作交流中发现自身缺陷，在不断尝试中探索成功。"社会主义是干出来的，新时代是奋斗出来的"[2]，中华民族伟大复兴的中国梦离不开每一个人的努力和奋斗。

❓ 思考题

1.说一说你心中的劳动模范形象——劳模评选你更倾向哪个群体？

一线的产业工人

科研工作人员

---

[1] 习近平.在北京大学师生座谈会上的讲话[M].北京：人民出版社，2018：13.
[2] 习近平.在全国劳动模范和先进工作者表彰大会上的讲话[M].北京：人民出版社，2020：4.

互联网企业代表人物

商业领域从业者

……

2.说一说你最熟知的劳动模范。

3.你是否设想过未来自己将从事的行业或领域？说一说你认为该行业需要的基本素质和能力。

✓ 劳动实践

结合本章内容，组织开展劳动模范进课堂，开展"我身边的劳动模范"主题演讲活动。

第三章 劳动精神

2018年9月10日，习近平总书记在全国教育大会上指出，"要在学生中弘扬劳动精神，教育引导学生崇尚劳动、尊重劳动，懂得劳动最光荣、劳动最崇高、劳动最伟大、劳动最美丽的道理，长大后能够辛勤劳动、诚实劳动、创造性劳动"[①]。党的二十大指出，要坚持尊重劳动，使人人都有通过勤奋劳动实现自身发展的机会，提倡在全社会弘扬劳动精神，培育时代新风新貌。[②]因此，充分发挥劳动的育人功能，培育大学生的劳动精神，是高等教育落实立德树人根本任务、培养全面发展的中国特色社会主义合格建设者和可靠接班人的应有之义。

第一节 劳动精神的历史渊源

从古至今，尊重和热爱劳动一直流淌在中华民族的血脉中，其蕴含的丰富内涵和优秀品质是中华民族宝贵的精神财富，激励着一代又一代中华儿女砥砺前行。从新民主主义革命时期的"边区工人一面旗帜"赵占魁、"兵工事业开拓者"吴运铎，到社会主义革命和建设时期的"铁人"王进喜、"知识分子的杰出代表"蒋筑英、"宁肯一人脏、换来万人净"的时传祥，再到改革开放和社会主义现代化建设新时期的"蓝领专家"孔祥瑞、"金牌工人"窦铁成、"新时期铁人"王启民……一个个平凡却闪光的名字，一个个埋头苦干、忘我奉献的劳动者，一砖一瓦建设起社会主义雄伟大厦。

一、劳动精神与中华民族优良传统

中华民族是勤劳的民族，自古以来就崇尚劳动、鼓励奋斗。中华优秀传统文化历来重视和崇尚勤俭劳动，认为勤劳是立身之基、成才之本。千年的劳动实践，创造了我国光辉的历史和灿烂的文化，锻造了中国人民热爱劳动、勤劳勇敢的优秀品格。

马克思认为，"整个所谓世界历史不外是人通过人的劳动而诞生的过程"[③]。中华民族从远古的先民开始，就已经形成崇尚劳动的光荣传统。在神话和传说时代，神农氏教民

① 习近平在全国教育大会上强调 坚持中国特色社会主义教育发展道路 培养德智体美劳全面发展的社会主义建设者和接班人 [N]. 人民日报，2018-09-11(1).
② 习近平. 高举中国特色社会主义伟大旗帜 为全面建设社会主义现代化国家而团结奋斗——在中国共产党第二十次全国代表大会上的报告 [M]. 北京：人民出版社，2022: 36，44-45.
③ 马克思，恩格斯. 马克思恩格斯文集：第1卷 [M]. 中共中央马克思恩格斯列宁斯大林著作编译局，编译. 北京：人民出版社，2009: 196.

稼穑、大舜善于耕田、大禹擅长治水、精卫填海、愚公移山等劳动故事就广为流传，表明在当时，崇尚劳动已被摆在很高的位置。

我国古代劳动人民创造的辉煌成就和灿烂文化，不仅体现了劳动人民对劳动创造的热爱，还展现了人们对劳动精神的推崇、对劳动文化的继承和发扬。《左传》记载"民生在勤，勤则不匮"，认为勤劳是民生的根本。墨子通过人与动物的区别，说明劳动是人生存的根本。"今之禽兽、麋鹿、蜚鸟、贞虫，因其羽毛以为衣裳，因其蹄蚤以为绔屦；因其水草以为饮食。故唯使雄不耕稼树艺，雌亦不纺绩织纴，衣食之财，固已具矣。今人与此异者也，赖其力者生，不赖其力者不生。"① 动物可以依赖身体和环境来维持生存，人则必须依靠自己的劳动，才能维系基本的生存。《管子》中有"彼民非谷不食，谷非地不生，地非民不动，民非作力毋以致财"② 的论述，认为劳动是财富创造的源泉，劳动人民是财富的最终创造者。北宋沈括所著《梦溪笔谈》，详细记载了古代劳动人民进行辛勤劳动、创造性劳动的历史事迹，反映出我国古代劳动人民在科技、人文等方面的劳动创造。明代的《天工开物》是世界上第一部关于农业和手工业生产的综合性著作，全书收录了农业、手工业诸如机械、兵器、火药、纺织、染色、制盐、采煤等生产技术，集中体现了我国古代劳动人民的劳动创造和发明成就。中华民族在辛勤劳动中凝结智慧，创造出许多令世人惊叹的劳动成果，万里长城、京杭大运河、都江堰等伟大的工程，无不凝结了劳动者的汗水与智慧。事实证明，我们中华民族是勤于劳动、善于创造的民族。因为劳动人民的劳动创造，我们才能从历史中走来；也正是因为劳动人民的劳动创造，才形成了今天催人奋进的劳动精神。

劳动精神与中华民族优良传统一脉相承，深刻反映了我国劳动人民从古至今对于劳动实践的尊重和认同，融会贯穿于中华民族千百年来的精神血脉当中，最终使中国人民形成了热爱劳动、勤劳朴实、吃苦耐劳的劳动精神和劳动品质。

劳动不仅对个人的存在和发展意义重大，对家族的兴旺和国家的发展也至关重要。明末清初学者颜元认为"一身动，则一身强；一家动，则一家强；一国动，则一国强；天下动，则天下强"③。晚清名臣曾国藩认为懒惰是导致人生和家族败落的重要原因，"一家之中勤则兴，懒则败"。因此他反对给子孙留财产，希望以此激发家族子孙自强自立之志。因此他在家书中警训后辈，"嗣后诸男在家勤洒扫，出门莫坐轿；诸女学洗衣，学煮菜烧茶。""享福太早，将来恐难到老"，"少劳而老逸犹可，少甘而老苦则难矣"④。左宗棠把"勤耕读"作为传家之本，他曾写下"要大门闾，积德累善；是好子弟，耕田读书"楹联，作为对家世子祠的劝勉。

① 毕沅. 墨子 [M]. 上海：上海古籍出版社，2014：139.
② 黎翔凤. 管子校注（上）[M]. 北京：中华书局，2004：261.
③ 颜元. 颜元集（下）[M]. 北京：中华书局，1987：669.
④ 曾国藩. 曾国藩家书 [M]. 北京：中国言实出版社，2017：29-30，281.

二、劳动精神与中国革命

劳动精神体现了唯物史观的真谛，凝聚着中国共产党的初心和使命，贯穿于中国共产党的百年奋斗史。

抗日战争时期，为了粉碎敌人对陕甘宁边区的经济封锁，解决粮食和生活必需品短缺的困难，党中央和毛泽东发出"自己动手，丰衣足食"的号召。毛泽东率先垂范，在杨家岭的办公楼下亲手开辟了一片荒地，种上各色蔬菜；朱德组织生产小组开垦菜地，他本人背着箩筐到处拾粪积肥；周恩来迅速成了纺线能手。1941 年，党中央再次强调，必须走生产自救之路。同年，八路军第 359 旅开赴陕北南泥湾，边区军民一起上阵，撸起袖子拼命干，边开垦荒地，边兴修水利，边畜牧养殖……用自己辛勤劳动的汗水浇灌出千亩良田，把一片荒芜的不毛之地变成了"到处是庄稼、遍地是牛羊"的"陕北江南"。

正是在中国共产党领导下，劳动运动和群众的劳动观念才发生了微妙而实际性的转变。这个时候，"劳动被真正地尊敬着，向着不是为了少数人，而是为了每个劳动者自己和全体社会的幸福而创造着的方向发展"。[①] 后来，毛泽东在总结大生产运动时列举了军队生产自给六个方面的益处，其中一个很重要的益处就是增强了劳动观念。他明确指出，"生产自给以来，劳动观念加强了，二流子的习气被改造了……在生产中，军民变工互助，更增强他们之间的友好关系"。[②] 在陕甘宁边区局部执政条件下的生产劳动运动，培育了共产党人和革命军队自力更生、艰苦奋斗的革命意志，磨炼了革命军民的劳动观念，为日后全国执政时开展建设社会主义国家、捍卫和促进社会主义制度发展意义上倡导的劳动精神作了思想奠基和实践准备。

三、劳动精神与社会主义现代化建设

自 1949 年中华人民共和国成立以来，新中国的发展史可以划分为"站起来""富起来""强起来"三个历史阶段。在"站起来"阶段，中国人民在中国共产党的领导下团结一心，积极生产、斗志昂扬，在一张张"白纸"上画出了靓丽的色彩，取得了一个个骄人的建设成就：第一架自己制造的飞机首飞成功，第一辆自己制造的汽车试制成功，武汉长江大桥正式通车，第一艘万吨级远洋货轮"东风号"下水，成功研发并引爆第一颗原子弹、第一颗氢弹，成功发射第一颗人造地球卫星……每一项建设成就的背后，都饱含着中国人民的勤劳智慧，体现着劳动精神的珍贵。

党的十一届三中全会开启了中国人民由站起来到富起来的历史。改革开放极大地激发了全国人民的劳动积极性。从 20 世纪 70 年代末 80 年代初到 21 世纪前 10 年间，我国的国内生产总值、国家财政收入和城乡居民人均收入都有了很大的增长，全国农村贫

---

① 解放：第 1 卷 [M]. 西安：陕西人民出版社，2013：433—434.
② 毛泽东. 毛泽东选集：第 3 卷 [M]. 2 版. 北京：人民出版社，2006：1107.

困人口大为减少。2010 年，我国一跃成为世界第二大经济体，实现了从生产力相对落后到经济总量跃居世界第二的历史性突破，实现了人民生活从温饱不足到总体小康、奔向全面小康的历史性跨越，推进了中华民族从站起来到富起来的伟大飞跃[1]。

党的十八大以来，在以习近平同志为核心的党中央坚强领导下，出台一系列重大方针政策，推出一系列重大举措，推进一系列重大工作，战胜一系列重大风险挑战，解决了许多长期想解决而没有解决的难题，办成了许多过去想办而没有办成的大事，推动党和国家事业取得历史性成就、发生历史性变革。[2]中华民族迎来了从站起来、富起来到强起来的伟大飞跃。[3]2020 年，在全党全国各族人民的共同努力下，我国脱贫攻坚战取得了全面胜利。改革开放以来，我国 7.7 亿农村贫困人口摆脱贫困。[4]这些都离不开全国人民的艰苦奋斗，每一项成就的取得都是广大劳动群众撸起袖子发挥劳动精神进行苦干、实干、巧干的成果。

在世界格局加速演变的时代背景下，要实现中华民族伟大复兴的理想，必须继续发扬劳动精神，依靠"辛勤劳动、诚实劳动、创造性劳动"开创美好未来。

拓展阅读

弘扬劳动精神　做新时代奋斗者[5]

社会主义是干出来的，新时代是奋斗出来的。"五一"假期，各行各业劳动者坚守岗位，勤于创造，勇于奋斗，合力奏响劳动光荣的动人乐章，用心用情诠释着崇尚劳动、热爱劳动、辛勤劳动、诚实劳动的劳动精神。

劳动精神

一线生产奋斗篇

车轮转动，一辆辆崭新的汽车缓缓驶下生产线……一汽大众汽车有限公司成都分公司全面启动"双班次"生产。公司生产管理部门负责人赵超越说："当前是生产关键时期，公司加班加点，抓紧生产。政府部门帮我们化解难题，畅通供应链。"

位于内蒙古自治区伊金霍洛旗的神东煤炭上湾煤矿，综采一队队长段伟带领队员坚守在百米深的井下，"这段时间抓生产保供应任务很重，绝对不能出现一丝一毫的闪失。""五一"假期，神东煤炭近 3 万名干部职工坚守工作岗位，严格落实作业计划。

"维护好精炼炉设备的运行，是我的本职工作。"午休时间，鞍钢股份炼钢总厂连检三作业区机械点检长刘铁还在认真看图纸。节日期间，许多像刘铁这样的干部职工坚守岗位，抢抓生产。

假期第一天，在江西省景德镇市黑猫集团的专用线上，南铁上饶车务段景德镇南站

① 中共中央关于党的百年奋斗重大成就和历史经验的决议 [M]. 北京：人民出版社，2021: 22
② 中共中央关于党的百年奋斗重大成就和历史经验的决议 [M]. 北京：人民出版社，2021: 27
③ 中共中央关于党的百年奋斗重大成就和历史经验的决议 [M]. 北京：人民出版社，2021: 62
④ 习近平 . 在全国脱贫攻坚总结表彰大会上的讲话 [N]. 人民日报，2021-02-26(2).
⑤ 弘扬奋斗精神　做新时代奋斗者 [N]. 人民日报，2022-05-03(1).

调车长王涛摘风管、拧闸盘，将40车敞顶箱送入指定位置。"现在每天有近5000吨焦炭从景德镇南站运往全国各地。我们三班倒，24小时连轴转。"王涛说，企业放心生产，"运输包在我们身上。"

在中建三局重庆分公司沙田污水处理工程一期PPP（政府和社会资本合作）项目施工现场，360余名建筑工人、48名项目管理人员留岗不停工。"趁最近天气好，混凝土浇筑要加紧，钢筋制作和绑扎也要跟上。"项目经理龚洪带着团队仔细查看工程进展，"看着工程一点点推进，很有成就感。"

守护群众安康篇

2022年5月1日上午7时，湖北省当阳市草埠湖镇农业服务中心主任黄建清早早地出发去镇停车场，准备对现场停放的农机开展防疫消毒作业。"大麦收割时节来临，为了确保机收安全，连日来已组织对作业人员和车辆逐一开展防疫检查。"黄建清说。

一辆满载出口货物的大卡车停在查验关口。"体温正常，核酸检测报告正常，予以放行。"一大早，福建省晋江市内坑派出所副所长郭泉森就来到晋江陆地港，详细检查园区人员登记台账、消防安全疏散通道等。"陆地港每日进出港车辆近3000车次，安全不能有丝毫松懈。"

在贵州省六盘水市水城区蟠龙派出所，6名民警和15名辅警全员在岗。居住着1700多名易地搬迁群众的桃苑社区，有一些留守儿童。辅警罗孝琴节日期间每天坚持上门走访，"孩子们都放假了，我得临时扮演好'家长'角色。"

"您哪里不舒服？有没有接触外地回来的亲戚朋友……"在甘肃省妇幼保健院发热门诊，医护人员为患者测量体温，详细询问病症及旅居史、接触史。节日期间，医院各院区医护人员坚守岗位，守护群众健康。

街面巡逻、景区值守、应急救援、卡点查缉……云南省大理市公安局巡特警大队大队长杨毅勇的假期计划，几乎全是工作。"五一"假期，大理市公安局在景区及群众活动密集区域部署"城市快警"队伍。作为其中的一员，杨毅勇说："出警快一点，平安多一分。"

服务大众奉献篇

在浙江省杭州市萧山区，瓜沥派出所社区民警徐洋和往常一样来到孤寡老人许秀珍家中打扫卫生、收拾家务。在基层社区一干就是12年，徐洋说："在辖区，大家都说'有事情找徐洋'，这就是对我工作最大的肯定。"

天刚蒙蒙亮，江西省南昌市安义县黄洲镇后昌村小组的稻田里，机器轰鸣。南昌金进果粮油有限公司董事长黄声菊站在田埂边，协助搬运水稻秧盘。这些天，她除了耕种好自己的稻田，还为周边农户提供农技服务。"过节也不能闲，今年的早稻已经全部插完，还有 3000 亩再生稻得抓紧！"

抢运菌袋、抢搬蜂箱、代买代办……黑龙江省林区公安局沾河分局民警毕文龙的记事簿上，工作事项安排得井井有条。辖区林场地处偏僻，居民出行不便，民警们就提供"代买""代办"服务。毕文龙说："一晚上出两三次警，走上万步，都是常态。"

（注：选取时略有改动。）

第二节 | 劳动精神的新时代内涵

2020 年 11 月 24 日，习近平总书记在全国劳动模范和先进工作者表彰大会上的讲话中指出，在长期实践中，我们培育形成了崇尚劳动、热爱劳动、辛勤劳动、诚实劳动的劳动精神，明确了劳动精神的内涵：劳动精神包括崇尚劳动、热爱劳动、辛勤劳动、诚实劳动四个向度。[1] 其中，崇尚劳动是劳动精神的价值取向，热爱劳动是劳动精神情感追求，辛勤劳动是劳动精神的实践状态，而诚实劳动则是劳动精神的伦理指向。

一、崇尚劳动：劳动精神的价值取向

崇尚劳动的观念自古就流淌在中华民族血脉之中。劳动创造物质财富和精神财富。因为劳动，我们拥有了历史的辉煌和如今的成就。从"乡村四月闲人少，才了蚕桑又插田"的农民到"赧郎明月夜，歌曲动寒川"的工人；从彰显中华灿烂文明的"四大发明"到凝聚中华民族智慧的"四大名著"；从模范的 359 旅把"烂泥湾"改造成"陕北好江南"到英雄的农垦部队把戈壁滩打造成"塞北明珠"；从杂交水稻"禾下乘凉梦""覆盖全球梦"逐步推进到航天工程"可上九天揽月"、航空母舰"可下五洋捉鳖"成为现实……我们在非凡征途中铸就了科学的劳动观念，绘就了美妙的劳动画卷。

崇尚劳动是中华民族的民族精神和传统美德，这种精神激励着一代又一代中国人奋发图强、不断进取。中国人民实现从站起来到富起来再到强起来的伟大飞跃，正是靠着广大人民勤奋不辍的劳动。只有崇尚劳动，懂得劳动创造价值、劳动创造社会、劳动是值得的，人们才渴望劳动。无论时代如何变化，都要崇尚劳动之风、认可劳动之力、推崇劳动之美。劳动不分贵贱，劳动者都值得被尊重。无论从事体力还是脑力劳动、简单还是复杂劳动、集体还是个人劳动、生产性还是服务性劳动，只要能为经济社会发展做出贡献，就会得到广大人民群众的认可。必须通过思想宣传、教育引导、实践养成等，让崇尚劳动成为全社会的价值共识，让劳动者在奋发图强、比学赶超中书写出优秀的劳动考卷，才能为实现中华民族伟大复兴注入源源不断的动力；必须营造尊重劳动和劳动者的文化氛围，"唤起工农千百万，同心干"。

---

[1] 习近平. 在全国劳动模范和先进工作者表彰大会上的讲话 (2020 年 11 月 24 日)[J]. 党建，2020(12): 4–7.

二、热爱劳动：劳动精神的情感追求

热爱劳动是劳动精神的情感追求，是肯定劳动价值后的情感表现，对激发劳动精神具有重要的价值和意义。

人们通过劳动创造物质财富，同时也在劳动中确证自己的本质，实现自我的价值，收获情感上的愉悦体验。因此，人们热爱劳动是因为通过劳动能够获得物质和精神的双重满足。

资本主义把人有意识的、有目的的类生活及自由自觉活动的类本质异化为受资本控制的异己力量。在资本主义私有制的条件下，异化劳动全面背离了人对美好生活的向往，消解了人对美好生活的体验。一方面，劳动使人们陷入越辛勤劳作越是贫困的窘境。另一方面，社会化大生产使得劳动日益专业化、碎片化，这导致人们无法在劳动中获得自身的完整性证明，进而陷入一种自我怀疑甚至是否定的状态。这种被迫的劳动不仅无法使人们对劳动产生热爱之情，还会使人们厌恶甚至回避劳动。

社会主义崇尚"真正的自由劳动"，为人们自由自主地热爱劳动创造了基本条件。按劳分配为主体、多种分配方式并存的分配制度从根本上保障了劳动产品归劳动者所有，规范了财富积累机制。凡是为社会主义经济高质量发展做出贡献的劳动者，都可从社会领取回相应的劳动报酬，从而能激发全体社会成员的主动性和创造性，充分调动劳动者的积极性。即使不同行业劳动者的劳动能力迥异、劳动贡献差别较大，但这种分配制度的制定坚持了以劳动时间为尺度，按劳动贡献决定报酬的机制，将劳动者的工资增长与劳动生产率挂钩，能够实现劳动报酬与劳动贡献的同步提高。人们在劳动中肯定自我，成为自由意志的主人，获得由劳动带来的愉悦情感，进而真正崇尚劳动、热爱劳动。

三、辛勤劳动：劳动精神的实践状态

辛勤劳动是劳动精神的实践状态，是劳动精神发挥作用的行为展现。弘扬劳动精神，不仅要热爱劳动，更要将劳动付诸现实生活，在善于劳动、勤于劳动中创造有利于社会发展的价值。

只有辛勤劳动，懂得人间万事出艰辛，懂得艰难困苦玉汝于成，人们才愿意努力刻苦、付出牺牲。"宝剑锋从磨砺出，梅花香自苦寒来。"无论体力劳动还是脑力劳动，都是一个艰苦奋斗的过程：体力劳动要付出辛劳和汗水，脑力劳动也要付出心血和智慧。所谓"一勤天下无难事""天道酬勤""业精于勤荒于嬉"，只有勤于奋斗、乐于奉献，撸起袖子加油干，不断锤炼本领、淬炼能力，追求卓越、争创一流，才能开创辉煌事业，彰显精彩人生。我们要完善按劳分配为主的分配方式，多劳多得、少劳少得、不劳不得，保障劳动者辛勤劳动的权益，助推劳动公平正义，让辛勤劳动成为新时代最为闪耀的精神坐标。[①]

① 邓泽球，陈美丽.弘扬劳动精神的意蕴[N].光明日报，2022-07-21(6).

中国式现代化之所以能够取得辉煌的成绩，与广大人民群众的辛勤劳动密不可分。正如习近平总书记所说，"我们的国家，我们的民族，从积贫积弱一步一步走到今天的发展繁荣，靠的就是一代又一代人的顽强拼搏，靠的就是中华民族自强不息的奋斗精神"。[①]路虽远行则将至，事虽难做则必成。在中华民族伟大复兴的关键时刻，在全球不确定性因素不断增多的时代背下，当代大学生更应该坚定信心、保持干劲，用自己的辛勤劳动，为社会主义现代化强国建设做出应有贡献。

四、诚实劳动：劳动精神的伦理要求

诚实劳动是劳动精神发扬的基本原则和伦理要求。一方面，诚实劳动有助于实现自身的发展和完善。只有诚实劳动，懂得真真切切、实实在在、兢兢业业是合格劳动者的本色、底色和根本准则，人们才能"实干"。劳动的光荣源自诚实的付出。只有诚实劳动，久久为功，才能在平凡的岗位上创造出不平凡的成绩。"桥吊状元"竺士杰、"金牌焊工"高凤林、"禁区勇士"胡洪炜、"当代愚公"黄大发等一大批先进模范人物，为祖国奉献，与新时代齐奋进，激励着广大人民争做新时代的奋斗者，谱写了"中国梦·劳动美"的新篇章。可以说，新时期的劳动模范都是诚实劳动的代表者。

另一方面，诚实劳动有助于获得他人和社会的尊重与认可。人无法脱离社会而独立存在，需要不断与他人进行合作。而诚实劳动是维系良好劳动关系的基础。在工具理性的影响下，弄虚作假、以小博大等不正当的劳动方式成为快速积累财富的手段，通过这类劳动进行劳动的人虽然也付出了艰辛的努力，但是这对社会整体的发展会产生消极的影响，因而这些人不会受到他人的尊重。因此，把诚实劳动作为劳动精神的重要基本原则和行为标准，不仅有助于促进劳动精神的弘扬，带来经济社会的蓬勃发展，而且有助于促进个人进步和良好社会关系形成。

人民创造历史，劳动开创未来。人世间的美好梦想，只有通过诚实劳动才能实现；发展中的各种难题，只有通过诚实劳动才能破解；生命里的一切辉煌，只有通过诚实劳动才能铸就。实现中华民族伟大复兴中国梦，根本上要靠全体人民的诚实劳动、积极创造、勇于奉献。[②]

总书记点赞劳模精神、劳动精神、工匠精神

📖 拓展阅读

青年工匠范武的"汽车梦" [③]

从普通的试制试装技工到资深技师、项目负责人，再到"全国技术能手"、浙江省人大代表，吉利汽车研究院(宁波)有限公司装调工范武，用 7 年时间实现了多重身份的

---

① 习近平. 习近平谈治国理政 [M]. 北京：外文出版社，2014: 52.
② 求是网评论员. 劳动创造幸福，实干成就伟业 [EB/OL].(2022-05-01)[2023-05-03]. http://www.qstheory.cn/wp/2022-05/01/c_1128614767.htm.
③ 林化. 青年工匠范武的"汽车梦" [N]. 浙江工人日报，2019-4-24(1).

转变。在这一系列美丽蜕变背后是范武付出超乎常人的努力，几年来，范武攻克了一个又一个装配难关，参与了一个又一个核心项目。把职业当成事业，把技术当成艺术，范武始终坚守着一个青年工匠的"汽车梦"。在范武的成长道路上，我们看到的正是新时代技术工人对精益求精工匠精神的不懈追求。

一个"小目标"：一定要赶上老师傅。 整齐的工服，略显黝黑的皮肤以及常挂嘴边的笑容，与小伙儿范武的谈话，时刻能感受到，这个90后的大男孩言语中的真诚和朴实。2012年3月，范武如愿进入浙江吉利汽车研究院，任职样车试制岗。作为"新兵"，一开始的工作内容很简单，就是在流水线上装配零部件和螺丝钉。这样重复、单调的工作对于年轻人来说多少有些枯燥，但细心的范武发现，装配工位技术不复杂，效率却相差很多。同一条线上，他的装配速度只能勉强跟上流线速度，一些老师傅却能游刃有余。"同一个装配工位前面一个师傅60秒就能装配完，而我需要花120秒。"为了挑战自己，范武定了一个"小目标"——一定要赶上老师傅。为此，范武经常一整天重复练习其中的某一个动作，有时累得都提不起筷子，但他依旧坚持，最终范武成了流水线上的"快手"。在实现赶上老师傅的小目标后，范武马上申请去往另一个工位开始新挑战。"人总是应该不断进步的，不应该停留在原地，所以我经常给自己定很多个小目标。"很快，范武就成了装配工人中技术进步最快、工作岗位跨度最大的一个，而他也终于从流水线上成长起来，进入了真正的样车试制领域。

梦想与坚持：因为热爱所以专注。 样车试制是指开发新车型过程中，当造型设计和车身零部件设计基本完成之后，还要根据设计数据进行少量的样车试制，通过试验评价找出样车的不足然后改进设计，接着制作下一版本样车。样车试制在整车研发中，对产品设计验证、产品工艺验证以及产品质量验证等方面具有关键性的作用，是对产品虚拟设计开发的有效验证与补充。一进入样车试制领域，范武就爱上了这份工作和挑战，"这项工作对一个人综合能力要求非常高"。为了尽快适应新工作，范武将全部身心投入其中。知识水平不够，他就捧着各种汽修书、英语书"死磕"，对着晦涩难懂的各类软件代码"硬磨"；实战经验不足，他就反复比对测量，假想各种原因，设计验证难点……在领克01车型装配的过程中，范武发现放置在工装台上的后桥总成出现放置不稳定的问题，特别是打力矩时晃动量大，存在脱落危险。可发现问题还不够，找出原因和解决办法才是关键。带着一股钻劲，范武一头扎进了数据堆里，通过不断地测量分析，终于找到了问题的根源：由于右侧第二支柱在Z轴方向高了10mm和无配套固定装置，导致支撑柱不能与后桥本体完全接触，继而在现场装配过程中出现后桥晃动量大。最终在不断试验下，问题得以顺利解决。这次装配改进对于范武来说是第一次，也是印象最深刻的一次。

责任与担当："车辆背后，人命关天"。2015 年 5 月，范武受领导委派担当吉利缤瑞项目总装试制的总负责人。这对范武来说是一个新的平台，但责任与挑战并行，项目面临人员技能、工装器具、工艺差异、试制计划变更等多种困难。"那段时间压力很大，"范武说，"但不能有丝毫闪失，因为车辆背后，人命关天。"为了保证质效，范武带着 40 余人的总装试制团队和杭州湾总装支持团队，全面梳理人、机、料、法、环等缤瑞项目前期试制阶段的各个工作流程，不断加强团队能力建设和各环节沟通，最终在试制过程中检测出各类问题 1022 项，并全部纳入问题报告，充分排查解决了设计阶段的主要问题。在提出整车设计问题的同时，范武还带领团队梳理自身工作不足，自查整改质量问题 216 项，安全隐患问题 26 项。最终，范武带领团队圆满完成了缤瑞项目前期试制准备与试装工作，确保了整车交付的及时性和样车交付数据的准确性，受到了项目组的嘉奖与认可。在众多与范武有同样目标的一线工人努力下，吉利缤瑞没有让大家失望，推出市场后，受到消费者欢迎，销量出色。销量是对品质的肯定，而品质的胜出来源于一线工人的执着追求。从博越、博瑞、帝豪 GL、帝豪 GS 再到缤瑞、领克 03，从几万元的 A 级车，到 20 多万的中端车，范武几乎参与了吉利汽车近年所有车型的装配工作。从能造车，到能多造车，再到能造好车……在车间工作的 7 年间，范武见证了吉利汽车的发展壮大，也感受到了吉利汽车制造越来越高的质量要求。

工作多年，范武一直有一个梦想，就是希望在自己和众多一线吉利汽车人的努力下，将吉利打造成具有全球性影响力的中国品牌。"经过自己手制造的产品就像'镌刻'上了自己的名字，只有用匠心生产出的产品才有可能是精品，才能为这一梦想的实现扬帆助力。"范武说。

（注：选取时略有改动。）

第三节 | 培育和践行劳动精神

劳动精神使中华民族从站起来、富起来到强起来，并为中华民族伟大复兴的新征程新目标保驾护航。实现中华民族伟大复兴的中国梦，必须弘扬劳动精神。伟大的时代需要伟大的精神力量，劳动精神正是实现新时代新目标的强大动力。培养一代又一代热爱劳动、勤于劳动、善于劳动的高素质劳动者，关乎我们的事业是否后继有人，因而新时代的劳动教育要突出劳动精神的培育。人在劳动中塑造环境的同时也为环境所塑造，正如马克思说："人创造环境，同样，环境也创造人。"[1]培养大学生劳动精神，应注重大

---

① 马克思，恩格斯. 马克思恩格斯选集：第 1 卷 [M]. 中共中央马克思恩格斯列宁斯大林著作编译局，编. 北京：人民出版社，1995：92.

学生的劳动精神塑造。具体而言，要勇于积极创新，勇于开拓，树立正确的劳动观和价值观。

一、积极创新，勇于开拓，保持奋斗激情

"艰难方显勇毅，磨砺始得玉成。"越是伟大的事业，越充满艰难险阻，越需要艰苦奋斗，越需要开拓创新。创新是一个国家、一个民族发展进步的不竭动力，是推动人类社会进步的重要力量。世界经济发展史表明，如果一个国家率先成为世界科学中心和创新高地，就能快速实现现代化，跻身于世界强国之林。而一些传统强国衰落，与其失去或缺乏创新精神和创新能力密切相关。

新时代提倡的劳动精神是勤俭、奋斗、创新、奉献的有机统一。其中，创新作为劳动精神的重要组成部分，是新时代劳动精神的灵魂。[①]积极创新、勇于开拓，保持奋斗激情就是要求广大劳动者基于对劳动的正确认识，正确遵循客观规律，敢于变革、改造不符合时代发展的劳动观念、劳动思维、劳动形态，善于在劳动过程中以新视角、新思维解决问题，创造新的劳动样态的精神面貌和价值取向。新时代大学生要具有积极进取的创新精神，要密切关注行业、产业前沿知识和技术进展，增强创新意识、培养创新思维，展示锐意创新的勇气、敢为人先的锐气、蓬勃向上的朝气，努力做知识型、技能型、创新型的劳动者，在国家、社会和个人层面彰显出鲜明的时代先进性。

在激烈的国际竞争中，惟创新者进，惟创新者强，惟创新者胜。抓创新就是抓发展，谋创新就是谋未来。党的二十大报告对完善科技创新体系、加快实施创新驱动发展战略进行了具体部署，体现了我们党对历史发展规律和当今国际竞争形势的深刻把握，展现了我们党赢得优势、赢得主动、赢得未来的信心和决心。

二、树立正确的劳动观，干一行、爱一行、钻一行

劳动没有高低贵贱之分，无论从事什么劳动，都要干一行、爱一行，这是干好工作的重要前提，是一个人最起码的职业操守，也是社会主义核心价值观的基本要求。干一行，就要钻一行、精一行。在工厂车间，就要弘扬工匠精神，精心打磨每一个零部件，生产优质的产品。在田间地头，就要精心耕作，努力赢得丰收。在商场店铺，就要笑迎天下客，童叟无欺，提供优质的服务。把"敬业"上升为"精业"，努力练就过硬本领、努力成为行家里手，就能更好地适应事业发展需要。

在被誉为"新中国第一店"的北京市百货大楼前，一座半身铜像静静伫立。铜像塑造的是一位普通售货员——张秉贵。1955 年，36 岁的张秉贵来到这里。为了更好地服务顾客，他苦练售货技术和心算，练就了令人称奇的"一抓准"和"一口清"技艺，不管顾客要几斤几两商品，他一把就能抓准分量，在商品称好、包好的同时，价钱也就心

---

① 马其南，衣永红.新时代劳动精神的理论传承、深刻内涵及时代价值 [J].思想教育研究，2020(11): 128–133.

算出来了，分毫不差。30 多年里，他接待顾客近 400 万人次，没跟人红过一次脸、吵过一次嘴，被称赞为"燕京第九景"。

1984 年，许振超成为青岛港集装箱公司第一批桥吊司机。靠着对岗位的热爱和刻苦钻研，他练就了"一钩准""一钩净""无声响操作"等绝活，带领团队先后多次刷新集装箱装卸世界纪录，创造了享誉全球的"振超效率"。

铁路工人巨晓林只有高中学历，却凭借数十年如一日的专注和努力，记下近 300 万字施工笔记，研发和革新工艺方法百余项，从一名连图纸都看不懂的农民工成长为中国顶尖高铁施工建设专家，他编撰的《接触网施工经验和方法》成为铁路施工一线"宝典"。

三、树立正确的劳动价值观，自觉把人生理想融入党和人民事业之中

1835 年秋天，马克思写下了《青年在选择职业时的考虑》的中学毕业论文，表达了为人类服务的崇高理想。"一个选择了自己所珍视的职业的人，一想到他可能不称职时就会战战兢兢——这种人单是因为他在社会上所处的地位是高尚的，他也就会使自己的行为保持高尚……如果我们选择了最能为人类福利而劳动的职业，那么，重担就不能把我们压倒，因为这是为大家而献身，那时我们所感到的就不是可怜的、有限的、自私的乐趣，我们的幸福将属于千百万人，我们的事业将默默地、但是永恒发挥作用地存在下去，而面对我们的骨灰，高尚的人们将洒下热泪。"[①]大学生要树立正确的劳动价值观，要做到自我价值和社会价值的统一，在服务社会、服务大众的过程中实现自我、发展自我，自觉把人生理想融入党和人民事业之中。

1958 年，邓稼先在接受研制原子弹历史重任的那天晚上，对妻子说："我的生命就献给未来的工作了，做成了这件事，我的一生都会过得很有意义，就算死了也值得。"谁也不曾想到，他一走便是杳无音讯的 28 年。茫茫大漠荒滩中，他苦干惊天动地之事，却甘做隐姓埋名人。直到 1986 年 6 月 24 日，一篇题为《名字鲜为人知，功绩举世瞩目："两弹元勋"邓稼先》的长篇报道刊发，他的身份才得以公之于众。而这时，他已为中国核武器事业耗尽毕生心血。一个多月后，邓稼先在北京逝世，临终时念兹在兹的仍是"不要让人家把我们落得太远"。

非淡泊无以明志，非宁静无以致远。中国梦是国家的梦、民族的梦，也是每个中国人的梦。把得失名利看淡一些，方能不忘初心、不移其志，心无旁骛努力工作；为党和人民事业甘于奉献，才能知重负重、勇毅笃行，以"小我"成就"大我"。广大劳动者要以民族复兴为己任，自觉把人生理想融入国家富强、民族振兴、人民幸福的伟业之中，矢志追求更有高度、更有境界、更有意义的人生。

---

① 马克思，恩格斯. 马克思恩格斯全集：第 40 卷 [M]. 中共中央马克思恩格斯列宁斯大林著作编译局，编译. 北京：人民出版社，1995: 459-460.

📚 **拓展阅读**

浙江大学的"沉浸式"劳动教育思政课[①]

2022 年 6 月 10 日出版的《人民日报》点赞了浙江大学马克思主义学院将劳动教育与德法课相结合的创新举措。"沉浸式"思政课是浙江大学马克思主义学院将劳动教育融入思政课堂的一次有益的教学改革尝试。以劳动教育为中心主题，课程在设置研究性学习、读书报告、现场教学和志愿服务等常规模块的基础上，新增勤工教学、田间劳动、劳动模范进课堂等模块，以浸润式、零距离、多样化的形式发挥劳动教育树德、增智、强体、育美的综合育人价值。"沉浸式"思政课在教育广大学生尊重劳动、尊重身边的劳动者、养成正确的劳动观等方面，取得了积极进展，对于建设"大思政课"、落实立德树人根本任务具有重要意义。

"沉浸式"思政课：聆听劳动者的真实故事。马克思主义学院联合浙大后勤集团、浙大海宁国际校区共同设计开展了"认识劳动、体验劳动的思政课"，后勤集团一线劳动者走进海宁国际校区"思想道德与法治"课堂，从"思政+劳动教育"的视角为同学们呈现了一堂有故事、有美食、有体验的思政课。使得崇尚劳动、劳动创造美好生活，成为师生共识。课程第一部分围绕饮食服务相关劳动开展。饮食服务中心第一餐饮中心副主任吴群明、海宁校区食堂主任王语嫣为同学们带来饮食劳动主题介绍。作为饮食中心老员工和年轻员工的代表，他们与同学分享了在浙大饮食工作的心路历程。吴群名老师介绍了作为浙大餐饮人内心中最宝贵最真实的感受——"在浙大从事餐饮工作我们自豪""为状元烧饭我骄傲"。王语嫣老师以海宁校区餐饮人的疫情防控工作为主题，为同学们介绍了平时同学们看不到的餐饮人的努力。在近期海宁疫情暴发时，餐饮中心员工迎难而上，一面在临时搭建的帐篷内休息，一面连夜加班加点。正是因为浙大饮食人的辛勤劳动和无私奉献，才会有毕业生在毕业典礼上向餐饮人鞠躬致谢、才会有获得"工人先锋号"称号的浙大食堂。在劳动体验环节中，食堂糕点师傅带领同学们自己亲手制作曲奇半成品以及奶油杯子蛋糕。整个制作过程欢笑不断，给同学们留下了难忘的劳动体验。

浙大海宁国际校区校园服务中心主任唐志远老师围绕"浙大国际校区物业如何服务校区"的主题作专题报告，从安全保障、综合服务、保洁绿化等方面向同学们展示了浙大国际校区物业的工作内容。为了对浙大国际校区物业工作有更直观的体验，同学们进行了物业日常工作的参观和体验。安保队伍在雨中坚持列队演练，展现防爆盾和防暴叉在安防中的应用，让同学们对校区的安防工作更具信心。平日里学生们眼中这些看似

---

① "劳动"：打开新时代幸福生活的金钥匙——浙大"沉浸式劳动教育思政课"初体验 [EB/OL]. (2022-05-01)[2023-05-01]. http:// marx.zju.edu.cn/marxbg/2022/0501/c23623a2525545/page.htm.

"铁面无私、不近人情"的劳动者们，是保卫校园安全最坚实的力量。负责保洁绿化的大叔向同学们展示了日常所用的机械化设备，并手把手教同学们使用草坪机、绿篱机、鼓风机等打扫设备。通过这种更具互动性、更有体验感的方式对物业工作进行深入了解后，同学们纷纷表示应该身体力行地加入校区的建设和运行中，感受"劳动最光荣"的深刻内涵。

浙大后勤集团海宁国际校区工程部主管朱海翔从校园水电的基本情况出发，展示了整个浙大的水电使用情况及各类应急设备，并分享了校园能源管理、设备全生命维护管理、智慧化管理、食堂供热系统节改造等校园水电后勤的管理特色与具体实例。"电脑待机一天""空调开机一晚""电梯运行一次"消耗多少电量？——这些都是同学们最感兴趣的话题，由此引出的校园节能减排讨论引起同学们的广泛讨论。随后，同学们参观了校区湖东综合体地下负一层的生活水泵房以及中央制冷机房。各种现代化仪器与设施让同学们大开眼界，控制学校各种中央空调的温度进水管和出水管上条理清晰的标签让同学们感受到精细化管理的重要性。在夜幕降临之际，同学们来到湖东综合体二层平台，参观了路灯智能平台的演示。随着触摸板的轻点，跨湖桥上的精彩"灯光秀"，让同学们身临其境体验了一把用移动设备远程控制智慧校园。兼具趣味性和科普性的水电管理参观体验让同学们深刻感受到便利的校园生活背后离不开后勤工作人员的用心付出，对劳动有了更深的认识，同时也对校园运行的庞大支撑体系有了深入的了解。这种形式的劳动教育课程以暖心的后勤故事、丰富的知识科普、实地的参观体验，加深了同学们对校园后勤保障工作的理解与支持，让同学们切身感受劳动的价值，引导同学们树立正确的劳动观，在日常生活中真正做到懂劳动、会劳动、爱劳动。

从"袖手旁观"到"躬身入局"。除了将劳动精神引进课堂，浙江大学马克思主义学院还积极探索让学生走出去，在实际劳动中历练成长。首先，积极探索构建协同育人机制。浙江大学马克思主义学院与农业试验站将签订共建协议，成立"浙江大学马克思主义学院思政课劳动教育实践基地"，共同探索劳动教育进思政课堂的新模式，力争让更多的同学在劳动中受教育、长才干。邀请实验站老师为同学们讲授专门的农业农耕知识、劳动工具的使用方法和安全注意事项，并为农业实验站相关负责老师颁发"浙江大学马克思思政课劳动教育实践导师"聘任证书。为同学们示范劳动工具的使用方法，提醒同学们在劳动过程中要注意安全。随后，同学们挥动锄头，完成田地开垄工作。在专业老师的现场指导下，同学们以小组为单位在认领的"责任田"上种下各类萝卜籽，感受田间劳动的快乐与辛劳。他们还将在专业老师的指导下每周开展至少一次田间管理工作。最后，待到将来成熟时，同学们还将带着他们亲手种下的萝卜去往浙大共享厨房进行菜品烹饪，完成开垦、播种、管理、丰收的全过程。同时，在此过程中同学们将以培育日志形式记录作物长势、培育方法和心得体会，最终以总结报告或视频的形成展现团队劳作风采。马克思主义学院还联合浙江大学后勤集团在紫金港校区启真西湖开展清理菱角计划。活动每天四场，每场一个半小时。每场活动有20名同学参与，其中10人一组下水捞菱，另外的10名在岸上采菱。同学们换上后勤集团提供的水裤后尝试下湖。由于启真西湖淤泥较多，很多同学刚进入时寸步难行，后勤人员及时对下水的同学们进行指导，帮助他们更快掌握在淤泥中行走的技巧。熟悉工作后，水下与岸上的同学默契配合，高效完成采菱工作。清理菱角的劳动实践活动为同学们带来了难忘的劳动体验。

（注：选取时略有改动。）

? 思考题

1.劳动精神的内涵是什么？

2.结合中华民族伟大复兴中国梦的实现来谈谈为什么要倡导劳动精神？

✓ 劳动实践

1.自觉做好宿舍卫生保洁，独立处理个人生活事务，积极参加勤工助学活动。

2.自觉参与教室、食堂、校园场所的卫生保洁、绿化美化和管理服务等。

3.积极参加"三支一扶"、大学生志愿服务西部计划、"青年红色筑梦之旅"、"三下乡"等社会实践活动。

4.重视生产劳动锻炼，积极参加实习实训、专业服务和创新创业活动。

第四章 | 工匠精神

匠人匠心，择一事，终一生。工匠精神是我们宝贵的精神财富，是新时代的精神指引。一代代工匠传承书写着精工制造的精彩篇章，演绎着"执着专注、精益求精、一丝不苟、追求卓越"的工匠精神。2021年5月28日，习近平总书记在中国科学院第二十次院士大会、中国工程院第十五次院士大会、中国科协第十次全国代表大会上指出，"当今世界的竞争说到底是人才竞争、教育竞争。要更加重视人才自主培养，更加重视科学精神、创新能力、批判性思维的培养培育。要更加重视青年人才培育，努力造就一批具有世界影响力的顶尖科技人才，稳定支持一批创新团队，培养更多高素质技术技能人才、能工巧匠、大国工匠"。① 时代发展需要大国工匠。大学生作为国家建设与发展的重要力量，不仅要大力弘扬和践行工匠精神，更要努力把自己锻造成高素质的技术技能人才、能工巧匠、大国工匠。

第一节 | 工匠精神的历史渊源

中国的工匠有着悠久的历史。一提起工匠，可能大家都会想到木匠鼻祖鲁班、桥梁专家李春、水利学家李冰、印刷术发明者毕昇、造纸术发明者蔡伦等世界级工匠大师。他们不仅是我国古代劳动人民的杰出代表，更是古代工匠精神的创造者。

一、工匠精神的萌芽与形成

"匠"字最早见于战国，其偏旁象征木工的工具箱，"斤"的古字形像曲柄的斧头，本义是木工工具。所以，"匠"的本义是木匠，后来引申为具有专门手工技艺的人的代称，只要是具有一技之长的手工艺人都能称之为"匠"。到了元代，在户籍登记时更专门划分出"匠户"这一类别，匠户成为官府户籍统计中的一类。

《辞海》对"工匠"的解释是手艺工人。"工匠"一词出现于春秋战国时期。《管子校注（中）》记载："主好宫室，则工匠巧。"② 《荀子集解》记载："人积耨耕而为农夫，积斫削而为工匠，积反货而为商贾，积礼义而为君子。"③ 随着历史的发展，"工匠"的内

---

① 习近平. 在中国科学院第二十次院士大会、中国工程院第十五次院士大会、中国科协第十次全国代表大会上的讲话 [N]. 人民日报，2021-05-29(2).
② 黎翔凤. 管子校注（中）[M]. 北京：中华书局，2004：989.
③ 王先谦. 荀子集解 [M]. 北京：中华书局，2012：143.

涵也越来越丰富。到了汉代，"工匠"一词的含义有了新的变化。段玉裁的《说文解字注》中，"工"的意思是"巧饰也，象人有规矩"，段玉裁解释为"凡善其事曰工"[①]。而"匠"则是"木工也"，段玉裁解释为"工者、巧饰也。百工皆称工、称匠。独举木工者、其字从斤也。以木工之称引申为凡工之称也。"[②]可见此时工匠指代的范围已经扩大到整个手工业从事者群体了。

（一）工匠精神的萌芽

中国自古以来就有底蕴深厚的工匠精神。"有匪君子，如切如磋，如琢如磨"是《诗经》中对传统"工匠精神"的形象描述，书中把古代工匠在加工玉石、象牙、骨器时仔细、专注、求精的过程与态度引喻为君子自我修养。

第二次社会大分工使手工业和农业分离，随着生产力的发展特别是金属工具的采用，出现了各种各样的手工业生产技艺，如制陶、冶金、铸造等。随着手工业种类日渐增多，生产技术日益复杂，独立的手工业生产部门也应运而生。远古先民最早用粗糙的石器、骨器等原材料制造生活物品。随着手工技艺的进步，他们利用"切""磋""琢""磨"等方法把原本粗糙的原材料加工成各种各样漂亮的饰品，精密程度越来越高。自此，精益求精的工匠精神开始出现萌芽。《考工记》记载："国有六职，百工与居一焉。"[③]"氏族工业"与工官制度，春秋时代还大体保存着。统治阶级对手工业者设有专官统率，工官叫"工正"或"工师""匠师"；所谓"百工"，一般就指工官及其所属的手工业者。[④]

（二）工匠精神的形成

秦统一六国后，建立了相应的制度对工匠进行管理，"物勒工名"就是其中的一个质量监管制度。[⑤]《吕氏春秋》曰："物勒工名，以考其诚；工有不当，必行其罪，以穷其情。"[⑥]这就要求每一位工匠在制造器物时一定要把自己的相关信息刻在器物上，以便当器物出现质量问题时，可以快速有效地追究责任到人。这样不仅可以对器物的制造者有所约束，还可以对产品质量起到有效的监督作用。每一位工匠必须对自己的产品负责，必须认真对待产品制造的每一个细节，不能胡乱造次或以次充好，久而久之，产品的质量就能得到保证。这是工匠精神形成的制度保证。秦汉时期，国家将工匠编入不同的户籍，按户籍管理和调遣工匠。汉承秦制，鼓励官营和民间手工业的发展。[⑦]在官方制度和行业规范的双重掣肘下，产品质量逐步提升，工匠精神在器物制造的过程中进一步显现出来。到了唐宋时期，手工业规模进一步扩大，分工也更加精细，特别是民间手工业得到迅速发展。想要在手工业中占据一席之地，工匠必须具备更高超的技艺，制作出更优良的产品。元明时期的匠户制度将工匠编入户籍，这种制度一直到清代才宣告结束。匠

① 段玉裁.说文解字注[M].北京：中华书局，2013：203.
② 段玉裁.说文解字注[M].北京：中华书局，2013：641.
③ 闻人军.考工记译注（修订本）[M].上海：上海古籍出版社，2021：1.
④ 童书业.中国手工业商业发展史[M].北京：中华书局，2005：19.
⑤ 唐国梅.中国古代工匠精神的当代价值[J].艺术科技，2021(2)：183.
⑥ 陆玖.吕氏春秋（上）[M].北京：中华书局，2011：280.
⑦ 唐国梅.中国古代工匠精神的当代价值[J].艺术科技，2021(2)：183.

人们磨炼技艺、提高水平，制作出巧夺天工、独具匠心的器物，赋予工匠精神更多的内涵。①

二、工匠精神的变化与缺失

工匠精神是一个民族重要的内在精神品质。自古以来，中国就不缺工匠精神。几千年来，涌现出了木匠鲁班、石匠李春、炼器欧冶子、玉雕陆子冈、纺织黄道婆、建筑有巢氏等这样一大批优秀工匠，他们用自己的智慧、精湛的技艺、严谨的态度和对细节的完美追求创造了无数精美的作品，成为各自行业中的佼佼者，凝练出精雕细琢、一丝不苟、精益求精的中国"工匠精神"。然而随着经济社会的高速发展，工匠精神的缺失逐渐成为一个社会问题。我们可以从以下几个方面思考工匠精神缺失的原因。

（一）从历史文化视角审视

作为中国古代正统思想，儒家思想强调"万般皆下品，唯有读书高"。"学而优则仕""劳心者治人，劳力者治于人"的传统观念影响着一代代国人，许多人不愿意成为工匠，使得工匠精神失去生长的土壤，工匠的坚守缺乏重要的精神支撑。

（二）从社会因素视角审视

改革开放以来，我国的经济体制发生了深刻变革，社会结构也发生了深刻变化，人们的思想观念发生了较大转变，各种矛盾纠纷随之产生。社会变化迅速、生活节奏加快、生活压力变大导致人们心浮气躁，争相追求"短、平、快"的即时利益，忽略了质量和效益。在这样浮躁的心态下，部分劳动者无法静下心来潜心制作、细致打磨，"慢工出细活"的理念没有得到很好的坚持和发扬。高品质的东西需要时间、精力、耐心和高超的技术作为支撑。与此同时，我国制造业快速发展，在一段时间内，劳动密集型企业需要的是大量的廉价劳动力，而不是高级技术工人。机器取代手工后，部分企业重设备，轻"人"的技能。重效率、拼速度的生产实际一定程度上忽略了精益求精的工匠精神。

（三）从价值观念因素视角审视

虽说"三百六十行，行行出状元"，但实际上，在整个社会大环境中，对技术工人仍存在偏见，他们甚至有时容易被歧视。部分人认为，学一门手艺是为了谋生的无奈之举。受传统观念影响，技术工人一段时间内在我国并不是一个受到社会大众尊重的群体，而是"脏""累""差"的体力劳动的代名词。因此，很多人都不愿从事繁重的体力劳动，而是梦想着自己有朝一日成为高级白领。现在，社会对高技术专业人才的需求非常旺盛，许多地方甚至出现了"用工荒"现象，用工市场出现明显供不应求的情况。然而，很少有人有志于成为一名熟练的技术工人。精湛的技术需要不断付出时间去经历和打磨，需要"坐得住冷板凳"。耐不住寂寞、心浮气躁的人缺少在某一个领域刻苦钻研的恒心，

---

① 唐国梅. 中国古代工匠精神的当代价值 [J]. 艺术科技，2021(2): 183.

缺少打造高质量产品的耐心。

（四）从政策制度因素视角审视

激励机制包括晋升机制、奖励机制、用人机制、薪酬制度等。科学有效的激励机制能够让员工发挥出最佳的潜能，从而为企业创造更大的价值。因为在员工的心目中，薪酬不仅仅是自己的劳动所得，它在一定程度上代表着员工自身的价值，代表企业对员工工作的认同，甚至还代表着员工的个人能力和发展前景。美国哈佛大学教授威廉·詹姆士研究发现，在缺乏激励的环境中，人的潜力只能发挥出 20%～30%，如果受到充分的激励，他们的能力可发挥 80%～90%。往往在现实中，一线员工工作辛苦，却待遇较低，当"工匠精神"缺乏工匠制度的保证时，他们更是希望脱离技术岗位晋升到"体面"的管理层工作。

三、工匠精神的回归与升华

目前，我国正处在由制造大国向制造强国迈进的新的历史发展阶段。作为世界第二大经济体、第一制造业大国，但我们大而不强，在国际上真正拥有的品牌还为数不多。要改变这种状态，必须要加快制造业的升级改造，提高制造业的创造水平与创新能力，实现技术突破和产品品质提升。而助推创新发展和实现技术突破就需要工匠精神，以及拥有工匠精神的高素质高技能人才。尤其是当下，随着我国社会经济结构的不断深入调整，"制造强国"与"智造强国"需要更多的既拥有现代科学技术又具有工匠精神的劳动群体。通过工匠这一群体继续传承工匠精神、开拓创新，让中国制造、中国技艺、中国精神发扬光大。从古至今，伴随中华文明一路走来的工匠精神有了新的含义，既具有精益求精的细节追求，也有追求卓越的创新意识，"工匠精神"是回归，更是升华。

2019 年 9 月 23 日，习近平对我国技能选手在第 45 届世界技能大赛上取得佳绩作出重要指示，"劳动者素质对一个国家、一个民族发展至关重要。要在全社会弘扬精益求精的工匠精神，激励广大青年走技能成才、技能报国之路"。[①] 习近平总书记的指示既指明了青年强技报国的努力方向，也彰显了工匠精神的时代价值。

（一）"工匠精神"升华为推动中国制造"品质革命"的精神动力和力量源泉

制造业从一定程度上决定了一个国家的综合实力和国际竞争力，是一国经济命脉所系。党的二十大报告中提出，要深入实施人才强国战略，发挥工匠精神，培育民族情怀。实体经济迎来新的挑战和机遇，传统的中国制造正在向"中国精造"转变。新时代工匠精神是推动中国制造"品质革命"的精神动力和力量源泉。劳动者守匠心，怀匠德，求匠技。我国力求开创各行各业的精细时代，奋力进入世界制造强国行列，不仅要打造外有力度内有精度的实体，更要创造出符合时代潮流、经得起行业检验的产品和服务。新

---

① 习近平.弘扬精益求精的工匠精神　激励广大青年走技能成才技能报国之路 [N].人民日报，2019-09-24(1).

时代大力培育和践行工匠精神对于实现中华民族伟大复兴的奋斗目标具有重要价值。充分发扬"工匠精神"，就是要求每位劳动者在所从事的岗位上做到精业与敬业，追求卓越与创新，提升产品品质。工匠精神所蕴含的执着专注、精益求精的理念永不过时，在从"制造大国"走向"制造强国"的进程中，更需要弘扬一丝不苟、追求卓越的工匠精神。

（二）"匠人典范"升华为时代风尚

2015年，央视新闻推出纪录片《大国工匠》，讲述了不同岗位劳动者用自己的灵巧双手，匠心筑梦的故事。这群不平凡的劳动者默默坚守、孜孜以求、精益求精，不断开拓创新，几十年如一日，在平凡岗位上，追求职业技能的完美和极致，最终脱颖而出，跻身"国宝级"技工行列，成为一个领域不可或缺的人才。管延安以匠人之心追求技艺的极致，让海底隧道成为他实现梦想的平台。周东红30年来始终保持着成品率100%的纪录，他加工的纸也成为韩美林、刘大为等著名画家及国家画院的"御用"画纸。宁允展CRH380A的首席研磨师，是中国第一位从事高铁列车转向架"定位臂"研磨的工人，被同行称为"鼻祖"。这样一批大国工匠被搬上银幕，不仅提升了他们的社会地位和声望，更是让更多的人知晓并学习领悟他们的先进事迹和感人故事，将传统技艺和他们身上所体现的工匠精神发扬光大，让工匠精神和工匠文化逐渐成为一种时代风尚和价值观念，让"匠人典范"引领时代风尚，从而也更好地发挥工匠精神的文化育人功能。

第二节 工匠精神的新时代内涵

从古代工匠精神的形成可以发现，自手工业出现开始，匠人们的技艺不断提高，制作出一件件精美的器物，如我国的青铜器、丝绸等，这些作品展现的技艺可以用巧夺天工、炉火纯青等词来形容。工匠在工作领域精益求精，把产品质量做到极致。古代工匠用实际行动诠释了工匠精神的独特含义。

2020年11月24日，习近平总书记在全国劳动模范和先进工作者表彰大会上的讲话中指出，"在长期的实践中，我们培育形成了执着专注、精益求精、一丝不苟、追求卓越的工匠精神"。[①]这更是赋予工匠精神新时代内涵，即执着专注的工作态度、精益求精的能力素养、一丝不苟的履职信念、追求卓越的创新精神。这些理论特质互为表里，相辅相成，集中体现了工匠对于职业、器物、劳动的热爱，与伟大创造精神、伟大奋斗精神、伟大团结精神、伟大梦想精神相契合，共同构成了新时代勇往直前的强大精神动力。

---

① 习近平. 在全国劳动模范和先进工作者表彰大会上的讲话 [N]. 人民日报，2020-11-25(2).

一、执着专注

（一）何为"执着专注"

"执着"就是长久地从事自己所认定的事业，无怨无悔，永不放弃；"专注"就是把精力全部凝聚到自己认定的目标上，一心一意走好自己的路，不达目的誓不罢休。"执着专注"是优秀工匠的必备品质。"蛟龙"号上的"两丝"钳工顾秋亮，43年来埋头苦干、踏实钻研、挑战极限，完成中国载人潜水器的"丝级"精密组装，见证了中国从海洋大国向海洋强国的迈进。

顾秋亮：深海工匠 打造"蛟龙"

（二）执着专注的工作态度是工匠精神的根本

一个人做一件事易，一辈子做同一件事难。有的人一辈子只做一件事，不断打磨自己的手艺，不断去钻研、去创新、去创造别人认为不可能的可能，无论过程中出现何种变数可能，都专注于自己工作的领域，甚至把一辈子的时间放在做同一件事上。这样的人被统称为"匠人"，他们的精神被称为"工匠精神"。他们坚信，每一个匠人都有进步的空间，唯一能做的就是不断努力，永不停歇。而这正是我们这个时代迫切需要的精神与信仰。

第一，要经得住辛苦。工匠大多都是从事物质性的工作，不仅耗费心力和脑力，还要消耗大量的体力。加之工作条件的艰苦、工作环境的恶劣，劳动的辛苦是客观存在的。如果吃不了这份辛苦，工作便难以坚持。第二，要耐得住寂寞。工匠的工作往往是日复一日的单一劳动或是在单一的工作环境下进行，但工作仍需全神贯注，如果没有坚持和热爱的精神，就会显得枯燥无味；如果产生了厌倦心理，就会敷衍了事，那工作自然也是做不好的。第三，要受得起诱惑。工匠的工作常常是幕后默默无闻的工作，不像台前的工作那么光鲜亮丽。热衷于名利的人不可能真正地全身心投入工作，最终也不可能把工作做好。

📖 **拓展阅读**

"坚守"是我的创"芯"算法[①]

梁骏，杭州国芯科技股份有限公司首席技术专家，正高级工程师，杭州市总工会兼职副主席。从事集成电路设计20多年，主持GX6605S高清高集成数字电视芯片的设计，产品获2017年"中国芯"评选"最佳市场表现产品奖"、2018年"中国半导体创新产品和技术奖"，曾获浙江省科技进步奖一等奖等。2020年被认定为第四届杭州工匠，2021年获全国五一劳动奖章。

---

① 资料来源于《每日商报》和杭州市总工会、杭州市劳模工匠协会联合推出的"匠心筑梦"系列特别报道。

他用 3 年的时间突破了 0.18 微米芯片设计的难点，又用 10 年的时间全面掌握了 40 纳米的关键技术；2020 年，一举突破 22 纳米的技术关口，自主掌握了从 0.18 微米到 22 纳米各类集成电路工艺的设计能力。他用 20 年如一日的坚守与创新，实现了"为国造芯"之梦。

初心不改，"芯"火相传

梁骏出生于台州临海的一个普通军人家庭。父亲是空军，母亲是一名数学教师。他们都是共产党员。得益于良好的家庭教育，品学兼优的梁骏从小就有一颗赤诚的"报国之心"。高中时期，梁骏所就读的台州中学开设了计算机课。0 和 1 组成的美妙世界让这个少年从此对计算机产生了浓厚的兴趣。从此他的一腔"报国之心"渐渐转化成"为国造芯"之梦，指引着他今后的求学工作之路。2001 年，有着浙江大学学科背景的杭州国芯科技有限公司成立。当时正在浙江大学信息与电子工程学系读大四的梁骏进入杭州国芯实习，并在我国集成电路设计知名专家张明教授的带领下，开始在芯片领域崭露头角。从芯片验证部经理、质量管理部经理、版图设计部经理到如今出任公司的首席技术专家、国芯实验室主任，梁骏见证并参与了杭州国芯的整个发展历程。20 年的时间，他始终奋战在研发一线，参与研发了国内第一颗卫星数字电视接收机芯片，主持开发的高清高集成卫星接收机芯片在全球卫星零售机顶盒市场占据第一的市场份额，实现对机顶盒主芯片的"安全、自主、可控"。回忆起最初的选择，梁骏坦言，杭州国芯是一家特别的创业公司，初创团队是怀揣着"为国造芯"梦想的同门师友，一路走来风雨兼程，大家团结一心，从未动摇和放弃。随着杭州国芯团队的发展壮大，传承的不仅仅是技术，更是这颗"为国造芯"的初心，它就像一颗可以燎原的"芯"火，燃起了他们心中共同的强国斗志。

创新来自不设限、无止境的实践

20 年前，民族芯片产业刚刚起步，国外技术封锁，国内资料奇缺，欧美高清芯片几乎垄断市场，售价高、成本贵。作为后进者，一开始在缺乏技术储备和研发经验时，梁骏首先想到的是找人合作，但在实际推进的过程中却阻碍不断。"产品的成功与否最终要接受市场的检验，任何一个小差错都有可能导致产品不能上市。"失败的经历让梁骏深刻地意识到自主研发的重要性。"别人能做，我们就能做！"就是凭借着这种敢于尝试，亲力亲为的精神，梁骏带着几个年轻人组建了自己的技术攻关团队，在屡战屡败、屡败屡战中坚持前行。经过大胆试错、小心验证，一次次攻克难点，每前进一步，都是对壁垒和误区的清扫。梁骏说，创新，切忌妄自菲薄、故步自封。自主研发的经历让他深刻地认识到，创新来自不设限、无止境的实践，要敢于把不可能变成可能。这些年，他潜心研发，累计获得发明专利 12 项、实用新型专利 6 项、集成电路布图设计专有权 17 项，打通了从设计到产品的"最后一公里",产品荣获中国半导体创新产品和技术奖等多项荣誉。在集成电路领域,技术更新换代快,对创新能力和创新速度要求很高。尤其是面对日益变化的市场需求和激烈的竞争环境,不仅要在已有的市场基础上不断深耕,更需要积极探索新蓝海。在梁骏看来,杭州正在向"数字产业化、产业数字化"方向大跨步奔跑,有很多新的领域值得开发与探索,前景宽广,未来可期。数字经济时代,流量和算法就像是通关密码。对工程师而言,精通算法,就掌握了解决问题的各种路径。当有人问起梁骏的成功之道、创新之法时,他用自己的身体力行道出了自己的答案:成功没有捷径,创新从来都不是凭空而来。唯有在自己专业上坚守,坐好冷板凳,才能敢于、善于提出创新。对梁骏来说,坚守,就是他的创"芯"算法。

二、精益求精

(一)何为"精益求精"

"精益求精"出自南宋朱熹《论语集注》,原意表示已经很精致了,还要更加精致;比喻已经很好还求更好。注重细节,追求完美和极致,不惜花费时间精力,孜孜不倦,反复改进产品,把99%提高到99.99%。中华全国铁路总工会"火车头奖章"获得者彭祥华,能够把装填爆破药量的呈送控制在远远小于规定的最小误差之内;我国火箭发动机焊接第一人、火箭"心脏"焊接人高凤林能把焊接误差控制在0.16毫米之内,并且将焊接停留时间从0.1秒缩短到0.01秒。

(二)精益求精的能力素养是工匠精神的核心

工匠以工艺专长造物,在专业的不断精进与突破中演绎着"能人所不能"的精湛技艺,凭借的是精益求精的能力素养。

精益求精的能力素养是工匠精神的核心。它对每一位工匠提出了"苛刻"的要求,要求他们追求品质,注重细节,不断提升做工技艺和产品质量,甚至达到"技可进乎道,艺可通乎神"的境界。如果要成为一名优秀的工匠,长期学习和钻研技术是必不可少的,这就需要本人对自己职业的执着和热爱。正是对职业的敬畏和热爱,才养成了工匠精益求精的工作作风,并最终练就了精湛的技术。精益求精可表现为对技术的狂热追求,对细节的精准把控,对产品质量的苛刻要求,等等。长期精益求精的工作作风会形成精湛的技术,而精湛的技术最终会成就完美的产品。

📖 **拓展阅读**

他在0.01毫米厚的铝箔纸上刻字，誓让中国制造更具话语权①

秦世俊，航空工业哈尔滨飞机工业集团有限责任公司数控铣工、航空工业首席技能专家，2022年大国工匠年度人物、全国向上向善好青年（爱岗敬业好青年）、第24届"中国青年五四奖章"获得者。

"精品与废品的距离只有0.01毫米"

2001年，秦世俊怀揣梦想，进入航空工业哈尔滨飞机工业集团有限责任公司，仅用4年时间，便成为公司最年轻的数控铣工高级技师。因担心自己是技校毕业生，在文凭上不如师哥师姐，秦世俊从零开始学起数控技术。

秦世俊：一个产业工人的梦想

想要得到认可就必须做出成绩，只有做出成品才会打破质疑。每天生产计划完成后，机床便成为秦世俊的试验场。方寸之间，秦世俊进行着千百次重复。在数控车间，秦世俊主要负责起落架和旋翼零部件的加工，这些也直接关系到产品性能和驾驶员的安全，误差超过0.01毫米零件就要报废。0.01毫米相当于人头发丝的1/10，因此秦世俊常说："精品与废品的距离只有0.01毫米。"

历经千余次失败，他创造奇迹

在一次任务中，某机型零件关键件，起落架系统配合面表面精度要求高，须保证表面粗糙度在Ra0.4（表面粗糙度）以上。多年来，该类精度面加工方式，基本采用镗削后，再进行钳工研磨才能达到精度，费时费力且质量稳定性较差。一旦遭遇危险，飞机会出现断裂的情况。秦世俊结合历史数据分析机床精度、加工参数、刀具，寻找最优工艺方案。一个月的时间，秦世俊经历了1000多次的失败。最终，他实现了镗削加工精度面粗糙度达到Ra0.13（表面粗糙度）至Ra0.18（表面粗糙度）的镜面级，彻底解决了困扰行业多年的难题，创造了机械加工领域的奇迹，超越了理论极限值，实现了零件一次交检合格率百分之百，加工效率提高近3倍。

秦世俊：我达到的这个极限，完全可以满足我目前的加工产品。但是我的方法，可以推广到更多的航空航天高精产品的应用中。

20年潜心钻研，他誓让中国制造更具话语权

20多年来，秦世俊从一名普通岗位工人成长为我国航空领域旋翼、起落架、数控加工零件制造的知名专家型技能人才和航空工业首席技能专家。

2014年，以秦世俊领衔的高技能人才创新工作室成立，他带领团队获得了一次又一次技术性突破。他说，希望可以培养出更多的年轻人，在航空装备上注入新鲜的血液，

---

① 资料来源于央视新闻微信公众号。

让我们的航空梦能早日实现，让中国制造业在世界上更有话语权。2019 年国庆 70 周年阅兵，当自己参与研制的直升机飞过天安门广场的那一刻，秦世俊激动万分地说："作为一名产业工人，没有什么能比此时此刻更能让我体会到，职业的成就感和自豪感！"

三、一丝不苟

（一）何为"一丝不苟"

"一丝不苟"出自清代吴敬梓《儒林外史》第四回，意思是连最细微的地方也不马虎，形容办事认真细致，一点儿不马虎。中国商用飞机制造有限公司上海飞机制造有限公司数控机加车间钳工组组长、飞机制造师胡双飞，在 30 年的制造工作中，经手的零件数量上千万，没有出过一次质量差错。"慢一点、稳一点，精一点、准一点"是他对自己的工作要求。

（二）一丝不苟的履职信念是工匠精神的要义

细节决定成败。一丝不苟主要体现在始终严格遵守工作规范和工作标准，兢兢业业做事、踏踏实实工作，把每一个细节落到实处，不投机取巧，不敷衍了事，对产品严格把关，确保每个产品的质量绝对过关。这也非常考验工匠的责任心、细心和耐心。优秀工匠的身上都很好地体现了一丝不苟的工匠精神。梓庆的削木为鐻、陈曼生的制壶、张小泉的剪刀、都锦生的丝织、泥人张的彩塑等，都是手工艺中超群绝伦的产品。

📖 拓展阅读

用手把西湖龙井的味道刻进心里[1]

樊生华，高级技师，从事西湖龙井炒制技术工作 40 余年，国家级非物质文化遗产项目"西湖龙井采摘和制作技艺"传承人，第三批浙江省非物质文化遗产代表性传承人。2004 年获"龙坞"杯西湖龙井茶炒茶茶王争霸赛第一名。2017 年被认定为首届杭州工匠，2019 年被评为杭州市劳动模范，2021 年被认定为浙江工匠。

每年 4 月是樊生华最忙碌的月份，虽然身体劳累，睡眠不足，但每天的精神头却是一年中最好的。樊生华从事西湖龙井炒制技术工作 48 年，与春光赛跑的惯性早就成为身体里的"生物钟"。手掌与茶叶千万次的磋磨，已经深深地把西湖龙井的味道刻进了心里。在机制茶盛行的年代，坚持手工炒茶，对樊生华来说不只是坚守传统的根，更是传承西湖龙井的魂。

常言说，"三分看茶青，七分看炒功。"西湖龙井的品质高低和炒茶师炒制茶叶的手

---

[1] 资料来源于《每日商报》和杭州市总工会、杭州市劳模工匠协会联合推出的"匠心筑梦"系列特别报道。

艺密不可分。炒茶是苦活。炒茶的苦，在于无论你经验多少，想要炒出好茶，炒茶要吃的苦，每年都要遭一遍。每年从清明节前一直到谷雨的 40 多天，是西湖龙井采制的黄金期，这段时间里炒茶师日以继夜、争分夺秒地炒制龙井茶。炒茶，讲究的是手不离茶、茶不离锅。光着手在 100 多度的炒锅里，从早到晚比画，无论谁，哪怕是像樊生华这样炒茶几十年练就了"铁砂掌"，伸手下去也免不了老茧叠水泡。"再苦再累也要熬过 40 天。"樊生华开玩笑说，"只要能炒出好茶，一切辛苦都是值得的，回报可比 996 强多了。"难怪樊生华大师的工作室总有络绎不绝的人前来拜师学艺，这些年跟他学炒茶的年轻人也越来越多。行内说起龙井茶炒制，有九道工序十大手法。那为什么有些人严格按工序来，仍没有炒出好茶？樊生华认为，这就是技术上的巧妙之分。"抖、搭、揻、捺、甩、抓、推、扣、压、磨"这些手法，哪怕书本上说得清清楚楚，哪怕记得滚瓜烂熟，如果炒茶时没有把刻在心里的味道发挥到手上，照样炒不出好茶。炒茶不靠蛮力，讲究的是一个"巧"字。每一锅甚至每一次出手，都要根据锅里的具体情况随时进行调整，要调集所有的感官去发现茶叶微妙的变化。火大了小了，手轻了重了，都会影响茶叶的形状和质量。所以樊生华在教授徒弟时，首先对每一个动作进行拆解，同时要让他们了解这个动作背后的原理，要时时把"味"刻在心里，不停地变化手势和调节手的力量。比如茶叶刚下锅时，是乱的。要通过手指不断梳理，把每一片茶叶都横过来，顺顺当当握在掌心中；再根据鲜叶大小、老嫩程度去决定茶坯的形状。炒茶时，"按得太轻，香味就炒不出来；按得太重，鲜叶就容易出汁，炒出来的茶就发黑、发苦。炒得好的茶叶，采回时是什么颜色，炒制后依旧是什么颜色。"樊生华几十年的身心都沉浸在这个行当里，眼、耳、鼻、舌、身，甚至每个细胞、每个毛孔都对茶有着敏锐、精确的感知。为什么机制茶和手工茶，我们一尝便知？因为冰冷的机器没有手和心的感知，它没有基因里的记忆。西湖龙井流传一千多年下来的味道就像是血脉里的根，樊生华用几十年的时间守根铸魂，并将技艺倾囊相授，毫无保留。"除了教年轻人茶叶炒制，从茶园翻土、施肥、修剪、除草，到采摘、摊青、保管，都要教会。西湖龙井除了我们两个巴掌上的功夫，还要守护好我们的茶叶源地，好的茶叶，好的炒茶功夫缺一不可，这才是正宗的西湖龙井，我们世世代代要传承下去的东西。"樊生华说。

四、追求卓越

（一）何为"追求卓越"

"卓越"表示高超出众，追求卓越是一种精神状态和工作要求。工匠精神也体现在道技合一、追求卓越上。庖丁解牛、匠石运斧、老汉粘蝉等生动事例告诉人们，古代匠人的技艺能够达到鬼斧神工的至高境界，即所谓"臣之所好者，道也，进乎技矣"。工艺美术师孟剑锋，从业二十几年来，上百万次錾刻，无一疏漏，追求极致，超越自我，其作品用纯银精雕细琢錾刻的《和美》纯银錾刻丝巾果盘，作为国礼之一赠送给参加2014年北京APEC会议的外国领导人及夫人，向外界展示了中国制造的精致和工匠过硬的技术及水平。

（二）追求卓越的创新精神是工匠精神的灵魂

追求卓越的创新精神是工匠精神的灵魂。"创新是引领发展的第一动力，是建设现代化经济体系的战略支撑。"[①]当今社会是一个高速发展的时代，推动高质量发展，满足人民日益增长的美好生活需要，创新是动力源。坚持创新，个人能更好地体现价值，企业能获得更多的优势，国家能获得更好的发展。现代工业条件下，对于工匠技艺的要求逐步提高，每一个产品的开发、每一道工艺的更新、每一项技术的革新，都需要以工匠精神严格自律，只有这样，才能实现从跟跑、并跑到领跑。

当然，创新也不是那么容易的事情。创新就是打破现有的思路，推陈出新。要想创新，首先就得转变观念。我们要有追求卓越的理想，把追求卓越当成信念，只有这样，才会对现有的生产技艺大胆革新，以提升生产技艺水平。其次，要打好基础。广泛地学习各种文化知识和专业知识，从多个维度全面深入地了解所要创新的事物，做生活的有心人。再次，要开放思维。勤于观察、独立思考、推陈出新，勇于突破传统思维的限制，在实践中探索，验证真伪。最后，提升创新能力。通过参与创新活动和创新课程，培养创新精神；参加各种创新竞赛，锻炼创新技能。

📚 拓展阅读

人生如瓷，人生如此[②]

嵇锡贵，亚太地区手工艺大师、中国工艺美术大师、国家级非物质文化遗产越窑青瓷烧制技艺代表性传承人，中国陶瓷艺术大师，中国首批高级工艺美术师，担任浙江省陶瓷行业协会名誉理事长、杭州贵山窑陶瓷艺术研究室（国家级非物质文化遗产保护单位）主任、杭州西溪贵山窑陶瓷艺术馆馆长。1975年，任中国轻工业部陶瓷研究所釉下组负责人，设计并研制中南海毛主席用瓷釉下彩餐具《梅竹》（即"7501"瓷），是主创者之一；设计制作上海锦江饭店接待外国元首专用釉下彩餐具《麦浪滚滚》及毛主席纪念堂陈设瓷。2013年被中国轻工业联合会，中国陶瓷工业协会授予"中国陶瓷艺术、设计、教育终身成就奖"。2016年担任G20杭州峰会国宴用瓷画面总设计师。2017年被认定为首届"杭州工匠""浙江工匠"。2019年获国家级非物质文化遗产代表性传承人"薪

---

① 习近平. 决胜全面建成小康社会　夺取新时代中国特色社会主义伟大胜利——在中国共产党第十九次全国代表大会上的报告[EB/OL]. (2017-10-27)[2023-05-03]. http://www.xinhuanet.com/politics/2017-10/27/c_1121867529.htm.
② 资料来源于《每日商报》和杭州市总工会、杭州市劳模工匠协会联合推出"匠心筑梦"系列特别报道。

传奖"。作品被中国国家博物馆、中国工艺美术馆、浙江省博物馆等收藏。

人生如瓷，聚泥为骨，历火为魂

明代科学家宋应星的《天工开物》记载："共计一坯之力，过手七十二，方克成器。"制瓷工序细分起来达到72道之多，古时为了细化分工提高制作效率，每一道工序都由专人制作，可见其繁复。练泥、拉坯、修坯、装饰、上釉、烧成，嵇锡贵一手包揽，釉上、釉下、仿古、创新，各种技法无不精通。与多数陶瓷工匠不同，嵇锡贵是科班出身。15岁那年，她考入景德镇陶瓷美术技艺学校青花班；19岁，又考入景德镇陶瓷学院美术设计系；23岁，进入轻工业部陶瓷研究所艺术室工作。一直以来，全面系统的学习使得嵇锡贵打下了扎实的专业基础，加上她勤奋好学，从不会放过任何一个向老一辈的艺人学者求教的机会：邹镇钦、聂杏生、王步、张志汤、余翰清、魏荣生、石宇初、段茂发……这些各有所长的陶瓷美术大师都曾指点过嵇锡贵，让她在国画、素描、青花、青瓷刻花、粉彩、古彩等方面博采众长。44岁那年，嵇锡贵从轻工部陶瓷工业科学研究所调回浙江工作，定居杭州，结识了美术教育家、中国书画家以及古瓷研究专家邓白先生。在他的指引下，嵇锡贵走上了越窑青瓷传承之路。"嵇锡贵善于继承传统，不以因袭模仿为能事，敢于突破成法，博采众长，不拘一格，在传统基础上推陈出新，古为今用。同时也批判地吸收外来的表现技法，经过加工融合，使外为中用……能工能写，能简能繁，有韵有神，可用可赏，撷传统艺术之精华，创陶瓷工艺之新貌……"邓白先生这样评价她。从石到土，从土到瓷，每一件精美的瓷器都要经历前后72道工序的蜕变，还要经受住上千摄氏度窑火的炙烤。人生如瓷，淬炼成器。瓷器之美，源于深埋泥土十年不变的自然秉性；人生成器，成在心无旁骛、笃定前行的初心涵养。瓷器之美，来自百次雕琢千度烈焰的脱胎换骨；人生成器，成在栉风沐雨、千锤百炼的考验磨砺。嵇锡贵从一名青涩的学生，从一名平凡的工作者，一路成长为中国传统工艺的国家级大师，靠的是她对陶艺执着热爱的初心，一丝不苟、持之以恒的特质，永无止境、追求极致的工匠精神。

人生如此，有所爱，有所为

很多人熟知嵇锡贵，是因为这位中国工艺美术大师曾是G20杭州峰会国宴用瓷画面总设计师，还因为她曾是几十年前当代瓷器的巅峰之作"7501"主席用瓷的主创人员。虽然这些是她人生中最重要的创作里程碑，但对嵇锡贵来说，每一次创作都是新开始、新挑战，每一件作品都倾注了她全部的热爱。她常说，"在创作作品时要热爱我们的民族，热爱我们的国家，热爱我们的传统，热爱我们的生活。"我们可以从她的任何一件作品中感受到这种由爱而生的美，每一根线条、每一处渲染、每一个色块都刻画精微，呈现出"倾心于手、融情于艺"的气韵。对生活的热爱是嵇锡贵的创作源泉。无论是工作室还是家里，在她的周围，总会种上生机盎然的植物。花鸟草虫，无不入眼；风花雪月，无不入心。所以她的作品总是充满生动的气息，充溢着天然的灵性。对传统的热爱是她创作取之不尽的养分。她的技法炉火纯青，既继承越窑青瓷的传统精髓，又独创了很多特有的表现技法。她的作品充分感悟传统技艺的魅力，同时具有个人风格的艺术语言。崇尚传统，向传统学习，给予她创作无限的创造力。对祖国的热爱是她毕生创作的动力。在大大小小的展览、采访中，嵇锡贵总会强调"我们这代人的成就与国家的培养分不开"。成就一位大师的路途中，远不止个人自身的努力，还需要有一批同行者与追随者，更离不开支持者与扶持者。她经常感叹何其幸，国家的培育、恩师的指引，身边的爱人、同行、学生，无不给予她前进的鼓励与支持。正因为如此，她深感传承的责任与使命，"只要身体允许，我就会坚持做陶瓷，还要争取时间传道授业。"近年来，每逢祖国有重要的大事，嵇锡贵就献出为此创作的精品。《硕果累累》《红船精神千秋万代》《百朵向阳花开贺党庆》等青瓷作品都表达了她拳拳的爱国心、报国情。人生如瓷，淬炼成器。瓷器之美，贵在器用为上、用之为美的朴实本质；人生成器，成在干事成事、有为有用的价值追求与使命担当。人生如瓷，人生如此。

执着专注、精益求精、一丝不苟、追求卓越的工匠精神既是中华民族工匠技艺世代传承的价值理念，也是我们立足新发展阶段、贯彻新发展理念、构建新发展格局、推动高质量发展的时代需要。

第三节 | 培育和践行工匠精神

工匠精神是华夏精神文明的历史成果，不仅深刻反映出劳动者良好的精神风貌，也是时代精神的生动体现，更是新时代实现中华民族伟大复兴的重要精神力量。当前，我国经济已由高速增长阶段转向高质量发展阶段，更需要大力弘扬"执着专注、精益求精、一丝不苟、追求卓越"的工匠精神。作为社会主义的建设者和接班人，大学生必然要承担起传承与践行工匠精神的重任。

一、深化工匠职业的价值认同

职业偏见在一定程度上会影响甚至妨碍人们的职业选择。由于受"劳心者治人，劳力者治于人""万般皆下品，惟有读书高"等传统价值观念和"士农工商"排序的桎梏，部分人看不起工匠，更不愿意从事工匠行业。因此，培育和践行工匠精神首先要树立正确的职业价值观。大学是价值观形成的关键时期，作为当代大学生，要摒弃传统观念中的陈旧落后思想，树立正确的职业价值观，正确认识技能成才、技能报国的重要性，树立对工匠的敬畏心、尊敬心和责任心，客观看待"工匠"职业，认识到工匠在现代社会建设和发展中所起到的重要作用，增强职业的荣誉感和敬畏之心。

平凡中不平凡的"杭州工匠"：浙江省首席技师张纪明[①]

张纪明，浙江传化集团机修钳工高级技师，设备高级工程师。深耕设备维修与管理、装备技术应用领域24年，是浙江省首席技师、浙江省技能大师工作室领衔人，第四届"杭州工匠"获得者，杭州市"拔尖技能人才"，杭州市职业技能带头人。获得企业科技成果奖20余项，杭州萧山区科学技术进步三等奖1项，浙江省科学技术成果1项，发表《导热油系统冷凝器列管穿孔分析及对策》等专业论文2篇，获"实验用织物起毛设备"等国家专利5项。

杭州工匠：
爱钻牛角尖
的机修医师
张纪明

无论在传统制造，还是现代智能制造领域，工匠始终是中国制造业的中坚力量。我们身边就有这样一批人，他们将工匠精神融入个人职业追求中、融入企业发展中、融入行业进步中，以"择一事终一生"的执着专注、"干一行钻一行"的精益求精、"千万锤成一器"的卓越追求，书写出一段段动人的"工匠故事"。多年来，在创业早期经历过"两千块钱一勺盐"的浙江传化集团一直非常重视科技，重视产业工人职业技能的提升。通过举办两年一届的职工技能比武、创办技师工作室等方式，挖掘并培养了一批"传化工匠"，张纪明便是其中的佼佼者。

立足岗位，不忘初心

"我从技工学校一毕业就进了传化集团，在股份设备动力部从事设备维修与管理工作。我认为，设备检修人员就是设备的医生，作为基层员工，在基层班组工作，只能从日常的工作中积累经验。"张纪明从起初的单个设备难题解决，历练成为能解决复杂系统装备技术难题，再到针对高速磨浆釜/转子泵等机械密封、空压系统含水含油、导热油系统中反应釜内压失稳和导热油失效等多项复杂性系统难题，输出实质有效的解决方案。

一项项技术成果落地开花，不但提升了设备的可靠性和安全性，还为企业创造了高效益。由他主导的"导热油双冷却工艺装置改造"等项目共获得企业科技成果奖3项，"压缩系统除水除油改造项目"获杭州市优秀QC成果一等奖。全力推动技术落地的同时，他还结合实践经验总结，形成研究成果——《导热油系统冷凝器列管穿孔分析及对策》。

无论什么时候见到张纪明，总会发现他正专注于工作，从实践中寻找技术真理就是他对工作的标准。

① 李甲云. 平凡中的不平凡的"杭州工匠"——记浙江省首席技师、第四届"杭州工匠"获得者张纪明 [J]. 中外企业文化，2022(5)：16-18.

主动创新，不安于现状

工作中，张纪明积极思考并根据企业工艺与生产的特殊需求，设计制造了符合企业实际需求的"去油灵半自动粉体包装机""50kg液体自动灌装机""化纤油上油设备"等新设备，为满足实验和应用评价需要设计制造了"实验用织物起毛设备"，在新装备设计制造、新工艺应用等方面获得多项企业科技成果奖。

为解决公司硅油产品乳化的新工艺，张纪明创新地采用了定量泵输送，高剪切泵实现了连续硅油乳化工艺。"当时，我一直盯着这个项目，做了长期的探索，该工艺通过近一年的研究和实践最终于2010年获得成功。"此装置实现了管式连续乳化工艺装备，提高效率300%以上，使乳化产品接近纳米级，实现了小装置、高产量、高品质的目标。此系列产品在2012年度销售增长近60%，销售额近1.5亿，该项成果也被他总结形成专业论文，在《中国石油和化工标准与质量》2013年总第288期中发表。

提升自我，引领团队

"我只是我们团队的一个代表，我们技师工作室的目标就是培养'双师'人才"。2011年，张纪明带领11名成员组建了一支多专业的高技能系统团队；2012年，原萧山区劳动和社会保障局授牌成立了以他个人名字命名的"张纪明机修钳工技师工作室"；随后又被杭州市人力资源和社会保障局纳入杭州市首批15家技师工作室的名单之中；2014年9月，工作室被省人力资源和社会保障厅评定为浙江省技能大师工作室。就在身边的人都为他骄傲的时候，张纪明却很清醒，"我只是我们团队的一个代表而已，不敢说我的水平有多高，但我在一个优秀的团队里，相信换成其他同事，应该也会做得很好"。截至截稿，张纪明领衔的浙江省技能大师工作室已经成功孵化培育杭州市技能大师工作室1家、萧山区技师工作室1家、萧山区创新工作室1家；工作室成员获得萧山工匠1人、浙江青年工匠1人。

细数20多年的技术生涯，张纪明有感恩也有感慨："我作为民营企业传化集团培养的第一代企业技师，多年工作中我一直都与设备维修、技术改造打交道，特别是在技改方面，更是倾注了自己全部的心血，也取得了一些成绩，回想起来，很庆幸加入了传化这个发展很好的平台，也很荣幸有一支团结协作奋发向上的技改团队，大家对我的帮助很大。"

20多年风雨兼程，在张纪明身上，我们看到的工匠精神既是谦卑拼搏、专心致志、敢于创新，又是精益求精、追求极致、尽善尽美。而张纪明却觉得，"'工匠'代表的是一个职业水准，更是一种职业精神的体现。自己唯有把本职工作做得更好，与时代同步，才能追求完美再完美"。

（注：选取时略有改动。）

二、增强工匠精神的践行能力

培育和践行工匠精神，不仅需要劳动者深化职业认同，更需要不断增强践行能力。2022年4月27日，习近平致信祝贺首届大国工匠创新交流大会，强调"我国工人阶级和广大劳动群众要大力弘扬劳模精神、劳动精神、工匠精神，适应当今世界科技革命和产业变革的需要，勤学苦练、深入钻研，勇于创新、敢为人先，不断提高技术技能水平，为推动高质量发展、实施制造强国战略、全面建设社会主义现代化国家贡献智慧和力量"[①]。大学是苦练本领、增长才干的黄金时期。大学生作为实现第二个百年奋斗目标的建设者，是工匠精神传承和践行的主力。要在大学里充分发挥主观能动性，努力学习专业知识，不断提升专业能力，积极参加专业学科竞赛、创新创业类竞赛，参与大学生科研项目、各类社会实践和志愿服务活动等，多钻研、多学习、多锻炼，在提升技能的同时不断提升自己的职业素养和职业操守，在点滴中培养"执着专注、精益求精、一丝不苟、追求卓越"的工匠精神。

📚 **拓展阅读**

不遗余力 不厌其烦 努力坚守 精益求精[②]

苗雨痕，都锦生实业有限公司织锦技师、国家级非物质文化遗产杭州织锦技艺新生代传人。2018年被认定为第二届杭州工匠。

"不遗余力，不厌其烦，努力坚守，精益求精，以工匠的精细严谨，将工作做到极致。"在第二届"杭州工匠"的颁奖晚会上，"杭州工匠"苗雨痕这样说。

织锦的58道工序

2016年G20杭州峰会，每位国家元首夫人都收到了一套特制的织锦台毯靠垫套装——《丝绸之源》，这是都锦生国礼织造团队耗时一个月赶制出来的，苗雨痕也参与其中。"杭州织锦生产过程特别繁琐，从原料准备开始，要经过58道传统手工工序。那段时间我们的团队三班倒，一天24小时不停工，终于在一个月内按时按质完成了，得到了国家的认可，真的不容易。"苗雨痕说。

从20世纪50年代开始，都锦生织锦就经常作为国礼送给外国贵宾。它是我国最具代表性的传统名锦之一，也是杭州丝织业的一张金名片。刚到都锦生那年，苗雨痕不到20岁。时光荏苒，38年过去了，苗雨痕也从初出茅庐的学徒工成长为织造技艺的老匠人。在这家老字号里，他做过挡车工、机修工、工段长、技术员，现任生产技术部主任。他

---

① 习近平致信祝贺首届大国工匠创新交流大会举办强调　勤学苦练深入钻研勇于创新敢为人先　为推动高质量发展实施制造强国战略贡献智慧和力量　在"五一"国际劳动节到来之际向广大技能人才和劳动模范致以诚挚问候　向广大劳动群众致以节日祝贺 [N]. 人民日报，2022-04-28(1).
② 资料来源于杭州市劳模工匠协会，选取时略有改动。

几乎干遍了所有的岗位，掌握着织锦的所有关键生产技艺。

扎根于织锦技艺的创新和研制

织锦这门活，不仅仅要靠学，还要靠不断地创新。因为随着市场的变化，会对产品提出各种各样的新要求。如何改进技艺，想出办法实现这些要求，对织锦技师来说，考验的不仅仅是工艺经验，还有创新的灵感和勇气。最让苗雨痕引以为傲的，是2002年在杭罗工艺中首创引入提花织法，成功研制提花纱罗，当时曾经引起业内轰动。因为这是前辈们研究了二三十年，都没有研究成功的一项技术。"提花纱罗其实是丝绸上的一个品种，技术含量比较高，品质非常好，算是极品吧。"苗雨痕说。

现在，苗雨痕每天的工作，依旧是扎根于织锦技艺的创新和研制。

苗雨痕的办公室里放着很多仪器，还有各式各样的丝绸织品，他常常拿着放大镜分析各种材质，研究颜色和用料。因为很多程序不能中断，经常当他结束工作时，外面早已一片漆黑。"丝绸的东西很细小，也千变万化，你要跟着它的色彩变化一点点研究，只有耐下性子精雕细琢，才能确保成功。"

"锦生如果做不了五百强，也要把它传承五百年"

用传统手工工艺设计生产丝绸，大多要经过58道工序纯手工制作完成，并且每一道工序都是需要记录下来的。作为掌握提花纱罗核心技术的唯一传人，苗雨痕掌握着关于提花纱罗工序的全部档案资料。"我觉得给我'杭州工匠'的称号，对我是一种激励，鼓励我要做到老学到老，并且把我这份技艺创新并传承下去。"

如今，浙江理工大学重开丝绸学院。苗雨痕特别高兴："我听到这个消息真的很兴奋，终于有年轻人愿意来学这个行业，我们都锦生以后也要招大学生，要招沉得下心来的学生，把我们这项传统技艺传下去。"

因为热爱，很多时候辛苦也变得微不足道了。苗雨痕说，他热爱这份工作，也认准了要干一辈子。"国家稳定、富强，是我们美好生活的保证。只有国家越来越好，都锦生才能有更好的发展，我们个人的生活也会更加富足。我们都锦生如果做不了五百强，也要把它传承五百年！"

三、投身工匠精神的教育实践

精于工，匠于心，品于行。工匠精神的培育对于新时代大学生的成长成才具有十分重要的现实意义，不仅可以培养学生爱岗敬业、诚实守信、一丝不苟、敢于创新的职业素养，也可以帮助学生把工匠精神内化于心，外化于行，形成良好的行为习惯和自我管理模式，提升学生就业、创业的竞争力。高校是培养具有工匠精神的高素质人才的重要阵地。目前，许多高校重视对学生科学精神、创新能力、批判性思维的培养，主动创新劳动教育新模式，科学设置劳动教育的课程体系，形成理论与实践相结合的劳动教育必修课程，并在课程中增强工匠精神培育的系统性、整体性和协同性，积极谋划、开展工匠精神的理论教育和实践教育活动，贯穿立德树人的全过程。例如：举办"劳模大讲堂""劳模工匠进校园"等报告会，邀请大国工匠、省市劳模工匠进校园，让师生在校园里近距离接触工匠，聆听工匠故事，观摩工匠劳动技艺，感受并领悟执着专注、精益求精、一丝不苟、追求卓越的工匠精神；聘请劳模工匠担任学校劳动教育导师，成立劳模工作室/技能大师工作室，让劳动教育"走出课堂小天地，步入社会大课堂"，帮助学生近距离感受工匠精神、学习工匠精神。大学生要积极参与劳动教育，认真学习专业的理论知识和通识知识，提升对技术技能的认知，熟练实践技能操作，自觉地投身各类工匠精神教育实践活动，在实际行动中体验工匠精神，积极争做工匠精神的践行者、示范者和引领者。

📖 拓展阅读

浙大城市学院着力打造"劳模工匠进城院"活动品牌[①]

浙大城市学院坚持以立德树人为根本任务，认真学习贯彻习近平总书记关于劳动及劳动教育的重要指示精神，坚持"五育并举"，深化校地合作，强化与杭州市总工会的协同育人，打造独具辨识度的"劳模工匠进城院"劳动教育品牌，把劳动教育纳入人才培养全过程，贯通学生大学生涯，促进以劳树德、以劳增智、以劳强体、以劳育美，不断深化符合学生实际、贴近学科专业、促进学生发展的劳动教育长效机制。

学校着力推进"劳模工匠进城院"品牌建设，以"请进来、走出去、活起来"为原则，推进城校协同劳动教育，通过劳模工匠结对、劳动教育导师聘任、劳动教育基地建设、劳动教育成果共建，融通跨界资源，提升育人成效。举行《匠心养正——杭州弘扬工匠精神实录》《劳模工匠心向党》首发仪式暨劳模工匠书籍进城院活动，邀请全国劳动模范孔胜东，中国工艺美术大师、浙江工匠嵇锡贵，全国劳动模范西子联合控股集团董事长王水福，全国五一劳动奖章获得者、世界技能大赛冠军杨金龙进校为学生授课。在2022级新生始业教育中，"喜迎二十大、劳动创幸福"的劳模工匠大讲堂走进校园，学校客座教授、新时代劳动教育研究中心主任、杭州市劳模工匠协会名誉会长郑荣胜，与嵇锡贵、王水福两位"国宝级"劳模工匠为3000余位新生授课。2020年11月以来，学校已聘请31位劳模工匠担任劳动教育导师，建立了21家劳动教育实践基地，组织系列宣讲活动将近30场，参与学生达到11000余人次。通过宣讲，将劳模精神、工匠精神融入青春梦想，让劳动最光荣、劳动最崇高、劳动最伟大、劳动最美丽在大学校园蔚然成风！

---

① 资料来源于浙大城市学院。

四、传播中国特色的工匠文化

文化是民族生存和发展的重要力量。习近平总书记指出，"一个国家、一个民族的强盛，总是以文化兴盛为支撑的，中华民族伟大复兴需要以中华文化发展繁荣为条件。"[①]厚植工匠文化，既要大力弘扬优良传统，又应给优秀工匠的精神赋予新的时代内涵，让尊重劳动、尊重创造成为社会共识。2021 年 9 月，劳模精神、劳动精神、工匠精神成为第一批正式纳入中国共产党人精神谱系的伟大精神，彰显着中国特色，在新时代新征程上展现出巨大的引领价值。作为当代大学生，要深入挖掘工匠文化的时代价值，全力传播和弘扬"执着专注、精益求精、一丝不苟、追求卓越"的新时代工匠精神，讲好中国工匠故事，形成崇尚大国工匠之风，让工匠精神得到社会的认可，增强劳动者对职业理念、职业责任和职业使命的认识和理解，引领劳动者在本行业和本领域担大任、干大事、成大器、立大功。同时，大学生还要充分利用我国的宝贵文化资源，以文化人，文以载道，积极传播中国特色工匠文化，将工匠事业的魅力和价值彰显出来，增强人民群众对于工匠精神的认同感。

📚 **拓展阅读**

把古老的丝绸工艺彻底发扬光大[②]

叶建明，从事丝绸加工行业近 40 年，是"丝绸画缋"工艺的第四代传承人，作品获省、市工艺美术精品博览会金奖、银奖。2016 年，作品入围 G20 杭州峰会国礼遴选 100 强，"丝绸画缋"手包作为国礼赠送东盟各国首脑。2017 年被认定为首届杭州工匠、浙江工匠，2019 年被评为杭州市劳动模范。

叶建明出生在普通的丝绸工匠之家。1980 年，叶建明进入杭州工艺织绣品厂，成为丝绸加工从业大军中的普通一员，很快成为技术骨干。1990 年公派出国，前往日本观摩当地的丝绸加工技术。2000 年企业濒临解体，叶建明创办杭州天缘布艺工作室、杭州天缘布艺有限公司，开始恢复和量产"丝绸画缋"技艺和产品。

"丝绸画缋"是融合染、绘、绣和泥金等多种工艺的传统技艺，起源于周商秦汉，盛于隋唐两宋。时局动荡，该技艺趋于式微。清末民初仅剩江南丝绸产地少数匠人以此为生，"文革"以后几近绝迹。

叶建明以 40 年丝绸加工经验结合家传秘技，成功复兴"丝绸画缋"技艺，完整复原70 多道手工工序，巧妙运用传统工艺手法，创作和加工数以万计的"丝绸画缋"产品，仅和服一类就加工 5 万件以上，日本市场免检出柜，享有行业盛誉。叶建明"丝绸画缋"

① 话端阳　品传统，跟习近平总书记学中华文化传承之道 [EB/OL]. (2019-06-07)[2023-05-03]. http://jhsjk.people.cn/article/31124904.
② 资料来源于杭州市劳模工匠协会，选取时略有改动。

产品包括服饰、画轴、装饰画、手包等 20 多个系列，工艺精美、匠心独具，已列入杭州市非物质文化遗产保护名录。作品荣获 2015 年中国（杭州）工艺美术精品博览会银奖、2016 年第六届中国（浙江）工艺美术精品博览会金奖。2016 年初入围 G20 杭州峰会国礼遴选 100 强。"丝绸画缋"手包入选"万紫千红——东盟国花精品国画展"，并作为国礼赠送东盟各国首脑。

叶建明毕其半生功力，复兴传统技艺，以精湛的技艺和精美的作品将文化遗产融入现代生活，是杭州工匠"执着、担当，求美、求真"精神的杰出代表。

培育和践行工匠精神是一个全方位的复杂系统工程，需要国家层面、社会层面、个人层面的协同联动，共同参与。新时代奋进新征程，作为新时代的大学生，我们有义务也有责任大力弘扬和践行工匠精神，努力使自己早日成为高技能人才、大国工匠，为实现第二个百年奋斗目标、实现中华民族伟大复兴的中国梦不懈奋斗。

? 思考题

1. 如何理解工匠精神的时代价值？
2. 如何理解劳动精神、劳模精神、工匠精神的关系？
3. 作为当代大学生，如何积极培育和践行工匠精神？

✓ 劳动实践

开展专业实践，挖掘工匠元素，讲述工匠故事，传承工匠精神。

1. 参观全国首个劳模工匠文化公园"杭州市劳模工匠文化公园"，感受劳模工匠文化，学习劳模工匠精神。

2. 参观全国首个工匠精神展示厅"杭州工运史资料陈列室"，了解和学习杭州工匠岗位成才、技能报国的奋进故事，传承与弘扬工匠精神。

3. 参加全国首个法定的工匠日"926 工匠日"系列活动，弘扬"执着专注、精益求精、一丝不苟、追求卓越"的工匠精神。

4. 走访当地某一领域的工匠或聆听一场工匠报告，了解工匠精神，感受工匠魅力。

5. 观看央视系列节目《大国工匠》。

《大国工匠》第 1 集大勇不惧；

《大国工匠》第 2 集大术无极；

《大国工匠》第 3 集大巧破难；

《大国工匠》第 4 集大艺法古；

《大国工匠》第 5 集大工传世；

《大国工匠》第 6 集大技贵精；

《大国工匠》第 7 集大道无疆；

《大国工匠》第 8 集大任担当。

大国工匠

第三篇

劳动技能篇

PART 3

我们的衣食住行都需要由劳动者提供相关的产品和服务，这些产品或服务都是劳动的成果。要全面培养自己的劳动能力，大学生该如何培养生活能力，增强责任感，拥有幸福的家庭生活？如何将专业知识和技能运用于生产和实践，开展职业规划？如何参与社会服务，提高社会责任感和参与度？如何培养创新性劳动能力，探索新的劳动方式和方法，提高创新能力和竞争力？通过本篇的学习，让我们热爱生活、提升能力、服务社会、改革创新，在未来的竞争中立于不败之地，实现自己的价值，为社会做出更大的贡献。

第五章 大学生日常生活劳动

日常生活劳动是学生立足于个人生活事务处理，接触最频繁、形式最多样的劳动形态。虽然涉及的任务并不十分艰巨，却非常琐碎、繁多。日常生活的劳动对学生劳动习惯、自理能力的养成具有十分直接和明显的作用，同时劳动习惯和自理能力也是开展生产性劳动和服务性劳动的基础及前提。

第一节 家庭生活劳动

家庭生活劳动是人生的第一堂劳动课，旨在帮助大学生树立正确的劳动价值观。家庭生活包含大量日常生活劳动的内容，在做家务的习惯中蕴着对家务劳动的正确看法、态度和观念。当前部分学生中存在家庭生活劳动能力差、不愿做家务、不喜欢做家务、认为做家务不重要等现象，其主要原因是学生未养成良好的做家务的习惯。习近平总书记指出，"青年一代的理想信念、精神状态、综合素质，是一个国家发展活力的重要体现，也是一个国家核心竞争力的重要因素。"[①]大学生要弘扬劳动精神，要积极参与家务劳动，从中学会热爱劳动、崇尚劳动、尊重劳动，让劳动教育成为人生第一教育。

一、古代崇尚劳动的家风

我国自古以来就有重视日常生活劳动能力培养的优良传统，将家庭作为劳动教育的第一场所，例如"洒扫、应对、进退"就是古代家庭教育的一贯传统。《论语》中子夏曾说过："虽小道，必有可观者焉。"教育是从小处开始的，这是一种见微知著的精神。以"洒扫"为代表的日常生活劳动，是父母与子女间的双向的互动与合作，可以教会子女立身处世、待人接物的伦理关系和道德规范。

魏晋南北朝时期，颜之推的《颜氏家训》开创了后世"家训体"的先河，在治家篇中颜之推教育子孙"生民之本，要当稼穑而食，桑麻以衣"，告诫子孙生存之根本在于要自食其力，以种植庄稼的方式来吃饭，以栽种桑麻的方式来穿衣。南宋理学家朱熹认为儿童启蒙之学需要从日常生活的一点一滴做起，在《童蒙须知》中提出儿童教育的主要内容"始于衣服冠履，次及言语步趋，次及洒扫涓洁，次及读书写文字，及有杂细事宜"。

---

① 中共中央文献研究室. 习近平关于青少年和共青团工作论述摘编 [M]. 北京：中央文献出版社，2017: 9.

清朝曾国藩所著《曾国藩家训》被誉为"千古第一家训"，曾国藩治家之道强调"书蔬鱼猪，早扫考宝"八字诀。"家中种蔬一事，千万不可怠忽""子侄除读书外，教之扫屋、抹桌凳、收粪、锄草，是极好之事，切不可以为有损架子而不为也"等家训无一不体现着对清洁与卫生、整理与收纳等日常生活劳动习惯养成的重视。同样，清朝的朱柏庐编写的《朱子家训》开篇便是"黎明即起，洒扫庭除，要内外整洁"，要求家人要早起早睡，从整理收拾屋舍做起，营造一片干净舒适的家居环境。通过长辈以身作则，子女在潜移默化中增强了生活自理能力、提升了家庭责任意识。[①]

日常生活劳动启蒙于家庭，意在使人模仿和同化，是一个人作为家庭成员入世涉世的生命起点。家务劳动是每个人面对的第一项系统的、需要锻炼才能掌握的技能，在看似简单的洗衣、做饭、扫地、叠被铺床、整理衣橱等劳动中，蕴藏着自身最初的科学设计与规划。比如做一顿简单的家庭餐就涉及许多需要系统设计与规划的内容，包括时间的规划、食品的采购计划、食物制作流程、食物数量与人口数量的搭配、主食与菜品的匹配等。再比如收拾卧室时，就涉及卧室不同部位打扫顺序的排列，扫地与拖地的先后安排，衣橱里不同衣服的安放区域，以及常穿衣服与非常穿衣服的放置位置等。当一个人进行日常的家务劳动，通过反复的练习，将系统规划意识和思维变成一种习惯时，就能将这种思维和意识灵活地迁移到学习、生活、工作等领域中，无论面临多么杂乱与繁多的境况，都能处乱不惊，清晰、准确地完成任务，并在完成任务的过程中进一步提升自身的能力。[②]

二、家庭生活劳动的内容

家庭生活劳动是家庭成员为了维持正常生活而付出的没有任何经济报酬的劳动，是一种无偿劳动。具体的家庭生活劳动可以分为两类：一是提供自身最终使用的家务劳动，二是提供给家庭成员的家务劳动。提供给自身最终使用的家务劳动一般包括家庭管理、照料宠物、购物、衣物和鞋类的打理、自己动手的装修维修和小规模修缮、住宅及周围的清洁和维修、提供食物，以及与供自身最终使用的家庭服务有关的其他劳动等。提供给家庭成员的劳动一般包括向无抚养关系的成年人提供帮助、照顾有抚养关系的成年人、照顾儿童，以及与提供给家庭成员的护理服务相关的其他劳动等。

习近平回信勉励上海市虹口区嘉兴路街道垃圾分类志愿者 用心用情做好宣传引导工作 推动垃圾分类成为低碳生活新风尚

一屋不扫，何以扫天下。一个人要承担起推动社会和人类进步发展的重担，首先应该做到修养身心，打理好个人及周边的卫生，为自己和他人创造优美舒适的发展环境。一个人对待生活细节的态度，或多或少能够反映他的工作态度。干净整洁的生活环境能让人的身心得到放松，能获得更多积极的心理体验。要想让自己更自律、更有执行力，不妨从保持房间的整洁开始。

---

① 赵媛，鄢继尧，熊筱燕.劳动教育从家庭生活着手，赋予家庭教育新使命 [N].中国妇女报，2022-05-31(6).
② 王飞.新时代"三类劳动教育"的系统化设计与综合实施 [J].教育与教学研究，2022(4): 41-42.

（一）清洁与卫生

清理书桌。整理桌面上的杂物，扔掉一些废弃的物品，把有用的物品放在适当的地方。用湿抹布擦拭书桌，清除桌面及抽屉的顽渍，保证书桌的干净和整洁。

擦拭衣柜。清除浅色家具表面的污迹：浅色家具很容易被弄脏，只用抹布难以擦去污痕，不妨将牙膏挤在干净的抹布上，只需轻轻一擦，家具上的污痕便会被去除。

清洗门窗。用毛巾蘸啤酒或温热的食醋擦铝合金门窗，可将污垢快速消除掉；铝合金门窗上的积垢，用布或回丝蘸牙膏擦拭，可擦得洁净亮堂；铝合金门窗或镜子上染有油漆，可用棉花蘸松节油、热醋来擦拭。

清洗地板。先用扫帚将地板扫干净，再将拖把浸湿拖1～2遍地。对于地板砖接缝处的黑垢，可以挤适量牙膏在刷子上，纵向刷洗瓷砖接缝处；然后将蜡烛涂抹上就很难再沾染上油污了。

📚 拓展阅读

一屋不扫，何以天下

陈蕃，字仲举，汝南平舆人也。祖河东太守。蕃年十五，尝闲处一室，而庭宇芜秽。父友同郡薛勤来候之，谓蕃曰："孺子何不洒扫以待宾客？"蕃曰："大丈夫处世，当扫除天下，安事一室乎？"勤知其有清世志，甚奇之。

——《后汉书》节选

蓉少时，读书养晦堂之西偏一室。俯而读，仰而思；思有弗得，辄起绕室以旋。室有洼，径尺，浸淫日广。每履之，足苦踬焉。既久而遂安之。一日，先君子来室中，坐语久之，顾而笑曰："一室之不治，何家国天下之为？"命童子取土平之。后蓉复履，蹶然以惊，如土忽隆起者；俯视，地坦然，则既平矣。已而复然。又久而后安之。噫！习之中人甚矣哉！足之履平地，而不与洼适也，及其久，则洼者若平，至使反而即乎其故，则反窒焉而不宁。故君子之学，贵乎慎始。

——《习惯说》

📚 拓展阅读

"除尘"习俗①

从农历腊月二十三日起到除夕为止，汉族民间把这段时间叫作"扫尘日"，北方称为"扫房"，南方把它叫作"掸尘"。这也是过年习俗中必不可少的步骤。

据《吕氏春秋》上记载，早在尧舜时期，便有了春节扫尘的风俗。特别值得一说的

---

① 洪敏. 浅谈中国传统节日春节的文化习俗 [J].中国民族博览，2015(7): 46-47.

是，掸尘时还是有讲究的，要用稻草和一根比人的身高还长的木棍扎成长扫把，将房子屋梁、墙角的灰尘和蜘蛛网等脏东西打扫干净。然后留下这些稻草，等到除夕夜吃完年夜饭后，点燃这些稻草，供男人们跳"火墩"。按汉族民间的说法：因为"尘"与"陈"谐音，新春扫尘便有"除陈迎新"的含义，就是说人们想用大扫除这个行动，把今年的一切"穷运""晦气"统统扫地出门，期待明年好运降临。这一习俗寄托着人们辞旧迎新，好运降临的愿望。

（注：选取时略有改动。）

（二）整理与收纳

整理物品。按照"衣服—书—文件—小物品"的顺序将现有物品按照类别进行分类，并给每一样东西设定收纳场所。

整理玄关。第一，收纳好鞋子；第二，把抽纸、墨镜、手套、钥匙等小物件放在收纳盒置于玄关处，以便养成出门时放进包里的习惯，这样就不会落下东西了；第三，在玄关设置挂钩架，平时可以挂上外套、大衣、帽子、围巾、包包等。

整理客厅。客厅是一家人待在一起时间最多的地方，除了沙发、茶几、地毯、餐桌等必备品，放置在客厅里的东西越少越好。电视遥控器、空调遥控器等放入收纳盒中。

整理书籍。把书籍和杂志排序，使用木质书架进行收纳，可以在每个书架上贴标签或按字母顺序排列。

整理厨房。刀、叉、勺、筷是每天使用频率很高的餐具，放入抽屉收纳盒中方便拿取；铲子、漏勺、夹子、小炒锅等日常用的工具，"上墙"是一个很好的收纳方式；微波炉、电饭锅等使用频率高的厨房大件放在平视的位置，方便操作和使用；日常使用频率不太高的面包机、烤箱等物品可以放入收纳柜子里；各类不是天天使用的锅适合放在灶台下面，随手就可以取出；粉末类的调料可以装在收纳箱里，瓶装调料摆放整齐；洗洁精等洗涤剂的清洁产品收纳在水槽下面。

整理卫生间。洗面台下面可以用来收纳各种清洁用品，如洗衣粉、洗衣液、洁厕剂、手套等；洗浴用品直接"上墙"。

整理卧室。卧室收纳的重中之重就是衣物收纳。每位家庭成员的衣服不要混放，最好各自都有一个区域；换季衣服、被子放在收纳袋、箱或者柜子里；内衣、领带、腰带、袜子都分类放在收纳盒里会比较好，可以贴上标签；其他的衣服可以先悬挂放置，然后再根据衣服的材质、大小等进行整理；帽子和包包可以放在置物架上；化妆品和护肤品分别装在不同的收纳盒里，按照整个面部修饰的顺序来摆放化妆品。[①]

此外，隐藏的物品也需要整理，如存放在床底的物品。对于不需要的物品要及时清

---

① 李国章，高伟，马云龙．大学生劳动教育实用教程：微课版 [M]．北京：中国传媒大学出版社，2021：157-158．

理和处理。

（三）烹饪与营养

中华饮食文化源远流长、博大精深，从特质看，突出养助益充的营卫论（素食为主，重视药膳和进补，在几千年前有"医食同源"和"药膳同功"的说法），并且讲究"色、香、味"俱全，有着五味调和的境界说（风味鲜明、适口者珍，有"舌头菜"之誉），奇正互变的烹调法（厨规为本、灵活变通），畅神怡情的美食观（文质彬彬、寓教于食，如很多菜肴的名称就雅俗共赏）等四大属性。

现代社会，人们按照自身的需要，根据食品中各种营养物质的含量，设计科学的食谱，使人体摄入的蛋白质、脂肪、碳水化合物、维生素和矿物质等几大营养素比例合理，达到均衡膳食。当代的大学生虽然大多在学校的食堂就餐，但也应该掌握一些简单的烹饪技巧。[①]

蒸煮米饭。先将水烧开，再放入已淘洗的大米。这是因为自来水经过加氯消毒，水中的氯气会破坏米的维生素B_1，而水烧开后，水中的氯气会蒸发，从而减少对维生素的破坏。米和水的比例保持 1∶2；在大米中加少量食盐、少许猪油，会使饭又软又松；往水里滴几滴醋，煮出的米饭会更加洁白、味香。剩饭重新蒸煮，可往饭锅水里放点食盐，吃的时候口感更好。

煮面条。面条做法很多，家常面条是比较常见的一种。先将西红柿洗净切小块，将卤蛋对半切开；再将菠菜放入沸水中，然后捞出备用；准备好盐、酱油和白胡椒粉等调味品。锅中烧水，加入西红柿，待水烧开后放入面条；同时将之前准备好的菠菜和葱切碎，放入碗里。待锅中面条煮熟，先盛入几勺煮面条的水，再把面条夹在碗里，再加入适量的煮面条的水，拌匀，最后把卤蛋加进去，一碗热腾腾的家常面条就做好了。

炒菜。一般分为素菜和荤菜。先按需要将原材料切成片、条、丝、块、丁、粒、泥等多种形态，放好备用。炒素菜的时候，可先倒入油，油热后放入葱、姜、蒜等相应的辅料爆香，再放入菜，让菜上的油粘匀，加入适量的盐，再翻匀，待八成熟时放入其他需要的调味料，起锅前放入味精。荤菜的做法一般比素菜只多两道程序，即将肉切成丝、片或丁，然后用生抽及料酒腌一小会，待油烧热后爆炒至六成熟，盛盘待用；之后的程序与素菜的做法基本相同。

厨房内的安全也不容小觑。比如：切菜的时候要注意用刀安全，防止切伤；煤气和燃气之类的使用要注意通风，养成随手关火、关阀门的习惯。

（四）日常家居修复

家庭住宅因年代、天气和温度等因素影响会出现一些破损，掌握一些基本的维修技巧，不仅可以大大降低房屋的维修成本，而且可以提升动手能力，更能增强作为家庭成员的自豪感。一些常用的家居修复技巧有墙面修复、漏水修复、地板修复等。

---

① 李国章，高伟，马云龙.大学生劳动教育实用教程：微课版 [M].北京：中国传媒大学出版社，2021：168-174.

修补墙面裂缝。用油灰刀（或刮刀，油漆工刮墙皮常用的工具）沿裂缝边切刮一遍，除去松散的灰泥和尘土，使灰浆容易牢固，并用刷子扫去裂缝中的灰尘。再用它把灰浆填入裂缝中，直至把裂缝全部填满，并把多余的灰浆刮去。待灰浆干透后，再用砂纸将修补好的裂缝表面磨平。

修复壁纸出现的浮泡。使用美工刀，在墙纸上割出一个小"X"形。然后掀起墙纸末端，如果下面有黏合剂块，则轻轻地将其刮除。使用刷子在墙纸后面涂上少量的黏合剂，然后按下墙纸即可。

消除家具烫痕。装有热水、热汤的杯盘等器皿，直接放在家具漆面上，会留下一圈白色的烫痕。可用碘酒在烫痕上轻轻擦抹，或涂一层凡士林油，隔两天再用抹布擦拭，烫痕即可消除，最后可再涂一层蜡作保护。

修补实木复合地板裂缝。找一支与地板颜色相近的蜡笔，用蜡笔在缝隙上来回涂抹，直至蜡笔屑将缝隙填满。用刀片将多余的蜡笔屑刮平，保证地板的平整即可。

修补瓷砖脱落。准备好专用的瓷砖胶（瓷砖黏结剂，黏结力为传统水泥砂浆的 $2\sim3$ 倍），再将瓷砖背面和四周黏附的砂浆刮净。在瓷砖背面均匀地涂上薄薄的一层瓷砖胶，稍后压紧瓷砖即可黏牢。若瓷砖仅是局部脱落，千万不可用力敲打基础面上的砂浆，以防震松周围原本牢固的瓷砖。

解决水龙头滴水。关闭供水后，卸下在水龙头把手上面或后面的小螺丝，以拆下固定在水龙头主体上的把手。用一个完全相同的新垫圈换掉旧垫圈，将新的垫圈固定到阀芯上，然后把水龙头中的各部件装好。

修复开裂的天花板。一般有两种情况：一种是浇筑的楼板裂了或者预制板两板之间搭接的地方裂了，另一种是吊顶的造型坏了。如果是楼板裂了，需要向物业反映情况，让他们进行修补。如果是预制板两板之间搭接的地方开裂，或者仅仅只是房屋吊顶开裂，可以直接把裂口划开，将缝隙刮开几毫米左右，用腻子填好，再贴一层防裂的胶带或者牛皮纸，刮上腻子刷上漆即可。

修复暖气熏黑墙面。可以用砂纸磨掉后补漆；预防熏黑墙面，可以安装搁板或者盖布，但最关键的是要勤于打扫。

🔖 拓展阅读

垃圾分类

垃圾分类是对垃圾收集处置传统方式的改革，是对垃圾进行有效处置的一种科学管理方法。通过分类投放、分类收集，既能提高垃圾资源利用水平，又可以减少垃圾的处置量。

减少占地。通过垃圾分类，可以去掉能回收的、不易降解的物质，减少垃圾数量达 50% 以上。

减少环境污染。废弃电池、废弃水银温度计等含有金属汞等有毒物质，会对人类产生严重的危害，土壤中的废塑料会导致农作物减产，因此回收利用可以减少危害。

变废为宝。我国每年使用塑料快餐盒达 30 亿个，方便面碗 5 亿～6 亿个，废塑料占生活垃圾的 3%～7%；1 吨废塑料可回炼 600 千克无铅汽油和柴油；回收 1500 吨废纸，可免于砍伐用于生产 1200 吨纸的林木。因此，垃圾回收既环保又能节约资源。

如何进行垃圾分类呢？

可回收物（蓝色桶），主要包括废纸、塑料、玻璃、金属和布料五大类。废纸主要包括报纸、期刊、图书、各种包装纸、办公用纸、广告纸、纸盒等；塑料主要包括各种塑料袋、塑料包装物、一次性塑料餐盒和餐具、牙刷、杯子、矿泉水瓶、牙膏皮等；玻璃主要包括各种玻璃瓶、碎玻璃片、镜子、灯泡、暖瓶等；金属物主要包括易拉罐、罐头盒等；布料主要包括废弃衣服、桌布、洗脸巾、书包、鞋等。

厨余垃圾（绿色桶），包括剩菜剩饭、骨头、菜根菜叶、果皮等食品类废物，经生物技术就地处理堆肥，每吨可生产 0.3 吨有机肥。

有害垃圾（红色桶），包括废电池、废日光灯管、废水银温度计、废药品等，这些垃圾需要特殊安全处理。

其他垃圾（灰色桶），包括除上述几类垃圾之外的其他生活垃圾，主要包括一次性用具、受污染无法再生的纸张、包装材料、破旧陶瓷品、烟头、尘土等。

三、家庭生活劳动的意义

习近平总书记强调："我们要始终高度重视提高劳动者素质，培养宏大的高素质劳动者大军。劳动者素质对一个国家、一个民族发展至关重要。劳动者的知识和才能积累越多，创造能力就越大。提高包括广大劳动者在内的全民族文明素质，是民族发展的长远大计。面对日趋激烈的国际竞争，一个国家发展能否抢占先机、赢得主动，越来越取决于国民素质特别是广大劳动者素质。要实施职工素质建设工程，推动建设宏大的知识型、技术型、创新型劳动者大军。"[①]因此，提高劳动者的素质，要从大学生抓起，而家庭生活劳动是人生的第一堂劳动课，做好家务劳动，是树立正确劳动观的开始，也是培养大学生养成良好习惯和品质的起点。

（一）培养逻辑思维能力与动手能力

大学生正值各种学习能力发展的时期，适当的家庭生活劳动有助于锻炼大学生的逻辑思维能力和动手能力。在参与劳动的过程中，大学生面对不同的家务劳动，所要思考的和采取的行动都不一样。有的家务劳动可能只是单纯的体力活，主要锻炼大学生的

---

① 习近平在庆祝"五一"国际劳动节大会上的讲话 [EB/OL]. (2015-04-28)[2023-03-25]. http://jhsjk.people.cn/article/26919561.

行动力，比如扫地、拖地；有的家务劳动可能既需要大学生的行动力，也需要他们去思考、去发现问题、分析问题、解决问题，比如在从事煮饭这项家务劳动的时候，不仅要求大学生自己动手去煮饭、炒菜，还要求大学生去考虑做出来的饭菜的可口程度，这就需要他们去思考切菜技术、火候、调料比例等问题。大学生在从事这些家务劳动时，要对结果有所预想，思考完成的方式，如果在做的过程中遇到或发现新问题，有的能靠自己思考解决，但有的可能不会，需要通过向家长寻求帮助以克服和解决问题，最终完成劳动目标。在这一劳动过程中，一方面锻炼了大学生的分析判断能力和动手能力，另一方面也激发了大学生的求知欲，发散了思维。

（二）培养独立生活的能力

独立能力是大学生在成长阶段中需要培养的一项能力，也是让大学生以后能更好地融入社会的一种能力。适当的家庭生活劳动有助于培养大学生的独立性。大学生在从事家务劳动的时候，学会了怎样打扫房间、怎样洗衣服、怎样买菜做饭、怎样修理家电这些生活的必备能力，渐渐能独立生活，不至于踏入社会后生活不能自理。会做家务是一种最基础的生存技能，适当的家务劳动不仅可以帮助大学生养成独立面对问题、不依赖别人的习惯，而且有助于增强大学生的生活适应能力和生活自信心，提升自我独立、自我管理的能力。

（三）培养责任感与意志力

家庭生活劳动不仅需要参与，还需要持之以恒，这是一份责任，不能半途而废。家务劳动是一种习惯的养成，不是今天做了明天就不做。家务劳动每天都有，大学生应该承担起持之以恒做家务劳动的责任，不仅如此，还应该认真做家务，不能马马虎虎或随随便便做家务。如此一来，家务劳动一方面能够让大学生认识到自己是家庭中不可缺少的一员，和其他家人一样享有责任和义务，需要承担一部分力所能及的家务活，让其理解责任的分担；另一方面，让大学生独立承担家务劳动，可以磨炼大学生的意志力，让大学生在家务劳动中学会坚持和精益求精，在做事时变得坚毅、有韧性。

（四）学会珍惜劳动成果

大学生只有自己亲自从事了家务劳动，才会知道家务劳动中有很多不易之处，才会珍惜家务劳动的成果。现在有部分大学生不知道衣服怎么洗、饭怎么做，平时也不注意维护衣服、珍惜粮食，只有当他们亲自劳动过后，才会知道其中的艰辛。比如，当他们洗过衣服之后，才会明白污渍怎么清洗掉，衣服怎样清洗才不会染色和缩水，需要用怎样的洗涤液或怎样的清洁方法才能清洗干净等问题。从此之后，他们不需要家长叮嘱，自己就会养成在日常生活中注意维护衣物整洁的习惯。再比如，当他们花了整整一下午的时间整理房间之后，仍然不能做到像父母那样整理得井井有条时，他们就会注意平时房间整洁的维护，就不用父母整天都念叨他们要勤收拾、勤整理。因此，只有大学生自己亲身体验家务劳动，才会明白成果来之不易，才会珍惜劳动成果，才会在日常生活中注意维护，养成良好的生活习惯。[①]

第二节｜校园生活劳动

　　校园是大学生劳动教育的主要场所，也是大学生树立正确劳动观的思想教育基地。日常生活劳动强化于学校，指向劳动的认知习得，是学生作为学校成员明理做人的探究课堂。学校日常生活劳动教育是家务劳动教育在学校的延续与拓展，具有以小见大的功能，即学生通过日常生活劳动教育活动形成劳动的习惯，进而形成人的自觉劳动、热爱劳动的"第二天性"。

劳动课：学校家里都要上？

一、古代的校园生活劳动

　　自古以来，我国学校教育就非常重视通过打扫教室、宿舍、学校及周边公共区域等活动培养学生的劳动态度和品格，提出了"自洒扫应对上，便可到圣人事""洒扫中亦具大段学问"等观点。我国古代学校的开办者和管理者还将日常生活劳动教育纳入学规中，成为教学计划、教学内容和考核评价条文的重要组成部分。《管子·弟子职》篇是战国时期稷下学宫的学规，其中既有对学生卫生习惯的要求，比如"衣带必饬""颜色整齐"；也有关于教室打扫的详细规定，如"实水于盘，攘臂袂及肘，堂上则播洒，室中握手。执箕膺襟，厥中有帚。"[②]此后，学规中明确规定学生应该参加主要的日常生活劳动，并成为常态。比如清朝学者周凯所订立的《义学规则》中要求所有学生"各拭净自己几案，方读书；别有污秽，随时扫除""每日生徒之值日者，早至学，以水洒堂上，良久，以帚扫去尘埃，以巾拭供桌及师傅几案，务须洁净"[③]。

　　在科举制度下生活的古代学生，有着考取功名、光宗耀祖的压力，其假期生活远没有当代大学生丰富多彩。而对于一些家境不太好的古代学生来说，得赶紧趁着放"寒假"的时间来"勤工俭学"。例如在明代，一般九月开始，太学生们便急匆匆地往家里赶，备好冬衣后就立刻投入到"勤工俭学"中，书画好的学生便在街头摆个书画摊，文笔好的就在衙门口代写公文诉状，以此赚取下一学期的学费。[④]

① 杨松涛，徐洪，杨守国．大学生劳动教育 [M]．北京：首都师范大学出版社，2021：114–116.
② 李山．管子 [M]．北京：中华书局，2009：330.
③ 王飞．新时代"三类劳动教育"的系统化设计与综合实施 [J]．教育与教学研究，2022(4)：42–43.
④ 李德勇．古代学生的寒假 [J]．课外语文，2021(8)：86–87.

📖 **拓展阅读**

管子·弟子职[1]

先生施教，弟子是则，温恭自虚，所受是极。见善从之，闻义则服。温柔孝悌，毋骄恃力。志毋虚邪，行必正直。游居有常，必就有德。颜色整齐，中心必式。夙兴夜寐，衣带必饰；朝益暮习，小心翼翼。一此不解，是谓学则。

少者之事，夜寐早作，既拚盥漱，执事有恪。摄衣共盥，先生乃作。沃盥彻盥，泛拚正席，先生乃坐。出入恭敬，如见宾客。危坐乡师，颜色毋怍。

受业之纪，必由长始；一周则然，其余则否。始诵必作，其次则已。凡言与行，思中以为纪。古之将兴者，必由此始。后至就席，狭坐则起。若有宾客，弟子骏作。对客无让，应且遂行，趋进受命。所求虽不在，必以反命。反坐复业。若有所疑，奉手问之。师出皆起。

至于食时，先生将食，弟子馔馈。摄衽盥漱，跪坐而馈。置酱错食，陈膳毋悖。凡置彼食：鸟兽鱼鳖，必先菜羹。羹截中别，截在酱前，其设要方。饭是为卒，左酒右酱。告具而退，奉手而立。三饭二斗，左执虚豆，右执挟匕，周还而贰，唯嗛之视。同嗛以齿，周则有始，柄尺不跪，是谓贰纪。先生已食，弟子乃彻。趋走进漱，拚前敛祭。

先生有命，弟子乃食，以齿相要，坐必尽席。饭必奉擥，羹不以手。亦有据膝，毋有隐肘。既食乃饱，循咡覆手，振衽扫席。已食者作，抠衣而降。旋而乡席，各彻其馈，如于宾客。既彻并器，乃还而立。

凡拚之道：实水于盘，攘臂袂及肘，堂上则播洒，室中握手。执箕膺揲，厥中有帚。入户而立，其仪不忒。执帚下箕，倚于户侧。凡拚之纪，必由奥始。俯仰磬折，拚毋有彻。拚前而退，聚于户内。坐板排之，以叶适己，实帚于箕。先生若作，乃兴而辞。坐执而立，遂出弃之。既拚反立，是协是稽。暮食复礼。

昏将举火，执烛隅坐。错总之法，横于坐所。栉之远近，乃承厥火。居句如矩，蒸间容蒸。然者处下，奉椀以为绪。右手执烛，左手正栉。有堕代烛，交坐毋倍尊者。乃取厥栉，遂出是去。

先生将息，弟子皆起。敬奉枕席，问所何趾；俶衽则请，有常则否。

先生将要休息，弟子都起来服侍。恭敬地奉上枕席，问老师足向何处；第一次铺床要问清楚，以后即无需再提。

先生既息，各就其友。相切相磋，各长其仪。

周则复始，是谓弟子之纪。

[1] 李山.管子[M].北京：中华书局，2009：326-332.

二、校园生活劳动的内容

校园生活劳动作为劳动教育体系的一部分，是劳动教育对理论和实践的有机结合。大学生在学校学到的劳动教育知识后，首先就应当运用到校园劳动中。校园劳动的内容丰富多彩，大学生在学校里可以通过各种途径实现自己的劳动，他们可以在课堂上进行自己的劳动，发展劳动健身、劳动技能、劳动艺术等，还可以在课外展开自己的劳动，积极参加教室卫生劳动、寝室卫生劳动、校园内环境卫生劳动、勤工助学和社团活动。总体来说，大学生参加校园劳动可以分为课堂劳动和课外劳动两大板块。

（一）课堂劳动

课堂劳动的主要形式是劳动课。大学生可以在劳动课上参加劳动，提高自己的动手能力。学校劳动课程大致可以概括为劳动健身课程、劳动技能课程、劳动艺术课程和劳动实训课程。

劳动健身课程主要体现在体育课上，动起来的过程也是劳动的体现，大学生可以在课堂上参加跑步、跳高、跳远、跳绳等基础性的活动，增强弹跳力和耐力，是增强劳动体能的一种方式；还可以参加游泳、体操、各种球类活动等相对有技术含量的运动，可以多方面发展大学生的能力，比如协调能力、应变能力，大学生甚至可以根据这些运动挖掘自己的潜能。

劳动技能课程是对大学生技能的开发，大学生可以在课堂上学习到农业技术、工业技术的相关知识，并且能够通过实践来巩固所学的知识。通过农业、工业体验课的开展，大学生可以亲身体验种植农作物或其他花草植物、养殖家禽或鱼类等小动物、学习操作各种零件和仪器、维修小家电或日常用品等，提高技能与动手能力，为以后进入农场、工厂等主要从事技术类工作岗位打下坚实的基础。

劳动艺术课程能开发学生的艺术细胞，让大学生在劳动中感受到艺术的美、劳动的美。比如，大学生在课堂上可以利用纸张剪出漂亮的剪纸，可以利用生活废旧物制作出美丽的手工作品，可以展示自己的摄影技术及绘画功底，可以通过针线编织各式各样的毛衣、十字绣、首饰等，这些都是通过劳动创造出来的艺术，能让大学生在劳动中感受艺术、表达艺术及创造艺术。

劳动实训课程是大学生专业学习中的必备课程，很多专业都有实训课程的学习任务。劳动实训课程主要就是针对各自专业开展的实践课，比如会计专业的学生，他们除了日常的知识学习外，最重要的就是要学会做账，熟练的做账能力需要练习，因此，劳动实训课的开展就是为了巩固理论课的知识。此外，实训课中对机器设备的清洁与搬放也属于劳动的范畴。大学生参加这样的实训课程，既能提高专业知识，又能增强动手能力。

（二）课外劳动

课外劳动可以分为打扫卫生、勤工助学和社团活动。

打扫卫生包括教室卫生、寝室卫生和校园卫生。教室是大学生日常学习的环境，教室的卫生需要班上每一位学生打扫与维护，班级需要制定值日表，每天安排不同的学生进行打扫，共同营造干净整洁的学习环境。寝室是大学生日常生活的环境，大学生的大部分课余时间都是在寝室，寝室就是家，需要共同生活的室友一起维护。只有大家齐心协力，才能让寝室环境好、寝室文化好。校园卫生一般包括公共场所清洁、校园绿化、垃圾分类等。校园这个大环境，需要校园里的每一个人去维护，共同营造良好的校园环境。

勤工助学主要包括助研、助教、助管、助维、助卫等。高校普遍设立勤工助学岗位，让大学生在帮助老师处理日常事务的同时，学会热爱劳动、尊重劳动。学生进入实验室给老师当助手，在办公室帮助老师做日常管理工作，在校园里帮助老师维持秩序、检查卫生等，都可以培养大学生树立校园主人翁的意识，进而自觉自愿地参加校园劳动。

参加社团活动也是大学生参与校园生活劳动的重要形式。现在高校的社团组织很多，大学生可以加入生活部，协助学校管理好学生寝室卫生；加入学习部，督促学生按时参加教学活动；加入文体部，带领学生参加各种文体活动为校增光；加入新闻部，把校园内每天的新闻发布在校园网上让学生及时了解到学校的发展；加入监察部，检查校园违纪违规行为，杜绝不良风气。总之，参加社团活动，不仅能够丰富学生的课外活动，而且可以锻炼学生，增强劳动意识。①

三、校园生活劳动的意义

校园生活劳动是大学生参加的主要劳动，学校也是培养大学生树立正确劳动观的主要场所。习近平总书记在全国教育大会上对加强劳动教育做出重要部署："要在学生中弘扬劳动精神，教育引导学生崇尚劳动、尊重劳动，懂得劳动最光荣、劳动最崇高、劳动最伟大、劳动最美丽的道理，长大后能够辛勤劳动、诚实劳动、创造性劳动。"②校园肩负着加强大学生劳动教育的重要责任，大学生的劳动观是大学生对劳动的根本认知和态度，决定着大学生的劳动价值判断和选择，不仅直接影响大学生在各个阶段的学习，更关系到大学生优秀品德的养成。因此，大学生自觉参加校园生活劳动、接受校园劳动教育有着重要意义。

（一）养成优良的品德

勤于劳动是中华民族的优良传统。作为社会主义的接班人和建设者，大学生应该树

① 杨松涛，徐洪，杨守国.大学生劳动教育 [M].北京：首都师范大学出版社，2021: 116-118.
② 习近平.坚持中国特色社会主义教育发展道路 培养德智体美劳全面发展的社会主义建设者和接班人 [EB/OL].(2018-09-10)[2023-03-25]. http://jhsjk.people.cn/article/30284598.

立诚信劳动、辛勤劳动的理念，发扬劳动精神，发挥劳动楷模示范作用，养成热爱劳动、勤于劳动、尊重劳动、诚实劳动、爱惜劳动成果的优良品质。大学生从小就要树立起劳动最光荣、劳动最伟大、劳动最崇高的理念，在学校的教育下，培养自己正确的劳动观念，同时要把思想道德认识转化为实际行动，进而上升为信念，把热爱劳动、尊重劳动的信念深深根植于心中。大学生只有拥有了优良的品德，才能更好地融入社会，为社会主义建设做出自己应有的贡献。

（二）学习到更多知识

书本知识相对来说要固定和局限一些，大学生参加劳动，可以让理论联系实践，在实践劳动中去理解理论知识，升华理论知识，把知识学得更加透彻。空谈误国，实干兴邦，大学生只有脚踏实地参与劳动，才能将知识融会贯通。在校园劳动的过程中，大学生能学到很多课本上没有的知识，比如很多专业课程都配套有实训课程，课堂上老师讲的理论知识能明白，但在实际操作中由于各种因素不能一蹴而就，甚至还会出现课本上涉及不到的一些新问题。因此，只有通过劳动实践，大学生才能够学习到更多更广的知识，才能够掌握更加完备的技术。

（三）提高综合素质

习近平总书记指出，素质是立身之基，技能是立业之本。[1]大学生素质的提升，对成长成才之路影响重大，而校园生活劳动则能提高大学生的综合素质。大学生在学校，不仅要认真学习科学文化知识，还应该积极参加各种劳动以提高自己的综合素质。在校园劳动实践中，大学生可以培养自己的责任意识、岗位意识、纪律意识、团结合作意识、无私奉献意识，可以增强自信心和集体荣誉感，可以形成良好的品德和行为习惯，这些都有助于大学生综合素质的提高。综合素质是评判大学生全面发展的一个重要表现形式，大学生应积极参加各种校园劳动，以劳育德、以劳育智、以劳育体、以劳育美，让自己成为德智体美劳全面发展的社会主义建设者。

（四）培养艰苦奋斗的精神

中华民族自古以来都是勤于劳动、善于创造的民族，我们能拥有现在的美好生活，都是无数劳动者艰苦奋斗出来的。大学生在参加校园生活劳动中，可以亲身体会劳动的艰辛与不易，也更加能够理解先辈们为了我们现在的美好生活所付出的劳动努力，会更加爱护我们的家园，更加积极主动地参加劳动，为创造更美好的明天而艰苦奋斗。因此，大学生要积极参加校园劳动，体会劳动的不易，珍惜劳动成果，杜绝铺张浪费，同时要磨炼自己的耐力，学会在劳动中面对困难、挑战困难、战胜困难，发扬中华民族吃苦耐劳的品质，培养自己艰苦奋斗的精神。[2]

---

① 习近平. 在知识分子、劳动模范、青年代表座谈会上的讲话 [M]. 北京：人民出版社，2016: 8.
② 杨松涛，徐洪，杨守国. 大学生劳动教育 [M]. 北京：首都师范大学出版社，2021: 120-121.

📖 **拓展阅读**

开展劳动教育不是学校"需要"学生劳动[①]

学生在学校适当参加劳动，不应该理解为学校"需要"学生的劳动，而是学生接受学校教育的一部分。在衡量学生能力的"德智体美劳"五大指标中，学生的劳动技能、劳动素养不可或缺，劳育是教育的重要维度。

开展劳动教育，应着眼于培养学生在生活中的劳动技能。"劳动课"不是理论课，与其让教师在讲台上口若悬河，不如放手让学生亲手尝试。当然，教师也不能放手不管，要传授给学生有实践意义的劳动技能，告诉学生劳动技巧和安全防护知识。很多教师只让学生参加劳动，自己却"袖手旁观"，其教育效果显然不及亲力亲为的示范来得好。

开展劳动教育，有利于学生提高协作能力、沟通能力等综合素质，是未成年人社会化的重要方式。很多成年人都有这样的印象，定期轮换值日，或者隔段时间教室大扫除，不仅能维持学习环境的整洁，还能和同学亲密配合、互相协作，甚至可以因此发展终身的友谊。在劳动过程中，很多文化课学习不会出现的实际问题被暴露，学生通过自己处理和解决这些问题，实现社交能力的提升与人格素养的健全。

开展劳动教育，过程比结果更重要。学校让学生参加校园劳动，不能出于某种使用"免费劳动力"的心态，以劳动教育的名义压缩学校的运营成本。中小学生毕竟是未成年人，是受教育者，不宜让他们承担过于繁重、存在一定安全隐患的劳动任务。随着社会分工的日益细化，很多劳动要么可以由机器替代，要么更多地由专业人员处理，发动大量学生参加某些非常规劳动不仅费时费力，还平添了不必要的风险。

时代在变，技术在发展，劳动的内涵与表现也时刻变化。打个比方说，生活中洗衣机已经包揽了许多家庭的日常洗衣工作，学校与其让学生手洗衣服，还不如添置几台公共洗衣机。学校开展劳动教育，没有必要抱残守缺，社会也要对不同年代学生的成长特性予以理解。归根结底，劳动技能是服务于生活的，适应时代需求的劳动教育才有生命力。

生活需要劳动，劳动教育关系到一生的幸福生活。学生参加校园劳动是劳动教育的主要形式，对此，教育者可以有更大的作为，家长与社会也应当加深对劳动教育的理解，起到支持和鼓励的作用，而不是纠缠于"学生该不该为学校义务劳动"这一伪命题。

（注：选取时略有改动。）

[①] 王钟的.开展劳动教育　不是学校"需要"学生劳动[N].中国青年报，2020-01-08(2).

📖 **拓展阅读**

厨余垃圾变废为宝！桐乡凤鸣街道万户家庭动手做酵素[①]

垃圾分类过程中，如何处理好厨余垃圾一直是道难题，特别是夏季水果和蔬菜的消耗量增加，随之产生大量果皮、蔬菜皮。在桐乡市凤鸣街道，居民自发地将这些厨余垃圾收集起来，将其与糖、水按比例调配后，做成环保酵素，变废为宝，从源头上助力垃圾分类减量。

制作环保酵素难吗？"做酵素的话，只要买点红糖就行了，存放的瓶子是喝完纯净水的空瓶，家家户户都能做。"桐乡市凤鸣街道中心幼儿园园长李爱芳说，将红糖、果皮和自来水按1∶3∶10的比例，密封发酵3个月，等酵素表面出现一层菌膜后，发酵就成功了。不过需要注意的是，在制作的前一个月，需要每天给酵素放放气。

果皮变身环保酵素，一解幼儿园厨余垃圾的处理难题。如今，酵素培训基地每天处理幼儿园食堂内产生的新鲜蔬菜残叶、多余果皮等厨余垃圾约35斤[②]，真正实现厨余垃圾"零出园"。

制作出来的环保酵素，也派上了大用场。通过幼儿园老师和小朋友的巧手，这些环保酵素被制作成洗洁精、洗手液、洗衣液和肥皂等，用于幼儿园日常的清洗工作。李爱芳笑言，自从有了环保酵素，幼儿园的清洁用品完全可以自给自足。

在幼儿园试点成功的基础上，凤鸣街道通过"1+100+10000"的"酵素人家"模式，建起100个遍布街道各建制村、机关、企事业单位的"酵素人家"，并将环保酵素制作覆盖到了该街道1万户家庭。

如今在凤鸣街道，家家户户齐做环保酵素。"接触了环保酵素后，附近水果摊的果皮都被我们村包了，有时候还抢不到呢。"桐乡市凤鸣街道新农村村民陈笑梅说，现如今，她家的果皮、菜叶再也没有出过家门，家里的洗涤产品全是酵素做的，每年能省下数百元的开支。

"有了环保酵素后，直接带动街道每年40吨的厨余垃圾变废为宝，垃圾减量20%。对我们而言，每一滴酵素都是宝。"凤鸣街道党委书记沈国峰算了一笔账，如果这些垃圾按照传统模式清运处理，处理成本至少要10多万元，现在变成环保酵素，不但省了处理费用，还能成为日常的清洁用品。如今，环保酵素已被广泛运用到凤鸣街道的各个场所，还在小微水体水质改善中发挥功效。街道每年环保酵素制作量大约在5万升，让1.5万斤厨余垃圾变废为宝。接下来，凤鸣街道将探索环保酵素的产业化路径，进一步做大这一环保产业。

---

① 资料来源于浙江在线－嘉兴频道2019年8月23日，选取时略有改动。
② 1斤=500克。

在桐乡，制作环保酵素已经成为全民参与的新风尚。目前，桐乡已建成 3 个环保酵素培训基地、137 个"酵素人家"推广站和制作点，推广站和制作点每天处理厨余垃圾约 650 斤。今年以来，已累计处理厨余垃圾约 2.5 万斤，制作环保酵素 8.3 万升。

第三节 | 自觉锻炼劳动能力

社会发展到一定历史阶段，必然要向技能型社会迈进。技能型社会的建设旨在塑造劳动无上光荣、劳动技能得到普及和提升、科技创新日益发展、全社会劳动能力得到空前提升的活力社会。这就需要当代大学生自觉锻炼劳动能力，加强劳动技能训练，提升创造性劳动能力，以顺应劳动光荣、创造伟大的时代风尚，在新时代能够勇担大任，不负时代。正确认识劳动能力的内涵与特征是技能型社会建设背景下更好地提升人的劳动能力的前提。

一、劳动能力的内涵与特征

（一）劳动能力的内涵

所谓劳动能力，是指劳动者在掌握劳动技能、完成劳动目标的过程中所呈现出来的一种综合素养。马克思将劳动能力定义为"一个人的身体即活的人体中存在的、每当人生产某种使用价值时就运用的体力和智力的总和"。[①]通俗地说，劳动能力是劳动者使用生产工具对生产资料进行加工或提供某种服务以创造使用价值时所能运用的体力和脑力总和。劳动能力是在认识和使用劳动工具、熟悉劳动过程中，经过反复锻炼、摸索和总结，才得以形成和发展起来的。无论是日常生活劳动、生产劳动，还是社会服务性劳动皆是如此。

随着人类劳动的日益复杂化、劳动工具的日益智能化，劳动的内涵日益丰富，劳动能力也从早期的体力技能更多地转向今天的知识技能和智力技能。创造性劳动就是劳动者在掌握人类对自然规律最新认知的基础上，充分利用最新的技术手段，积极发挥创造性思维，进而改造世界的实践活动。创造性劳动能力就是劳动者能够熟练掌握最新劳动技能，在劳动过程中充分发挥主体性、独特性和创新性的素养，它的养成根植于劳动实践之中，它离不开创造性劳动本身。创造性劳动能力包括人与思想的结合、人与技术的糅合、人与大众的汇合等，集中体现在创造力上。创造力在结构要素上可细分为四个方面：一是创造者，涵盖创造主体及其行为、智力和态度；二是创造过程，指创造者获得实

---

① 马克思. 资本论：第一卷 [M]. 中共中央马克思恩格斯列宁斯大林著作编译局，译. 北京：人民出版社，2004: 195.

用、新颖产品的整个阶段；三是创造产物，包括新想法、新观点、新思维、新设计等；四是创造环境，亦称为创造氛围，主要指促进创造的力量，如人与人之间、人与环境之间互动并促使创造的情势。创造者、创造过程、创造产品和创造环境是一个统合体，而创造性劳动能力的培养是创造力发展的多元集成。[①]

（二）劳动能力的特征

通过对劳动能力内涵的研究，可以发现劳动能力具有可塑性、差异性、实践性、实用性、创造性等特征。

第一，劳动能力具有可塑性。劳动能力是需要预先储存于劳动者体内的能力，随着科技的快速发展，复杂劳动越来越普遍，劳动能力越来越需要进行长时间的学习、培训或者锻炼，不可即采即用。马克思在《资本论》中，把劳动能力的养成时间和损耗程度作为区分简单劳动和复杂劳动的重要标准。简单劳动不一定需要后天大量的教育和培训（但需人体经过自然成长和发育的过程），复杂劳动需要经历学习、训练和长期实践。劳动能力具有很强的可塑性，教育会生产劳动能力，表现在劳动教育的方方面面，渗透进劳动能力的所有特质：劳动者的劳动精神、工匠精神；健康体魄、意志品质；行业产业所需具备的平均技能水平；对生产资料的认识、对劳动工具的熟练掌握和运用；劳动过程所需要的评估、研判、决策和执行等。

第二，劳动能力具有差异性。由于劳动者个体身体素质、健康状况、受教育和培训时长、主观努力程度、智力禀赋、知识能力储备、生产实践经验和工作年限等方面的不同，劳动能力必然会存在一定差异。劳动能力的差异虽然由体力差异、智力差异或两者的组合所致，但是在各种差异中，智力与智力之间的差别将越来越大。而智力差异主要取决于三种因素：一是先天禀赋，二是受教育程度，三是个人努力程度。通常来说，先天禀赋的差异并不是造成人类劳动能力差别的根本原因，因此受教育程度和个人努力程度是至关重要的因素，劳动能力的塑造主要取决于受教育程度和个人努力程度。

第三，劳动能力具有实践性。劳动者要创造使用价值，必须进行生产或提供服务，因此劳动能力具有实践性特征。潜在的劳动能力最终能否有用或能用，必须在生产实践中进行检验或实现。在以往的学历型社会中，高分低能现象比较普遍，其本质就是劳动能力的实践性不足。劳动能力是潜在的能力，能否得到充分运用，往往取决于劳动时所能使用的劳动工具和生产资料等客观条件，只有具备一定的客观条件，经过实践的不断淬炼，才能转化为现实的劳动能力；现实的劳动能力也必须通过劳动实践才能转化为使用价值。中国古代非常重视耕读，强调读书人必须在实际的生活和生产中接受历练。当代大学生只有通过参加各种专业的或社会的劳动实践，才能发挥出"劳动助力技能落地，技能推动劳动升华"的双向互促效应，更好地在劳动实践中将知识和技能统一起来，最终实现技能成才和技能报国。

---

① 刘璇，张向前. 团队创造力研究理论评析 [J]. 科技进步与对策，2016(2): 155−160.

第四，劳动能力具有实用性。劳动能力以生产使用价值为导向。劳动是劳动者与自然之间进行物质变换的中间环节，而物质变换是否顺利，生理消耗是否最终有用，就需要依据它的使用价值进行判断。作为具体的有用劳动，会生产使用价值。生产的使用价值越多，则劳动能力越强。因此劳动者所学的知识技能一定要紧扣实用性，与生产实际相结合。知识不一定能转化为劳动能力，两者之间存在诸多环节和变量。理论知识如果不与实际生活和生产结合起来，不解决实际问题，就难以培养出胜任国内高端生产现实需要和当前国际竞争需要的新型高素质人才。

第五，劳动能力具有创造性。劳动本身就是创造的过程。人通过劳动把自然对象转化成为人类生活必需的产品，实现了自然的"人化"，创造了物质财富和精神财富。劳动者从创造性劳动中，可以获得三个方面的劳动能力，它们构成了创造性劳动能力的重要特征。第一，创造性劳动能力是一种自由劳动的能力，蕴含丰富的自主性和创造性因素。在创造性劳动的过程中，劳动者可以不断获取更为丰富的对于自然规律的认知，掌握更为前沿的改造自然世界的手段。个体技能越纯熟，就越能彰显其自主性，也越有可能发挥其创造性。第二，创造性劳动能力是一种相互协作的劳动能力。创造性劳动具有更强的社会属性，更强调人与人之间的协作。第三，创造性劳动能力是一种感知意义的劳动能力。创造性劳动以创新的活力和打破思维定式的勇气使劳动过程中的机械重复得以避免，使劳动者具有更强的自主性、创造性和对劳动活动的热情。

二、自觉锻炼劳动能力的必要性

劳动能力是所有劳动者都必须具备的能力，但是不同年龄、不同学历、不同岗位和不同工种群体所需的劳动能力又不尽相同。同时，当代大学生毕业之后所从事的劳动绝不是简单重复的机械劳动，而是带有强烈的创造性。创造性是一切劳动的本质，只有增强劳动能力的创造性，才能解开制约自身劳动技能发展的锁扣，推动技术不断升级迭代，成为推动创造创新的主要力量。

（一）自觉锻炼劳动能力是彰显大学生整体精神气质的需要

习近平总书记在庆祝中国共产主义青年团成立 100 周年大会上指出："千百年来，青春的力量，青春的涌动，青春的创造，始终是推动中华民族勇毅前行、屹立于世界民族之林的磅礴力量！"[①]大学生作为青年群体的代表，身上集中展现奋发有为的青春活力、不拘一格的创造能力、敢为天下先的精神风貌，也就是说，大学生群体的整体精神气质与创造性劳动的内在品质要求高度契合。与此同时，有意识地引导规范大学生群体的创造能力也是必要的，这是因为大学生群体具有极强的自由活力和不循常规的创造活力，只有通过对大学生创造性劳动能力的培养，这种闯劲和活力才能被引导到正确的轨

---

① 习近平. 在庆祝中国共产主义青年团成立 100 周年大会上的讲话 [EB/OL]. (2022-05-10)[2023-03-25]. http://jhsjk.people.cn/article/32418962.

道上来，种种不拘一格的想法才能在劳动实践中不断获得规范。

（二）自觉锻炼劳动能力是大学生展开创造性劳动实践的需要

创造性劳动最终是指向实践的，需要通过具有创造潜质的劳动者实现。大学生作为最具有创造性能力的群体，其创造性劳动能力的养成，是一个丰富而生动的实践叙事。在这个过程中，大学生会遭遇种种实践难题，并通过种种方式来解决这些难题，从而不断获取新的劳动技能、开拓新的劳动思路。每个大学生个体都会在实践中形成真实而生动的成长故事，这些鲜活的案例会反过来丰富创造性劳动概念本身，拓展我们关于创造性劳动的理论视域。

（三）自觉锻炼劳动能力是不断发掘创造特质、激活其主动创造活力的需要

不能将大学生自由创造的潜力和活力局限于"被发现"，而是需要使大学生在接受教育的过程中不断确立起规范和边界，实现对自由创造力的"扬弃"。然而，现实中大学生创造性劳动能力的培养存在很多问题，例如规范性的价值引导不够充分、让大学生充分展示创造性能力的平台不够广阔、大学生创造性劳动成果的社会回馈机制不够健全等，这不仅需要全社会的努力，更需要大学生自觉锻炼劳动能力。大学生创造性劳动能力的培养既是有创造能力的大学生不断被培育的过程，也是大学生个体自由全面发展的过程。

三、自觉锻炼劳动能力的意义

当代大学生接受劳动教育，不仅是响应劳动光荣、创造伟大的时代风尚，也是引领学历型社会向技能型社会转变的战略安排，更是直面大国竞争、掌握产业升级主动权、推动国家经济社会转型的有力举措。大学生积极参与劳动，自觉锻炼劳动能力对于自身的成长与发展也具有重要意义。

（一）有助于夯实理论和解放思想

创新行为、创造行动源于思想解放，解放思想是创造性劳动的前提。培养创造性劳动能力，首先要培养创造者的自主性和责任感。斯滕伯格的创造力内隐理论认为，开放的思想是创造力的重要表征。大学生自觉锻炼劳动能力，增强自主性和责任感，不仅能够使得理论得以夯实，将劳动观念、劳动意识等已有知识结构与课外实践活动相结合，而且可以进一步解放思想，加深与外界的互动，达到构建新的认知结构的目的。

（二）有助于增强实践能力

数字时代的发展使得熟练运用数字工具成为决胜未来劳动力市场的基本技能。具有创造性劳动能力的大学生，能够利用数字工具让自己从知识的被动接受者转变为真实世界的创造者，能够在数字化劳动过程中运用先进的技术工具进行创造性劳动。大学生自

觉锻炼劳动能力，不断在解决现实问题的过程中调和冲突及创造新价值，在一定程度上是对其未来实践能力的塑造。

（三）有助于提升审美能力

审美能力是创造性劳动能力的核心要素之一，因而要提高大学生感受美、发现美、创造美的能力。大学生自觉锻炼劳动能力，坚持正确的劳动观念，不仅使劳动本身拥有鲜明的美学意义，实现个体劳动价值的呈现过程到审美过程的转变，而且可以更好地感受劳动的审美意蕴、审美理念、审美思想。大学生在自觉的劳动实践中，合理选择劳动环境，合理设计劳动活动的难度及参与方式等，可以将审美理念与审美实践真正融合。

（四）有助于实现人生价值

劳动能力最终指向创造产品与应用，最终体现的是一种服务社会的能力。大学生自觉锻炼劳动能力，尤其是创造性劳动能力，可以将对自己有用的劳动成果转换成对社会大众有益的公共成果。在我国社会发展的各个历史时期，培养学生的劳动技能、劳动态度及为社会服务一直都是我国劳动教育目标必不可少的构成要素，也是符合时代发展的现实需求。具备创造性劳动能力的人，往往也具备合作精神，他们无惧新环境的考验且能不断地与他人协作，在"无为事役，不为物惑"的超越性思想中体验劳动的快乐和幸福，进而实现劳动目的与劳动手段、个人价值与社会价值的统一。

? 思考题

1.基于我国传统节日习俗，谈一谈其中蕴含的劳动课程要素。

2.在家庭的日常清洁中会使用各种清洁剂，谈谈这些清洁方法蕴含了哪些科学知识。这说明了什么？

3.对于大学校园内的各种生活劳动，谈谈你的看法及更好的建议。

✓ 劳动实践

家庭烹饪"大比武"：选择合适食材进行烹饪并上传网络，投票选出"厨王"。

第六章 大学生生产劳动

生产力是一切社会变革的物质基础和根本动力，是生产关系形成的前提，对生产关系起着决定性作用。当代大学生只有亲身参与生产劳动，才能更好地传承传统的工匠精神，践行新时代工匠精神。

第一节 生产劳动概述

劳动行为不仅是过往历史和现今社会的创造者，还是未来社会的开拓源。未来社会最典型的特征就是其变化性，而变化的根源在于科技的不断渗透与应用。技术、知识、信息等因素日益融入生产劳动中，持续改变着传统生产劳动的样态。面对日新月异、变化万千的生产劳动新形态，只有结合时代和社会变化的新要求，才能科学拓展劳动的应用范畴和方式，并积极创造劳动的新形式。

一、生产劳动的产业分类

我国的产业结构可以分为第一产业、第二产业和第三产业。按照《国民经济行业分类》（2019 年修订），可以进一步分为 20 个门类、97 个大类、473 个中类和 1300 多个小类。

第一产业包括农、林、牧、渔业。这些门类之下，分为农业（指对各种农作物的种植），林业，畜牧业（指为了获得各种畜禽产品而从事的动物饲养、捕捉活动），渔业，农、林、牧、渔专业及辅助性活动等 5 个大类，在 5 个大类之下又细分为 24 个中类和若干小类。

第二产业包括采矿业、制造业、电力热力燃气及水生产和供应业、建筑业 4 个门类。每个门类下再分为若干大类。比如制造业门类，包括农副食品加工业，食品制造业，酒、饮料和精制茶制造业，烟草制品业，纺织业、纺织服装、服饰业，皮革、毛皮、羽毛及其制品和制鞋业，木材加工和木、竹、藤、棕、草制品业，家具制造业，造纸和纸制品业，印刷和记录媒介复制业，文教、工美、体育和娱乐用品制造业，石油、煤炭及其他燃料加工业，化学原料和化学制品制造业，医药制造业，化学纤维制造业，橡胶和塑料制品业，非金属矿物制品业，黑色金属冶炼和压延加工业，有色金属冶炼和压延加工业，金属制品业，通用设备制造业，专用设备制造业，汽车制造业，铁路、船舶、航空航天和其他运输设备制造业，电气机械和器材制造业，计算机、通信和其他电子设备制造业，仪器仪表制造业，其他制造业，废弃资源综合利用业，金属制品、机械和设备修理业等30个大类，而30个大类之下再细分为若干个中类，每个种类之下又细分为若干个小类。以制造业门类下的农副食品加工业大类为例，其下细分为谷物磨制，饲料加工，植物油加工，制糖业，屠宰及肉类加工，水产品加工，蔬菜、菌类、水果和坚果加工，其他农副食品加工等8个中类，在这8个中类之下还有24个小类。

第三产业主要包括批发和零售业，交通运输、仓储和邮政业，住宿和餐饮业，信息传输、软件和信息技术服务业，金融业，房地产业，租赁和商务服务业，科学研究和技术服务业，水利、环境和公共设施管理业，居民服务、修理和其他服务业，教育，卫生和社会工作，文化、体育和娱乐业，公共管理、社会保障和社会组织，国际组织等门类，是拥有门类最多的产业。

我国也曾经将工业分为重工业和轻工业。重工业主要是指为国民经济各部门提供物质技术基础和主要生产资料的工业，也即生产"用于生产的产品"的工业。轻工业主要是指提供生活消费品和制作手工工具的工业，也即生产"用于消费的产品"的工业。

二、我国产业发展状况[①]

（一）我国工业生产发展状况

"十三五"时期我国工业发展取得历史性成就，主要表现在5个方面。

一是综合实力再上台阶。2016—2019年，我国全部工业增加值由24.54万亿元增至31.71万亿元，年均增长5.9%，远高于同期世界工业2.9%的年均增速。2019年我国制造业增加值占全球比重达28.1%，比2015年提高1.8个百分点，连续10年保持世界第一制造大国地位。目前，我国是全世界唯一拥有联合国产业分类中全部41个工业大类、207个工业中类、666个工业小类的国家。2020年1—9月，规模以上工业增加值同比增长1.2%，其中三季度增长5.8%，呈逐季回升态势。

二是创新能力显著提高。2019年，我国规模以上工业企业研发投入强度达1.32%，比2015年提高0.42个百分点。初步形成了17家国家制造业创新中心为核心，100余家省级制造业创新中心为补充的制造业创新网络。2020年我国在世界知识产权组织"全球创新指数"排名第十四位，比2015年上升15位。

三是产业结构持续优化。钢铁行业提前两年完成"十三五"去产能1.5亿吨目标。智能制造示范应用加快，截至2020年6月，制造业重点领域企业数字化研发设计工具普及率、关键工序数控化率分别为71.5%、51.1%，高于2015年14.8个、3.8个百分

---

① 该部分的相关数据来源于：中共中央关于制定国民经济和社会发展第十四个五年规划和二〇三五年远景目标的建议[EB/OL].(2020-11-03)[2023-03-25]. http://www.gov.cn/zhengce/2020-11/03/content_5556991.htm.

点。高技术制造业、装备制造业增加值占规模以上工业增加值的比重分别达到 14.4%、32.5%，分别比 2015 年提高 2.6 个、0.7 个百分点，成为带动制造业发展的主要力量。

四是优质企业加快壮大。龙头企业全球竞争力持续增强，在信息通信、轨道交通、新能源汽车等领域涌现出一批创新能力强、具有国际竞争力的领军企业。2020 年《财富》世界 500 强企业中，我国上榜制造业公司数量达到 38 家，居世界首位。2020 年全球最具价值品牌 500 强中，制造业品牌 18 个上榜。《福布斯》发布的 2019 全球数字经济百强企业榜单中，我国有 14 家企业上榜。

五是开放水平不断提升。一般制造业有序放开，汽车、船舶、飞机相关领域正逐步取消股比限制，高铁、核电、卫星等成体系走出国门。2019 年，我国工业产品出口覆盖近 200 个国家和地区，出口额分别占我国总出口和全球需求金额的 71%、21%，在全球产业链供应链中居于关键位置。截至 2022 年 12 月初，我国已与 150 个国家、32 个国际组织签署 200 多份"一带一路"合作文件。

根据《中共中央关于制定国民经济和社会发展第十四个五年规划和二〇三五年远景目标的建议》，对加快工业发展，尤其是加快发展现代产业体系、推动经济体系优化升级作出工作部署，主要有：

提升产业链供应链现代化水平。锻造产业链供应链长板，立足我国产业规模优势、配套优势和部分领域先发优势，打造新兴产业链，推动传统产业高端化、智能化、绿色化，发展服务型制造。补齐产业链供应链短板，实施产业基础再造工程，加大重要产品和关键核心技术攻关力度，发展先进适用技术，推动产业链供应链多元化。

发展战略性新兴产业。加快壮大新一代信息技术、生物技术、新能源、新材料、高端装备、新能源汽车、绿色环保以及航空航天、海洋装备等产业。推动互联网、大数据、人工智能等同各产业深度融合，推动先进制造业集群发展，构建一批各具特色、优势互补、结构合理的战略性新兴产业增长引擎，培育新技术、新产品、新业态、新模式。

加快发展现代服务业。推动生产性服务业向专业化和价值链高端延伸，推动各类市场主体参与服务供给，加快发展研发设计、现代物流、法律服务等服务业，推动现代服务业同先进制造业、现代农业深度融合，加快推进服务业数字化。推动生活性服务业向高品质和多样化升级，加快发展健康、养老、育幼、文化、旅游、体育、家政、物业等服务业，加强公益性、基础性服务业供给。推进服务业标准化、品牌化建设。

统筹推进基础设施建设。构建系统完备、高效实用、智能绿色、安全可靠的现代化基础设施体系。系统布局新型基础设施，加快第五代移动通信、工业互联网、大数据中心等建设。加快建设交通强国，完善综合运输大通道、综合交通枢纽和物流网络，加快城市群和都市圈轨道交通网络化，提高农村和边境地区交通通达深度。

加快数字化发展。发展数字经济，推进数字产业化和产业数字化，推动数字经济和实体经济深度融合，打造具有国际竞争力的数字产业集群。加强数字社会、数字政府建设，提升公共服务、社会治理等数字化智能化水平。建立数据资源产权、交易流通、跨境传输和安全保护等基础制度和标准规范，推动数据资源开发利用。

专家解读
《乡村建设行
动实施方案》

（二）我国农业生产发展状况

"十三五"时期农业农村发展取得历史性成就、历史性变革，主要表现在6个方面。

第一，粮食生产实现连年丰收。2019年，全国粮食总产量达13277亿斤，创历史新高，人均粮食占有量稳定在470千克以上，远高于国际公认的400千克粮食安全线，水稻、小麦自给率保持在100%以上，玉米自给率超过95%，肉蛋奶、果菜茶品种丰富、供应充裕。

第二，坚持"藏粮于地、藏粮于技"战略。完成8亿亩[①]旱涝保收、高产稳产的高标准农田建设任务，划定10.88亿亩粮食生产功能区和重要农产品生产保护区。

第三，农业现代化建设迈上新台阶。农业科技进步贡献率突破60%，农业机械化全程全面发展，已建成453个主要农作物生产全程机械化示范县，农作物耕种收机械化率超过70%。

第四，农民生活水平大幅提升。农民人均可支配收入2019年突破1.6万元，提前一年实现翻番目标，增速连续10年高于城镇居民，脱贫攻坚取得决定性成就，产业扶贫政策覆盖了98%的贫困户。

第五，农业基础设施建设明显改善。中央持续加大农业基础设施建设投入，中央部署实施了一大批重大建设项目，带动整个社会第一产业固定资产投资明显增加。2016年至2020年9月，第一产业固定资产投资累计达到8.64万亿元，是"十二五"时期的1.66倍。

第六，农村改革持续深化。2亿多农户领到土地承包经营权证，"三权分置"取得重大进展，第二轮土地承包到期后再延长30年，新一轮农村宅基地改革试点启动实施，农村集体资产清产核资基本完成，6亿多人集体成员身份得到确认，农村改革"四梁八柱"基本构建。

根据《中共中央关于制定国民经济和社会发展第十四个五年规划和二〇三五年远景目标的建议》，对加快农业发展，尤其是加快农业农村现代化作出工作部署，主要有：

提高农业质量效益和竞争力。强化绿色导向、标准引领和质量安全监管，建设农业现代化示范区。推动农业供给侧结构性改革，优化农业生产结构和区域布局，加强粮食生产功能区、重要农产品生产保护区和特色农产品优势区建设，推进优质粮食工程。完善粮食主产区利益补偿机制。保障粮、棉、油、糖、肉等重要农产品供给安全，提升收储调控能力。开展粮食节约行动。发展县域经济，推动农村一二三产业融合发展，丰富乡村经济业态，拓展农民增收空间。

---

① 1亩≈666.67平方米。

实施乡村建设行动。强化县城综合服务能力，把乡镇建成服务农民的区域中心。统筹县域城镇和村庄规划建设，保护传统村落和乡村风貌。完善乡村水、电、路、气、通信、广播电视、物流等基础设施，提升农房建设质量。因地制宜推进农村改厕、生活垃圾处理和污水治理，实施河湖水系综合整治，改善农村人居环境。

深化农村改革。落实第二轮土地承包到期后再延长30年政策，加快培育农民合作社、家庭农场等新型农业经营主体，健全农业专业化社会化服务体系，发展多种形式适度规模经营，实现小农户和现代农业有机衔接。健全城乡统一的建设用地市场，积极探索实施农村集体经营性建设用地入市制度。建立土地征收公共利益用地认定机制，缩小土地征收范围。探索宅基地所有权、资格权、使用权分置实现形式。

实现巩固拓展脱贫攻坚成果同乡村振兴有效衔接。建立农村低收入人口和欠发达地区帮扶机制，保持财政投入力度总体稳定，接续推进脱贫地区发展。健全防止返贫监测和帮扶机制，做好易地扶贫搬迁后续帮扶工作，加强扶贫项目资金资产管理和监督，推动特色产业可持续发展。健全农村社会保障和救助制度。

（三）我国服务业发展状况

"十三五"以来，我国推出了一系列改革举措，培育和促进服务业发展壮大，建立健全跨境服务贸易负面清单管理制度，继续放宽服务业市场准入，服务业实现快速发展，主要表现在4个方面。

第一，服务业增加值保持快速增长，占比持续上升。2015—2019年，我国服务业增加值从349744.7亿元增长到534233.1亿元，占GDP的比重从50.8%增长到53.9%，增加了3.1个百分点，表明我国产业结构正在进一步优化。服务业的快速增长，也推动了我国服务业国际地位的上升。自2013年开始，我国就成为了全球第二大服务业国家，规模仅次于美国。"十三五"时期，我国服务业与美国的差距也有所缩小。2015年我国服务业增加值相当于美国的40.1%。到2019年，该比重上升至44.6%。从增长速度来看，自2015年以来，服务业一直是三大产业中增长速度最快的，2015—2019年的平均增长速度高于同期GDP增速及同期第二产业增速。服务业成为拉动经济增长的绝对主力，2015—2019年，服务业对GDP增长的贡献率一直保持在60%左右。

第二，服务业成为吸纳就业的绝对主力，劳动生产率持续提升。2015—2019年，我国服务业就业人数占比从42.4%上升到47.4%。服务业对就业的吸纳能力具有极其重要的意义。在此期间，第一产业就业人口仍在加快转移。在第二产业领域，出于提升效率的追求，就业人数持续减少。服务业作为三大部门中唯一就业人数保持正增长的产业，吸纳了第一产业和第二产业转移出来的劳动力，从而确保了就业的稳定。

第三，人均服务增加值上升，服务消费持续增加。服务业的快速发展，使人均服务资源占有量快速增加，推动服务消费快速增长。人均服务业增加值从25181元增加到38158元，名义增长了50%以上。随着服务业商业模式创新带动供给效率的提升，居民支出中，教育文化娱乐、医疗保健、旅游、餐饮等方面的支出快速增长，使服务消费开始占据主流。2015—2019 年，人均服务消费支出从 6442 元增加到 9896 元，增长了 54%。而同期我国居民人均消费支出从 15712 元增长到 21559 元，仅增长 37%。服务消费增量占全部消费增量的比重达到 59%，说明服务消费对稳消费起到了关键性作用。同时，服务消费的增加，表明我国居民消费正在升级，服务业发展正朝着更优的结构发展。

第四，服务业结构持续优化，现代服务业占比上升。服务业内部结构向高级化方向发展，主要表现在以批发零售、交通运输、仓储为代表的传统服务业比重持续下降、现代服务业占比上升。2015—2019 年，我国服务业内部构成中，信息传输、软件和信息技术服务业、租赁和商务服务业、科学研究和技术服务业、公共管理、社会保障和社会组织等快速上升，表明服务业结构在持续优化。[①]

为促进服务业繁荣发展，我国将在"十四五"聚焦产业转型升级和居民消费升级需要，扩大服务业有效供给，提高服务效率和服务品质，构建优质高效、结构优化、竞争力强的服务产业新体系。

第一，推动生产性服务业融合化发展。以服务制造业高质量发展为导向，推动生产性服务业向专业化和价值链高端延伸。聚焦提高产业创新力，加快发展研发设计、工业设计、商务咨询、检验检测认证等服务。聚焦提高要素配置效率，推动供应链金融、信息数据、人力资源等服务创新发展。聚焦增强全产业链优势，提高现代物流、采购分销、生产控制、运营管理、售后服务等发展水平。推动现代服务业与先进制造业、现代农业深度融合，深化业务关联、链条延伸、技术渗透，支持智能制造系统解决方案、流程再造等新型专业化服务机构发展。培育具有国际竞争力的服务企业。

第二，加快生活性服务业品质化发展。以提升便利度和改善服务体验为导向，推动生活性服务业向高品质和多样化升级。加快发展健康、养老、托育、文化、旅游、体育、物业等服务业，加强公益性、基础性服务业供给，扩大覆盖全生命期的各类服务供给。持续推动家政服务业提质扩容，与智慧社区、养老托育等融合发展。鼓励商贸流通业态与模式创新，推进数字化智能化改造和跨界融合，线上线下全渠道满足消费需求。加快完善养老、家政等服务标准，健全生活性服务业认证认可制度，推动生活性服务业诚信化职业化发展。

第三，深化服务领域改革开放。扩大服务业对内对外开放，进一步放宽市场准入，全面清理不合理的限制条件，鼓励社会力量扩大多元化多层次服务供给。完善支持服务业发展的政策体系，创新适应服务新业态新模式和产业融合发展需要的土地、财税、金融、价格等政策。健全服务质量标准体系，强化标准贯彻执行和推广。加快制定重点服务领域监管目录、流程和标准，构建高效协同的服务业监管体系。完善服务领域人才职称评定制度，鼓励从业人员参加职业技能培训和鉴定。深入推进服务业综合改革试点和

[①] 李勇坚. "十三五"我国服务业成就、经验与"十四五"发展趋势 [EB/OL]. (2021-01-15)[2023-03-25]. http://www.rmlt.com. cn/2021/0115/605198.shtml.

扩大开放。[①]

第二节 | 大学生生产劳动

生产劳动所提供的物质基础是日常生活劳动和服务性劳动的载体及手段，因此，相较于日常生活劳动教育和服务性劳动教育，生产劳动教育更具基础性，大学生在生产劳动教育中也更能直观地感受和深入地理解劳动创造物质财富的历程。在物质生产各环节中，大学生除了遵循基本的操作规程和物质属性外，还需要充分调动主观能动性和创造性，并最终凝结于所生产的产品中。积极参与生产劳动，既有助于大学生理解劳动的体脑结合本性、感悟劳动者之伟大、懂得珍惜劳动产品的意义，也有助于提升大学生对劳动创造人进而创造人类社会的理解。[②]

一、大学生生产劳动的主要形式

（一）专业实训

专业实训是围绕课程内容，并结合专业技术能力而组织的综合实训活动。专业实训以"全面提高学生的职业素质，最终达到学生满意就业、企业满意用人"为目标。随着高等教育的不断推进和发展，教育实训化的方式和手段也在不断推陈出新。企业真正需要的是复合型人才，这就要求学生保持足够专业性的同时还要对企业整体业务流程有一定认知，并且能在两者的基础上做出适当调整应变，跨专业综合实训项目针对现实需求应运而生。

（二）专业见习

专业见习是大学生在进行专业实习前，通过学校组织或经学校同意后自主联系等方式，到相关单位进行一段时间观摩学习以熟悉工作纪律、了解工作流程和规范，为实习教育奠定基础的教育教学安排。专业见习的作用主要有提升专业自豪感和归属感、巩固理论知识和实践技能、提高综合能力、推进教学改革、提升教学质量等。

（三）顶岗实习

大学生在完成规定课程后，在写毕业论文之前会进入企业进行综合性专业实习。高校中的一些应用性专业学生的专业实习往往以顶岗实习的形式开展。顶岗实习是学生能够在实际岗位上独立工作，并且能够初步完成该岗位的生产任务的实习，是大学生在完成学校学习之后，到校外企事业单位的相关专业岗位上直接参与生产的一种实践教学形式。顶岗实习要求学生具备独立工作的能力，能够独当一面，这对大学生来说具有很大

---

① 中共中央关于制定国民经济和社会发展第十四个五年规划和二〇三五年远景目标的建议 [EB/OL]. (2020-11-03)[2023-03-25]. http://www.gov.cn/zhengce/2020-11/03/content_5556991.htm.
② 王飞. 新时代"三类劳动教育"的系统化设计与综合实施 [J]. 教育与教学研究，2022(4): 44.

的挑战性。大学生进入岗位劳动，是干不是看，既增长了知识、培养了才干，也锻炼了实际操作和动手能力，同时在岗位和项目中也做出了贡献。顶岗实习有利于提高学生职业技能与职业素养，实现从做中学、从学中做，使学生毕业后能够做到就业与社会的有效衔接，实现校企双赢。

拓展阅读

教育部关于加强和规范普通本科高校实习管理工作的意见

教高函〔2019〕12号

各省、自治区、直辖市教育厅（教委），新疆生产建设兵团教育局，有关部门（单位）教育司（局），部属各高等学校、部省合建各高等学校：

加强大学生实践能力、创新精神和社会责任感的培养，是提高高等教育人才培养质量的重要内容。实习是高校实践教学的重要环节之一。近年来，在高校和政府机关、企事业单位和社会团体等用人单位共同努力下，产学研融合不断深入，大学生实习工作稳定开展、质量稳步提高。同时，部分高校对实习不够重视、实习经费投入不足、实习基地建设不规范、实习组织管理不到位等现象仍然存在，在一定程度上影响了人才培养质量整体提升。为进一步提高实习质量，切实维护学生、学校和实习单位的合法权益，现就加强和规范普通本科高校实习管理工作提出以下意见。

一、充分认识实习的意义和要求

1.充分认识实习的意义。实习是人才培养的重要组成部分，是深化课堂教学的重要环节，是学生了解社会、接触生产实际，获取、掌握生产现场相关知识的重要途径，在培养学生实践能力、创新精神，树立事业心、责任感等方面有着重要作用。

2.准确把握新时代实习的要求。当前，新一轮科技革命和产业革命奔腾而至，正在迅速改变着生产模式和生活模式。以数字化、网络化、智能化、绿色化为代表的新型生产方式，对产业运营、人力资源组织管理提出了新的要求。高校必须坚持以本为本、落实四个回归，积极应变、主动求变，把实习摆在更加重要的位置，加强实习教学改革与研究，健全实习教学体系、规范实习安排、加强条件保障和组织管理，切实加强和规范实习工作，确保人才培养质量不断提升。

二、规范实习教学安排

3.加强实习教学体系建设。高校要根据《普通高等学校本科专业类教学质量国家标准》和相关政策对实践教学的基本要求，结合专业特点和人才培养目标，系统设计实习教学体系，制定实习大纲，健全实习质量标准，科学安排实习内容。鼓励根据实习单位实际工作需求凝练实习项目，开展研究性实习，推动多专业知识能力交叉融合。

4.合理安排实习组织形式。高校要根据专业特点和实习内容，确定实习的组织形式。各类实习原则上由学校统一组织，开展集中实习。根据专业特点，毕业实习、顶岗实习可以允许学生自行选择单位分散实习。对分散实习的学生，要严格实习基地条件、实习内容的审核，加强实习过程指导和管理，确保实习质量。

5.科学制订实习方案。高校要根据实习内容，按照就地就近、相对稳定、节省经费的原则，选择专业对口、设施完备、技术先进、管理规范、符合安全生产等法律法规要求的单位进行实习。要打破理论教学固化安排，根据单位生产实际和接收能力，错峰灵活安排实习时间，合理确定实习流程。

6.选好配强实习指导教师。高校和实习单位应当分别选派经验丰富、业务素质好、责任心强、安全防范意识高的教师和技术人员全程管理、指导学生实习。对自行选择单位分散实习的学生，也要安排校内教师跟踪指导。高校要根据实习教学指导和管理需要，合理确定校内指导教师与实习学生的比例。

三、加强实习组织管理

7.抓好实习的组织实施。高校应当会同实习单位共同制订实习计划，明确实习目标、任务、考核标准等，共同组织实施学生实习。实习指导教师要做好实习学生的培训，现场跟踪指导学生实习工作，检查学生实习情况，及时处理实习中出现的问题，做好实习考核。严禁委托中介机构或者个人代为组织和管理学生实习工作。

8.明晰各方的权利义务。高校在确定实习单位前须进行实地考察评估，确定满足实习条件后，应与实习单位签订合作协议，明确双方的权利、义务以及管理责任。未按规定签订合作协议的，不得安排学生实习。

9.加强学生教育管理。高校要做好学生的安全和纪律教育及日常管理。实习单位要做好学生的安全生产、职业道德教育。学生应当尊重实习指导教师和现场技术人员，遵守学校和实习单位的规章制度和劳动纪律，保守实习单位秘密，服从现场教育管理。

10.做好学生权益保障。高校和实习企业要为学生提供必要的条件及安全健康的环境，不得安排学生到娱乐性场所实习，不得违规向学生收取费用，不得扣押学生财物和证件。实习前，高校应当为学生购买实习责任险或人身伤害意外险。

11.加强跟岗、顶岗实习管理。跟岗、顶岗实习是培养应用型人才必不可少的实践环节，各高校要科学组织，依法实施。严格学校、实习单位、学生三方实习协议的签订，明确各自的权利义务和责任。严格遵守工作时间和休息休假的规定，除临床医学等相关专业及实习岗位有特殊要求外，每天工作时间不得超过8小时、每周工作时间不得超过44小时，不得安排加班和夜班。要保障顶岗实习学生获得合理报酬的权益，劳动报酬原则上不低于相同岗位试用期工资标准的80%。要保障未成年人的合法权益，不得安排未满 16 周岁的学生顶岗实习。

四、强化实习组织保障

12.健全工作责任体系。高校是实习管理的主体，学校党政主要负责人是第一责任人，要负责建立实习运行保障体系。教务部门是实习管理的责任部门，要组织开展实习教学改革与研究，建立健全实习管理制度，明确相关部门工作职责和工作流程，做好实习工作的检查督导。各教学单位要会同实习单位落实管理责任，加强实习组织管理，做好安全及其他突发事件的风险处置。

13.加强实习基地建设。高校要不断深化产教融合，大力推动实习基地建设，鼓励建设满足多专业实习需求的综合性、开放共享型实习基地。要加强实习基地质量建设，充分发挥国家级工程实践教育中心等高水平实习基地的示范引领作用，以国家级、省级一流专业建设带动一流实习基地建设。要结合实习基地条件和实习效果，对实习基地进行动态调整。

14.推进实习信息化建设。支持有条件的省级教育行政部门和高校加强实习信息化建设，建立实习信息化管理平台，实现校企双方的实习需求信息对接，加强实习全过程管理。支持高校加强现代信息技术、虚拟仿真技术在实习中的应用，鼓励开发相应的虚拟仿真项目替代因生产技术、工艺流程等因素限制无法开展的现场实习。

15.加大实习经费投入。高校要加大实习经费投入，确保实习基本需求。要积极争取实习单位支持，降低实习成本，确保实习质量。

16.加强实习工作监管。省级教育行政部门要加强对高校实习工作的监管，重点监督高校本科生培养方案中实习环节设置是否科学合理、实习组织管理是否规范、学生安全和正当权益是否得到保障、实习经费是否充足、实习效果是否达到预定目标等。对实习工作扎实、实习教学改革与研究成效显著的高校予以表彰。对实习过程中存在的违规行为及时查处，对监管不力、问题频发、社会反响强烈的学校和地方，要约谈相关负责人，督促其落实主体责任，并在一定范围内进行通报批评。

教育部

2019 年 7 月 10 日

（四）自主实习

自主实习是学生在学校统一安排的专业实习之外，通过自己主动的努力找到的实习。学生可以根据自己的就业意向选择自己喜欢的行业和岗位进行实习，除了具体的工作岗位还可以选择自己喜欢的地域，能够充分照顾到学生的个人意志。自主实习与学生的个人职业规划和职业发展相关，是明确职业选择的尝试，可以进行职业探索、积累工作经验，并寻求毕业留用的机会。随着科技发展与市场竞争的推进，现代社会的劳动分工也越来越专业化和精细化，每个不同的岗位都发展出一套与之相适应的工作方法和技能，这对于未曾受过相关培训、未曾从事过相关岗位工作的劳动者而言构成了一种壁垒，而这种职业分化就构成了劳动力市场的职业分割。大学生通过自主实习，可以获得相关岗位的工作经验，这是突破职业分化壁垒的有效途径。

二、大学生生产劳动的主要内容

（一）劳动工具的上手

马克思说："人的劳动能力的发展特别表现在劳动资料或者说生产工具的发展上。"[①] 马克思以实践的观点看待劳动工具，把劳动工具的发展同人类社会的劳动活动这种基本实践活动的发展，以及作为劳动活动主体的劳动者的发展，乃至整个人类社会历史的发展联系起来，从根本上阐明了劳动工具的本质及其在人类社会历史发展中的地位和作用。因而，劳动工具在一定程度上是表征人类生产能力进步水平的客观尺度，是人类劳动力发展的测量器，也是劳动借以进行的社会关系的指示器。[②]

发明和制造劳动工具是人类社会发展与进步的标志。从农业社会到工业社会，人类创造、发明了许许多多生产、生活所必需的工具，极大地提高了劳动效率和生活质量，同时也推动了社会不断进步。

劳动工具的发展史是人体劳动器官的功能由低级到高级逐步转移给劳动工具的历史，经历了 6 个阶段：简单工具、复合工具、天然动力工具体系、蒸汽机器体系、电气机器系统和自控机器系统。进入 18 世纪，人类步入工业社会以来，科技与生产力的发展突飞猛进，从机械化到电气化，从自动化到信息化，目前正在加速踏入智能化进程。在机械化和电气化时代，人们利用蒸汽机、电动机等驱动机械替代人的体能进行劳作，创造了"力大无穷、永不疲倦"的动力工具。[③]

计算机、通信和网络技术的发展催生了信息化时代的到来。进入信息社会后，人类又不断制造出功能强大的新型信息工具，使我们获取和传输信息的能力变得空前强大。如今，任何人都能通过智能手机、互联网等"眼观六路、耳听八方"的信息工具，随时随地获取来自全世界的信息。

劳动工具运行趋向自动控制化，功能趋向智能化，彻底改变了劳动者的劳动职能，对劳动者的素质提出了"硬性"的要求：劳动者如果不具备有关劳动工具和其他附属设备的结构原理和性能方面的专门知识，没有相应的加工工艺方面的足够知识，没有对生产中各类复杂情况进行综合判断和随机处理的能力，就将是人与劳动工具这一系统功能

---

① 马克思，恩格斯. 马克思恩格斯全集：第 47 卷 [M]. 中共中央马克思恩格斯列宁斯大林著作编译局，编译. 北京：人民出版社，1979：57.
② 王鸿生. 论劳动工具与劳动方式的变革及其社会历史后果 [J]. 中国社会科学，1986(2)：84.
③ 韩力群，刘志娟，刘革平，等. 教育现代化与教育信息化 [J]. 教育与教学研究，2020(10)：115.

正常发挥的一个消极环节。具有足够有关劳动工具、生产工艺和劳动内容方面的专门知识和创造性思考能力的熟练劳动者，将是人—劳动工具系统中起积极作用的一个决定性因素，这种新型的人—机关系可称为"弹性联系"。[1]

劳动工具的质量是劳动效率的重要因素。制造工具和使用工具是人类劳动区别于动物活动的最重要的标志。因此，大学生在生产劳动过程中要将劳动工具的上手、改良和创新纳入实践内容，主动观察分析劳动工具（专业机器设备、仪表设计等）是否符合人的生理、心理特点，是否让人容易感知、理解和传达信息，检查设备、管路等有形物资的外形、着色、标志等基本设计是否科学合理，并根据劳动实践提出劳动工具改良和创新的方案。

（二）劳动过程的适应

劳动过程的适应主要包括熟悉劳动过程、适应劳动环境、熟知安全生产规范和隐患排除方法，以及主动研究和优化劳动节律等。

熟悉劳动过程，一方面既要认识到劳动者在生产过程中实现自身价值，并以劳动量为主要标准参与利润分配，也要认识到科技进步是劳动过程发展的重要动力，民主管理是劳动过程发展的主要方向，生产关系变革是劳动过程发展的历史结果。另一方面，劳动过程在当今世界已发生了巨大的变化，具体表现为生产的智能化、管理的科学化和劳动对象的虚拟化。互联网、大数据、工业机器人等技术既提供了智能化的机器和产品，还实现了对海量数据的精准处理。管理者得以借助智能设备提高企业经营效率，并依托数据分析结果优化组织结构。此外，随着新一轮科技革命的蓬勃兴起，共享经济、零工经济等新型商业模式层出不穷，劳动者在生产过程中的职能和地位也发生了重大变化。劳动者阶层分化趋势明显，劳动过程与生产过程进一步分离。重复简单工作的普通工人逐渐被替代，具备研发创新能力和企业管理能力的复合型人才则在劳动过程中拥有更高的价值。

适应劳动环境，是指对劳动者身心健康发生影响的劳动场所及劳动条件的适应，主要包括理化环境、安全环境和社会环境三方面的内容。理化环境主要涉及劳动场所周围的各种自然地理环境；安全环境主要涉及为确保生产安全有序进行的一系列物质防护和措施，以及相应的各种安全规范和法律法规；社会环境主要涉及与生产劳动相关的政治、经济、科技和文化等要素。大学生绝大部分长时间生活在校园内，很难真切感受到生产过程中的劳动环境，因而需要及时做好心理上的调整，熟悉劳动场所的各种环境，尽快适应新环境。

安全生产，警钟长鸣。在生产劳动中，劳动者要熟知安全生产规范和隐患排除方法，牢固树立安全发展理念，将安全生产责任始终扛在肩上，筑牢安全生产"防火墙"。安全和事故是两个密切相关但不等同的概念。发生事故肯定不安全，但是没有事故也不一

---

[1]　王鸿生. 论劳动工具与劳动方式的变革及其社会历史后果 [J]. 中国社会科学，1986(2): 91.

定就是安全，因为不安全未必会产生事故。人因学的一个目标是减少事故，提高安全和改善人的身体状况。按发生的原因，事故可以分为设备事故、环境事故、管理事故、人为事故等类型。大学生需要主动培养事故链、蝴蝶效应、多米诺骨牌理论、海恩法则、墨菲定律等安全理念，提高差错包容能力，加强系统思维训练，学会事故树分析法、事件树分析法、安全检查表法、故障建设分析法等事故管理和控制方法。

"生物节律"是生命活动的重要特征，能够预示人在其生命时期内的任何一天或一个阶段的生物节律状态。也就是说，每个人的体力、情绪和智力都存在着盛衰起伏周期性变化，每隔若干时期就会呈现出"高潮期""低潮期"和这两个期间交汇处的"临界期"，在这些不同的阶段，人体的健康、情绪以及思维、记忆等能力完全不同。当人的体力、情绪、智力节律位于"临界期"时，人体处于极不稳定的过渡状态，机体各方面协调性较差，失误率较高，极易出现行为差错。大学生要主动研究自身的"生物节律"并优化劳动节律，从而科学地从事劳动，提高劳动效率。

📚 拓展阅读

事件树分析法

事件树分析法（event tree analysis，简称ETA）是安全系统工程中常用的一种归纳推理分析方法，起源于决策树分析（decision tree analysis，简称DTA），它是一种按事故发展的时间顺序由初始事件开始推论可能的后果，从而进行危险源辨识的方法。这种方法将系统可能发生的某种事故与导致事故发生的各种原因之间的逻辑关系用一种称为事件树的树形图表示，通过对事件树的定性与定量分析，找出事故发生的主要原因，为确定安全对策提供可靠依据，以达到猜测与预防事故发生的目的。事件树分析法已从宇航、核产业进入一般电力、化工、机械、交通等领域，它可以进行故障诊断、分析系统的薄弱环节，指导系统的安全运行，实现系统的优化设计，等等。

📚 拓展阅读

浙江建成41家未来工厂，驱动生产方式和企业形态变革①

"历次工业革命都是从车间开始的。"经济学家拉佐尼克曾说。

在浙江，一场车间变革正悄然进行。从最初的机器换人，到之后的车间智能化改造，再到如今的进阶版未来工厂。日前，浙江公布2022年第一批未来工厂，共9家入选。至此，全省未来工厂总数升至41家，涵盖信息通信技术、汽车、家居、纺织等行业。

未来工厂什么样？全球智造创新之都宁波

---

① 沈晶晶，夏丹，罗亚妮. 未来工厂，求解制造业三难 [N]. 浙江日报，2022-10-25(4).

什么是未来工厂？自 2020 年率先提出并打造以来，它的内涵持续演进。今年，省经信厅结合《"未来工厂"建设导则》，将其明确定义为"现代化新型产业组织单元"。也就是说，它深度融合新一代信息技术和先进制造技术，以数据驱动生产方式和企业形态变革，能持续推动生产运营智能化、绿色化、精益化、人本化、高端化升级，引领模式创新和新兴业态发展。

当前，经济发展面临需求收缩、供给冲击、预期转弱三重压力，制造业承压尤重。与此同时，浙江制造在生产效率、综合成本、产品结构等方面，仍与国际领先水平存在差距，升级迫在眉睫。打造未来工厂，能否帮助企业提升韧性、穿越下行周期？它又如何助力浙江制造破解高质量发展难点？近日，记者前往杭州、嘉兴、台州等地展开调研。

降本增效怎么实现？

车下甬莞高速沙门互通出口，便是玉环市滨港工业城，上百家制造企业坐落于此。其中，双环传动新能源汽车零部件工厂，刚刚晋级未来工厂。

走进双环六厂车间，轰鸣声瞬间入耳。生产线上，机械臂伸屈自如，各式机器有条不紊进行滚齿、热处理、磨齿等作业，一个个金属胚变身精密齿轮。在这里，机器比人多。且与原先不同，现在工人们的大部分精力用于"盯梢"电子屏上各项生产数据。

"未来工厂里，一个大学生带着一群机器人工作。"双环传动项目经理林菊华说，每条产线原先配置 12 名工人，现在仅需 3 至 5 人，人均年产值翻番，"降本增效成果很明显。"

近年来，浙江制造业发展迅速，却也遇到一系列难题。"主要表现为生产效率不高、中低端产品占比较高，导致国际竞争力不足。此外全省 5.5 万余家规上工业企业中，99% 左右是中小企业，数字化、网络化、智能化水平相对较低，想要实现向价值链中高端的攀升非常困难，也不利于产业基础高级化和产业链现代化发展。"省经信厅技术创新处副处长孙体忠说，打造未来工厂，正是鼓励有能力、有基础的企业先行先试，通过数字化改革再造生产流程、革新生产方式，示范引领行业企业加快数字化转型和智能化升级。

智能设备和人类专家组成协作系统，不断减少高成本、低价值、不稳定的劳动，大幅提升生产效率，类似场景已在 41 家未来工厂随处可见。

地处桐乡的桐昆集团聚酯纤维未来工厂，工人再不用为重物搬运烦恼：一个个丝饼从产线自动落到运输车上，沿轨道被送至包装车间，再经智能打包、张贴标签后，随传输车进入立体仓库。目前，这一厂区自动化率达 90% 以上，万元产值成本下降 63%。

值得一提的是，不管齿轮制造，还是化纤生产，能源消耗都相对较大，对企业运营造成一定压力。眼下，借助传感器、数字监控平台等，桐昆做到了工厂能耗智能分析和控制，实现供热效率提升 3% 以上，相当于每年节煤 1 万吨。

当然，未来工厂的能量远不止于此。

林菊华一番操作后，我们戴上VR眼镜，进入双环传动数字驾驶舱"虚拟工厂"，眼前出现了整条运转的产线，机器状态、产品数据清晰可见。"通过数字孪生、视觉技术等，我们把生产挪到'云'上，管理人员实时了解情况、实现远程操控。"林菊华说。

在桐昆集团未来工厂，借助5G技术等，数字平台与上千条产线、近3万台设备相连，日夜不停采集150万余个数据点数据。只需几分钟，算法就可整合库存、成本、订单等信息，排出最优生产方案，及时将具体转产方案下达对应工厂。

第一批入选省级未来工厂的鼎力机械四期，线上研发系统搭载了最新三维仿真技术等，设计和技术人员在电脑上就能模拟机械臂运动、画出数据曲线、调整改进参数，一改以往试制样品、现场试验、监测修正等繁琐流程，连研发都不再"大动干戈"。

新一代信息技术与先进制造技术深度融合，让未来工厂纵向连接人、机、料、信息，横向贯通设计、研发、管理、销售等端口，不断优化企业生产和组织方式。据统计，截至目前全省累计建成未来工厂41家、智能工厂234家、数字化车间278家，企业平均万元产值成本降低19.8%、产品研制周期缩短35.8%、生产效率提高46.2%、能源利用率提高18.3%。

产品价值如何提升？

对于浙江制造，企业要在激烈的市场比拼中脱颖而出，在国际竞争中把握主动、赢得未来，关键靠产品说话。

"燃油车齿轮转速为每分钟3000到5000转，新能源车齿轮要达到1.8万到2万转，对精度、抗疲劳能力等要求更高。如何在规模化生产中保持产品性能稳定，是一大考验。"浙江环智云创技术副总崔永龙说，四年前，他们的母公司双环传动刚为一家知名新能源汽车企业配套时，产品动不动被"打"回，最多时100套齿轮退回50套。

但过往制造模式，只知道产品有瑕疵，却很难精准定位是原料、产线还是机械哪个环节出了问题，得从头到尾查一遍，费力费时。"这也是为什么整车企业发现质量问题，必须召回数千上万辆车检测。"崔永龙说，打造未来工厂时，他们与中国科学院联合研发大数据平台，最主要诉求就是提升产品质量。

一辆新能源车有5至7个齿轮，每个齿轮生产有10多道工艺，每道工艺分不同工序，每个工序分不同工部，每个工部有不同标准和参数。"我们将数据做到'细胞级'，再逐一匹配到设计端、物料端、制造端、质检端，相当于为每个齿轮打造一张独特身份证。"崔永龙说，一旦产品出现问题，他们能一键回溯、精准定位到具体工部，并按最小批次召回，"产品数量能精确到个位数。"

同时，他们还通过每月一次的数据分析，改进完善设备、工艺、产线等。眼下，这一未来工厂的产品合格率已超 99.7%，达到行业标杆水平，助力双环成为全球 10 余家整车企业不可替代的供应商。

来自省经信厅的数据显示，通过未来工厂、数字化车间等建设，企业产品不良率平均降低 41.7%，一定程度上破解了浙江制造标准话语权缺失、国际竞争力不强等问题。

进一步观察还能发现，41 家未来工厂中不乏家居、服装、摩托车等定制工厂。它们的目标，显然与齿轮、化纤、轴承等制造企业有区别。

"最大的烦恼是规模化生产如何满足个性化需求。"顾家家居定制家居事业部副总经理刘才亮告诉记者，家居产品介于工业品和艺术品之间，标准化程度不高。以定制柜为例，一个订单可能含 30 个柜子，因户型、审美等因素，每个柜子尺寸、颜色等都有变化，但设备却是固定一套，很难实现大规模、大批量生产，"我们从 2016 年开始做定制产品，初期一直采用半自动化、半人工干预作业方式，订单交付周期长，出错概率相对较高。"

为此，建设未来工厂时，他们着重开发"柔性"生产能力——自主研发的数字平台，接收来自不同区域、不同客户的订单后，先将相同花色、相近交期的单子整合，再将多元产品解析、转化成需生产的加工数据，规划好最优工艺路径和加工流程。"每天处理 1000 个以上个性化订单。"刘才亮说。

"你看，这是定制柜制造的第一道工序——板材切割。系统已将加工路径传到机器终端，并为每块部件生成一个二维码。"工作人员在顾家家居未来工厂开料区向记者介绍，为节约板材，他们将 30 个左右订单合成一个批次，一种尺寸板材切割完成后，设备快速调整，制造下一种规格部件，随后一块块板材进入封边区，机器自动扫码、导入加工信息、切换所需原料，"总共有 24 种不同花色材料，自动切换速度达到毫秒级，每分钟可以完成 40 至 45 米板材封边。"

个性产品、柔性制造，这是未来工厂的硬核实力，也成为企业提升产品附加值的秘诀。据介绍，顾家未来工厂于今年 2 月投产，定制产品交付周期缩短 50%，全年规划产值预计达 10 亿元。

不仅如此，随着市场需求和消费变革，原先以标准化产品制造为主的企业，也纷纷开发个性化定制业务，练就柔性制造"独门功夫"。比如摩托车制造企业春风动力，在研发端配置 1800 个数字模型，再加上未来工厂内 160 个作业单元高度协同，使 6 条产线均具备混线生产能力，能满足大部分用户在车型、颜色、配件等方面多元需求。

让产品质量更优，更好地连接市场，未来工厂正推动浙江制造向价值链中高端攀升。

产业生态如何重构？

在顾家未来工厂，记者注意到一个特别现象。有别于传统家居工厂堆满原料、成品的面貌，这里十分清爽，板材区占地极小。"每天下班前，所有产线必须清空。"刘才亮说，得益于系统排单能力和柔性制造实力，他们采取"先下单、再生产"模式，成品库存周转压缩至3天左右，物流仓库面积大大缩减。

更重要的是，这一"零库存"理念带动产业链上下游企业同步变革。目前，顾家的供应商中，已有80%左右接入数字平台，实现库存协同管理。"以前供应商看不到数据，只能人为预测市场需求，常有原料积压、告急情况。现在大家同在一个平台，用户订单、物流运输等信息一目了然，备货准确性更高，响应速度更快，供应链精益生产能力、抗风险能力都有提升。"刘才亮说。

由"点"切入，带动企业、赋能行业，提高产业链协作效率和供应链协同水平，正是浙江创建未来工厂的目标之一。

"从机器换人到智能化改造，我们一直在探索制造业数字化改造路径，但量大面广的中小企业普遍面临'不想转''不敢转''转不起'等现实问题。"孙体忠说，已经建成和正在创建的未来工厂，多为细分行业龙头、领军企业，既能为中小企业提供示范，还有能力研究解决共性问题，开发普适性、易复制、可推广的行业解决方案，"我们力争到2025年，建成未来工厂100家、智能工厂（数字化车间）1000家，并与全省50个行业产业大脑形成耦合，促进产业生态重构和整体智造升级。"

此前发布的《"未来工厂"建设导则》，也十分强调"辐射带动"作用。例如，未来工厂共分四大创建类型，作为协同共生"链主型"未来工厂，需向产业链上中下游企业提供专业化服务，创建行业示范"头雁型"未来工厂，要求向行业输出技术能力，而打造服务发展型"平台工厂"，则需具备服务延伸特征。

阿里巴巴迅犀服装未来工厂，就是"平台型"未来工厂的代表。凭借供应链网络和柔性制造模式，它助力广大中小企业按需开发、按需生产，目前已有200多个淘宝中小商家、直播主播共享工厂，实现100件起订、最快7天交付。

在桐昆未来工厂基础上搭建的"化纤大脑"，不仅接入40多家化纤及其配套企业，还与桐乡市政府、百度共同打造合成纤维产业"大脑"互联互通，上架了AI质检、能源管理、安全生产等一系列应用服务。"我们首创的智能热电云系统，若能推广到全行业，粗略估算每年可节煤近160万吨。"桐昆集团信息管理部经理许燕辉说，该平台若能在50至100家企业内协同应用，预计可带动行业1000亿元规模的差别化纤维新材料产能升级。

数据融通、大中小微企业融通、产业链供应链融通，未来工厂助力浙江智造的成效不断显现。

截至目前，全省已有近2万家规上工业企业完成诊断评估，7000多个数字化改造项目入库培育，企业改造意愿空前高涨。今年前8个月，浙江工业企业技改投资同比增长19.6%，逆经济周期实现较高增长。

疫情持续冲击下，浙江工业更表现出较强韧性。今年1至8月，全省规上工业增加值同比增长5.1%，比全国平均、东部平均高1.5个、2.3个百分点，稳进提质效应明显。

什么是未来工厂？

1. 未来工厂：指工业企业以价值链和核心竞争力提升为目标，深度融合新一代信息技术与先进制造技术，集成应用软件定义的知识模型和能力组件，以数据驱动生产方式和企业形态变革，持续推动生产运营智能化、绿色化、精益化、人本化和高端化升级，通过构建数字化生态组织，引领模式创新和新兴业态发展的现代化新型产业组织单元。

2. 未来工厂四大类型。

创新引领型"领航工厂"：以行业龙头骨干企业为主建设，具备自主创新引领的特征。代表企业：吉利杭州湾纯电动汽车未来工厂、春风动力高端动力装备未来工厂、东方电缆高端海洋能源装备未来工厂等。

协同共生型"链主工厂"：以产业链链主企业和关键环节企业为主建设，具备产业链协同共生的特征。代表企业：正泰低压电器未来工厂、卧龙家用电机未来工厂、西奥电梯未来工厂等。

行业示范型"头雁工厂"：以产业集群、细分行业的头部企业为主建设，具备模型化凝练和行业示范带动的特征。代表企业：新凤鸣聚酯长丝未来工厂、今飞智造摩轮未来工厂、杰牌智能传动未来工厂等。

服务发展型"平台工厂"：以服务型制造企业为主建设，具备服务延伸和新兴业态特征。代表企业：雅戈尔服装未来工厂、阿里巴巴迅犀服装未来工厂、杰克智能缝制设备未来工厂等。

3. 未来工厂十大场景：数字化设计、智能化生产、绿色化制造、精益化管理、智慧供应链、高端化产品、个性化定制、网络化协同、服务化延伸、模型化发展。

（注：选取时略有改动。）

（三）企业服务与服务创新

全球产业结构正从"产品经济"向"服务经济"转变，通过服务创新实现差异化，不仅能够帮助企业获取可持续的竞争优势，推动服务业自身发展，还可以促进其他产业转型升级，转变经济增长方式。

1. 基于制造企业"服务化"的企业服务创新

制造业企业在为市场提供产品转型，提供产品衍生服务和服务解决方案，在服务产品组合、交互界面和价值传递方面进行创新，这一现象被称为制造企业"服务化"。

随着信息技术革命的逐步深化，制造业企业的发展模式和成长机制正在发生深刻变革，传统制造业与服务业之间的边界日益模糊，制造业服务化成为全球制造业企业转型升级的趋势和方向。[①]

2. 基于服务贸易竞争的服务创新

服务创新是服务业发展和经济增长的关键因素。服务创新不仅可以提高服务产品的竞争力，调整和优化服务贸易结构，为服务经济创造新的增长点，而且有利于在国际服务市场上形成优势地位。

服务创新涵盖了产品设计、技术研究、生产过程、交付流程等多方面创新，具体包括产品创新、过程创新、组织创新、市场创新、技术创新、传递创新、重组创新、专门化创新和形式化创新等。服务设计是帮助创新和改善现有服务，使用户觉得有用、能用和令人满意的，使机构觉得高效而有效的服务劳动。[②]

服务创新需要复合型服务创新人才予以支撑，服务创新的人才多样化需求日益凸显。服务创新的不断发展，推动新服务项目、新商业模式不断涌现，服务细分领域增多也依赖于多样化的人才。大学生在生产劳动中可以跨专业、跨学科，开展综合劳动实践，不断提高服务设计和服务创新能力，逐渐成长为复合型服务创新人才。

第三节 正确择业观的培育

就业是一项关系到社会、经济、文化及家庭等诸多方面的复杂的系统工程，不是单凭毕业生的主观愿望就能实现的。择业观念是大学毕业生的世界观、人生观、价值观在择业活动中的综合反映，是大学生对于择业的目的、意义的根本看法和态度的体现。择业观念的正确与否将直接影响到毕业生能否正确认识自我、适应社会并成功地就业，也终将在一定程度上影响到国家经济和社会的持续发展。

一、大学生的职业选择

职业选择是个体结合自身特点，对职业类别、发展方向等各方面因素综合考虑后进行的职业挑选与确定的过程，是个人进入社会生活领域的重要行为。

（一）大学生职业选择面临的问题

1. 就业市场供过于求

2022 年全国大学生毕业人数突破 1000 万，达到惊人的 1076 万，规模和增量均创历史新高。除了高校的应届生，还有大量上届未找到工作的往届生，另外，这些年留学

① 张海军. 跨界搜索、知识整合能力对制造业企业服务创新的影响机制研究 [D]. 天津：南开大学，2017: 2.
② 孙颖，韩志新，毛维. 农机企业服务创新模式研究 [J]. 中国农机化，2011(1): 62–63.

回国就业趋势明显，2022 年大约有 100 万以上的留学生回国就业，也就是说实际上的求职人数更多。[①]因为新冠疫情、政策等，还有一部分人要再就业。例如：教育培训行业就有近 1000 万人要转型、再就业；还有其他资本过热的行业也存在裁员、收缩，如房地产、互联网行业等都将有大量再就业需求。在此情况下，很多大学毕业生面临着"投出简历即石沉大海""毕业即待业"等窘境。

2. 结构性矛盾突出

我国目前的就业结构性矛盾突出，"就业难"与"招人难"并存，不同专业、行业和地区间用人需求差异较大，热门专业聚集度高、热门需求集中性高。往往会出现工厂需求的职业技工不足，本科以上高学历一岗难求。比如，广东东莞、深圳等南方经济发达城市经常出现用工荒，但是高校毕业生就业率却不高，这两种现象并存。另外，就是民企招人难，事业单位和国企竞争激烈。新冠疫情之后，这种趋势更加明显，绝大多数人在就业时更倾向于事业单位、国企和政府机关，而不愿意去民企，特别是中小微企业。这种就业结构性矛盾在短期内难以得到彻底解决，只有在整个社会得到发展与转型之后才能有所缓解，也就是说，大学生"找不到工作"与用人单位"找不到人才"并存现象在短期内仍将存在。

3. 首次就业质量不高

这主要表现为就业满意度低和就业稳定性差。大学生的就业满意度，是指毕业生对现有工作的收入、环境、社会地位和个人发展等方面的心理感受或心理满足。对大学毕业生就业满意度的影响因素研究表明，专业是否对口是一个重要影响因素，专业与职业相关度越高，就业满意度也相对越高。就业稳定性在广义上可以指劳动力市场的整体就业稳定性，狭义上指员工个人职业变化的状态。一般对就业稳定性的衡量是通过任职时间来确定的，当员工在同一岗位上任职时间少于 3 年时，定义为就业不稳定，3 年到 5 年定义为相对稳定，在同一岗位上任职 5 年以上时定义为就业稳定。大学生就业稳定性指的是大学生在初次就业后个人职业变化的状态，主要从大学生半年内的离职率和 3 年内行业转换率及职业转换率来分析。相关数据表明，大学生的专业与职业之间的相关度是最大的影响因素。

（二）大学生职业选择的影响因素

大学生职业选择受到来自社会、高校、家庭、个人、朋辈及用人单位等多方面因素的影响。

1. 社会因素

社会因素对大学生职业选择的影响主要表现在 4 个方面。第一，长期以来经济不平衡发展造成的城乡二元结构在新时代还没有得到彻底改变，经济发达地区相对而言带来的求职择业机会和个人发展机会比经济落后地区更多。第二，国家在促进和鼓励就业、

---

① 该部分相关数据来源于：王洋. 汇聚众力促就业 [N]. 中国教育报，2022-09-12(1).

择业等方面的政策，如乡村振兴人才计划和大学生志愿服务西部计划，在一定程度上影响着大学生的职业选择行为及择业观念。第三，"官本位"的落后传统观念至今还影响着人们对读书学习及职业选择的看法，部分大学生还存在"学而优则仕"的职业性质期待。第四，社会大众媒体的报道与宣传也会间接影响到大学生的职业选择，部分大学生抱有"高收入高回报"的职业薪酬期待。

2. 高校因素

大学生的择业观还处于不成熟、不稳定阶段，在学校接受教育的过程中，其择业观还在不断发展与变化。作为传道授业解惑的高校教育工作者，特别是辅导员、就业指导教师等在大学生择业观形成过程中起着重要作用，他们对大学生的一言一行都会影响到大学生对职业的选择。一些大学生社会经验较少，对择业的认识绝大多数都来源于教师，教师在课堂上传授的有关择业的知识就会成为他们择业观形成的直接来源。总之，高校教育工作者自身对择业的认识及具备的择业教育知识会直接或间接地影响到新时代大学生的择业观。

3. 家庭因素

家庭是个人成长的第一所学校，家庭成员日常生活的共同性让他们彼此负责、相互影响。一方面，父母所持的择业观会通过言传身教，潜移默化地影响到子女的择业观。另一方面，父母对待大学生择业的态度作为一种隐性的教育，会以重视与不重视、直接干预与给予意见的形式影响到大学生的择业观。此外，家庭背景、家庭条件和家庭资源等因素也直接影响着大学生的择业观。例如，有的父母在对待子女择业的态度上采取全权包下，为子女铺平择业道路，长期在这种教育与行为的影响下，大学生的择业观也会受到严重的不良影响。

4. 个人因素

大学生作为职业选择的主体，其职业选择必定会受到自身所具备或拥有的资源的影响，包括个人所受教育、成长经历、思想素质、身体状况、拥有的择业优劣势及对职业生涯的规划与准备等。

5. 朋辈因素

大学生的社会属性必定会让他们在学习生活及社会实践中与他人广泛接触、交往，并形成自己的朋友圈子，大学生与朋友圈内的同龄同学、朋友之间在生活学习上互帮互助，在思想上相互交流，他们之间很容易在观念上相互影响，产生共鸣。大学生择业观正是在学习生活及社会实践中慢慢形成的，周围同学朋友对职业选择的看法和他们的职业选择行为及结果，很容易在大学生朋友圈中形成圈子效应或者示范效应，从而影响到大学生自身的择业观。

6. 用人单位因素

单位是职业的场域、承载体，所以大学生职业选择不仅仅是选择职业，还有选择单位，单位的用人标准直接影响着大学生的择业观念。特别是在高校毕业生日益增多、双向择业模式的背景下，一些用人单位仅从自身发展出发，在用人标准上设置了很多的门槛，限制了大学生的择业，从而也影响着大学生对职业选择的看法和观念。比如，一些用人单位盲目追求高学历、好院校，在学历、院校上设置较高条件，不仅造成人才资源的浪费，还让许多大学生形成扭曲的择业观，认为"职业有高低贵贱之分"。此外，用人单位的规模、效益、知名度、发展前景、文化等也会影响到大学生的职业选择。[①]

二、树立正确的择业观

近年来，高校毕业生就业形势越来越严峻。高校毕业生就业困难固然有社会经济体制、结构和发展水平等因素的影响，但毕业生自身的错误择业观念也是不可忽视的因素。正确的择业观能够指导大学生对职业进行正确评价，对自身进行准确定位，进而合理选择。反之，不正确的择业观会造成大学生择业期望值过高或过低，导致不恰当的择业行为，影响毕业生最终的选择。在当前新形势下大学生应当树立以下几个方面的择业观念。

（一）树立大众化的就业观、择业观

我国高等教育已进入普及化阶段，"双向选择、自主择业"是目前就业的主要模式。相比之下，高等教育精英化阶段的"一次就业定终身""从一而终"的职业观念已不再适应市场经济的发展。所以，大学毕业生应该认识到每个人都是普通的劳动者，接受高等教育只能提高人的综合素质和能力，使人具备将来就业所需的知识和技能储备，但并不意味着毕业后就一定能够从事"高人一等"的工作。随着高等教育的发展和科技进步，社会各行各业均需要德才兼备的大学毕业生，只要是通过辛勤劳动为社会创造价值、实现自我价值，都应为当今社会所倡导。劳动不存在高低贵贱之分，从事任何一种职业都要心怀勤勉之心、兢兢业业，大学生要牢牢树立起劳动最光荣的理念。

（二）树立基层择业观

新闻观察：
新职业加速
涌现 择业
观更多元

虽然就业择业要考虑到个人的兴趣、意愿，但同时也要在充分考虑现实可能性和社会需要的基础上，将个人对未来职业的期待与现实及社会的需要紧密结合起来。近年来，党中央、国务院在做好高校毕业生就业工作，特别是引导和鼓励高校毕业生面向基层就业方面采取了一系列措施，专项计划多，措施力度大。

到西部就业。西部地域辽阔，人才相对匮乏，具有广阔的就业空间，是大学生施展个人才华、实现人生价值的好地方。近几年国家相继出台了一些鼓励大学毕业生到西部的政策和措施，如户口政策、免费人事代理服务、国家偿还助学贷款等，不但拓宽了高校毕业生的就业渠道，而且使大学生就业观逐渐走向成熟。

到农村就业。建设社会主义新农村需要大批具有专业知识、头脑聪慧、综合能力强

① 曹雪梅. 新时代大学生择业观研究 [D]. 成都：成都理工大学，2019：34-51.

的人。农村种植业、养殖业、乡镇企业的管理和技术等岗位都需要大批受过高等教育的人才。中国约有 70 万个建制村，加上基层社区的就业岗位，可以提供不可小觑的就业岗位，蕴藏着无数发展机会，基层已成为当代大学毕业生大有可为的地方。

（三）树立期望合理的择业观

大学生在找工作时要对自己有一个清晰的定位，正确分析自身的优势和不足，能全面客观看待自己的各项能力及综合素质。可以从以下三方面入手来要正确认识和评价自己。

1. 自我反思

大学生日常要养成自我反思习惯，尤其在面对激烈的市场竞争时能做到扬长避短，弄清楚自己真正想要的是什么，能干什么，精准结合自身所学、所会、所能找到未来职业方向。

2. 外界评价

人都是生活在社会关系中的人，每一个人都离不开社会这个大群体。所以，大学生要避免片面孤立地评价自己，要敢于面对外界的批评建议，取长补短，这样才能对自身存在问题有更为清晰的认知，进而不断改进、提升自己的综合能力。

3. 职业测试

为了避免出现盲目择业，大学生可以通过专业职业测试方案来匹配适合自身实际情况的职业种类。

（四）树立先就业后择业的观念

打破一步到位、从一而终的旧的就业观。现代社会为人们提供了独立发展的空间，市场优化配置资源的方式是合理流动，市场经济配置人力资源的特征是流动。资金、商品要流动，人力资源也同样要流动。社会不再有从一而终的职业。毕业生不必急于在短时间内找一个固定的"铁饭碗"，要学会在流动中求生存、求发展。随着人事代理制度的不断完善，为毕业生的流动就业创造了条件。近年来，一部分毕业生不再强求找一个固定的就业单位，而是毕业时将户口迁回生源地，把档案托管在工作地的人才交流中心，哪里找到岗位就在哪里就业。因此，大学生要树立不断进取的职业流动观念，并学会在流动中发现机会、抓住机会、把握机会。

（五）树立自主创业和终身学习的观念

自主创业是指毕业生不通过传统意义上的就业，通过采取单干、合伙等方式创办公司或其他企业单位，从事技术开发、科技服务及其他经营活动来创造就业岗位，并依法获得劳动报酬的就业方式。自主创业给最具创造力和活力的大学生提供了就业和深造以外的"创新之路"。诚然，自主创业具有一定的风险，但是，随着我国各项制度的不断改革，自主创业将是一个必然趋势，作为先进生产力代表的大学毕业生更是应该成为自主创业、努力创造就业岗位的领头羊。大学生在求职择业乃至以后的职业生涯中，必须牢固确立终身学习的观念。这是因为当今社会飞速发展，现代职业的变化也是日新月异。随着知识经济和信息化社会的到来，大学毕业生必须不断学习新知识才能适应社会发展的需要，否则将会被社会无情地淘汰。[1]

拓展阅读

云工厂的演变与中国制造业前景展望[2]

云计算、大数据、智能制造等新兴技术将塑造一种新的工业形态——云工厂，必将使中国制造业的转型升级迎来新的发展前景。而云工厂并非突然出现的工业新概念，它是历次工业革命的最新延续。

最早的"工业云"

今天云计算和大数据的创新应用，都是基于互联网而来的，和百年前电力对整个制造业的变革一样，历史上最早的"工业云"其实就是电网。过去，工厂在批量制造产品之前，首先要建自己的发电机房，甚至是电站，每个工业企业要买发电机。后来随着公共电网出现，企业无非多安装几个插座，插上就可以用电了。从发电机时代到电网时代，一个公共网络（云端）出现以后，工厂（终端）彻底摆脱电力不足或用电成本过高的束缚，开始大胆创新。于是，"大规模流水线"生产方式诞生了。

"流水线"生产方式是由福特汽车创始人亨利·福特开创的，福特精心设计一个非常完整的流程，然后把它分解成很多步骤予以标准化，再去找一堆没有受过太多训练的人，每个人只要把一个动作学好，很多人的标准化动作能够连接起来，"流水线"就建成了。

标准化工作流程使"流水线"生产方式得以高效运行，这是电网时代的最重要创新。借助标准化和规范的工作流程，工人的手艺和经验被融入工作流程中，被显性化了，可以供其他人学习和仿效。好的流程是很多聪明人智慧融合的结果。企业的人员总是在流动，只有流程可以保证企业的长治久安。流程可以帮助制定好的游戏规则，避开人治的陷阱。

MES与ERP之间的鸿沟

流水线上，人工制造产品并不能保证在任何时候都能做到高度精确，人总有惰性、总有疏忽，所以总会导致比较高的次品率。而工业自动化技术的发展，大量使用机器替代人工，机器不会偷懒，能够大大提高制造业的效率和良品率。

随着近几十年来自动化与信息化技术的深度应用，工业企业的生产形态发生了新的

---

① 拓万兵，陈英征，叶琦. 大学生劳动教育教程 [M]. 北京：中国传媒大学出版社，2022: 153–157.
② 周倩. 云工厂的演变与中国制造业前景展望 [J]. 中国工业评论，2016(6): 66–71.

改变。现今，工业企业通常会分为两大部门，一个是生产部门，一个是业务部门，前者通过MES（制造执行系统）管理，后者通过ERP（管理信息系统）来管理。ERP倾向于财务信息的管理，而MES倾向于生产过程的控制。ERP主要用于连接客户，包括客户需要生产多少产品、哪天下单、哪天要货等；而MES主要负责监控和管理生产这些产品的每一个步骤和工序如何实现。

在国内一些自动化程度很高的工厂车间里，各个生产设备之间、生产设备和控制器之间，都已基本实现连通。整个工厂已经通过MES连通起来，而业务部门全部通过ERP连通起来。可是，这依然不能催生完美的中国制造，因为在MES与ERP之间存在一道鸿沟。

为何国内很多品牌手机要么难产，要么一面市就过时？因为MES和ERP是分离的，在设计产品的时候，生产人员并没有实时了解情况，到实际生产时发现原本优秀的设计会导致良品率很低，只能退回去重新设计。这样每一个产品都要改来改去，导致一个工业品从设计到上线量产耗时甚久。

云计算和大数据技术的最新发展，为企业生产形态的改造创造了基础条件。

多年以前，一款成熟的工业产品可以持续销售三五十年，如今，汽车、电器、通信等类别的终端产品一般只有三五年甚至一两年的生命周期。终端产品如此快速的升级换代，使工业体系面临新的挑战。即使ERP完全理解了客户的产品设计，制造环节还是会出问题。当ERP给MES下达生产计划指令后，MES在生产过程中会发生很多与计划偏差的事项，比如设备坏了、材料不行等。MES会根据车间的实际情况进行调整，但ERP是不知道的，继续按照原本的计划执行订单。时间久了，业务系统和工厂的实际情况就会严重脱节，即出现"信息孤岛"现象。

ERP与MES之间的巨大鸿沟，造成工业企业内部的系统断层，导致设计、制造、采购、客户关系、品牌管理等系统都是一个个信息孤岛。各方相互都不知道对方在干什么，干到哪一步了，等到出问题了，所有系统再一个个改，必然会推升企业整个体系的成本。

全球产能过剩，企业间的市场争夺异常激烈，新产品的推出速度越来越快，产品生命周期不断缩短。在严酷的竞争形势下，因内部ERP和MES的连接不顺畅，外部与上游供应链、下游客户的关系不协调而产生的耗损和成本，是现代工业企业所不能承受的。而云计算和大数据技术的最新发展，为企业生产形态的改造创造了基础条件。

大数据时代的"工业云"

云计算是基于互联网的公共计算、存储资源，通过云计算技术，企业可以把计算能力、存储能力再一次集中起来，放到网络中去。对于企业来说，云计算通过低成本和可扩展的IT能力，更好地管理内外事务。

云计算技术在工业企业中的深度应用，除了能使ERP和MES实现连通，实现企业内的完全自动化和完全信息化，长远看来，更是把一些不相关的企业连接在一起，形成一个独特的、创新的生态系统。比如，用传感器对分散在世界各地的工厂使用的消耗部件，或临近更换时间的部件进行数据收集和分析，可以预测部件的订购时间。相关数据资源进入云端（公共网络）以后，接受订购的部件厂商便可以收到几个月后的订单信息，实现生产计划的平均化。

生产过程实现智能化的同时，工业产品也在实现智能化，比如智能汽车、智能手环、智能跑鞋等智能硬件，都是把产品作为一个数据采集端，不断采集用户数据并上传到云端，方便进行用户管理。

在这次由"工业云"触发的技术变革中，如果具备了云服务和相关数据收集、处理能力，制造业在未来就会回到产业链价值的中心。为什么制造业现在不是产业链价值的中心呢？目前，很多制造业的价值被金融和营销公司控制，70%~80%要放在银行和营销上。比如，国内电器厂商无论怎样推动技术创新、推动产品升级换代，大部分利润总是被销售渠道赚走，很多厂商是在给非常强的渠道打工。比如，国内大量工业企业的年度净利润十分微薄，甚至还没有每年支付给银行的贷款利息多。

在云计算和大数据时代，传统行业中不合理的成本结构被云端改变，通过云服务的维度，不同的企业都可以站在更高层次上参与市场化的竞争。云计算将从根本上解决大数据的存储和低成本运行的问题，可以很便宜地把采购、制造、销售、使用整个过程当中的数据都记录下来。

传统制造业的最大问题，是大规模生产者和多样化使用者的矛盾，使用者使用了多少，什么时候使用的，什么地方使用的都不知道。未来随着无所不在的智能终端，强大的计算能力和数据正在成为重要资产，生产者本身就能把生产完整地记录下来，流通和消费者的数据也都记录下来并形成闭环，很快进入反馈经济。厂商知道谁在用，用了多长时间，用的情况怎么样。所以，制造业如果具备了云计算、大数据和智能终端的能力，就会回到产业链价值的中心，其拥有的客户，会成为未来的主人。在反馈经济闭环的过程当中，整个经济会更加合理，更加节约，真正做到弹性制造。

目前，云计算、大数据、智能终端实际上正在成为前沿制造业的名词。制造业企业如果能够掌握这场变革就会升级成新一代的企业，如果错过这场变革将来会失去竞争力。

向服务收费

云计算、大数据与传统制造业的深度结合，必将催生新的商业模式。智能产品不断采集客户的数据和状态，并上传到云端，制造厂商将会逐渐转变成数据处理中心，这就使"向服务收费"成为可能。

制造厂商将不只关注制造环节，而是以全局观审视整个产业链，研发针对产品设计、生产规划、生产工艺、生产执行和服务等价值链各个环节的整体性解决方案。比如，西门子早已不是单纯的高端设备制造商，西门子已经悄然并购了多家著名软件公司，成为仅次于SAP的欧洲第二大软件公司。以往西门子生产一台高铁的牵引电机，就是直接卖一台电机而已，现在这台电机在运行过程中，会不断把数据传回给西门子的工厂，使其能随时掌握电机的运行状况，譬如未来如何保养，什么时候需要检修。这里面会产生很多基于云端数据的服务性收费项目。

再如，华为科技每年要花上亿美元请IBM顾问团队来帮助管理企业，而全球银行业向IBM支付的数据服务费用更是数额巨大。IBM通过不断收购，构建了强大的软件集团和全球服务集团。过去，IBM只跟银行的科技部谈合作，现在必须跟科技部、业务部、采购部坐在一起谈。IBM不再只是卖硬件、搭建IT基础架构，而是通过对云端采集过来的大量用户数据进行处理分析，帮助银行将业务处理流程进行创新、再造，IBM主要靠卖数据服务赚钱。

未来的"工业云"服务，不是简单把数据采集提供给客户这么简单。数据本身是可以免费的，但基于数据身上的服务有很大价值。未来的大部分计算，都是跟场景、状态有关系。每个企业在不同场景下，对计算等级的需求和对计算的应用都会不一样。以前很难知道客户的状态，今天有无处不在的智能终端和大数据分析，对客户状态的理解会越来越深刻，通过状态提供云的计算和云的应用。

"云工厂"模式

最大限度做到节约、高效的弹性制造，实现高水平的云端数据服务，是"工业云"深度进化的结果，但距离"云工厂"模式的完全实现，还有最后一里路要走。未来，"产品由谁来做"将会成为一个问题。

海尔集团CEO张瑞敏在参观过青岛一个新式服装厂后，充满危机感地表示："定制化是最具前景的产业，未来硬件将不值钱。"人与人、人与厂商，可以通过互联网低成本地实现连接，从而让每个人的个性需求被放大，人们越来越喜欢个性化的东西。但是个性化的东西需求量没有那么大，这就需要工业企业能够实现小批量的快速生产。未来，一组数据就能实现一款个性化产品的私人定制，而大规模、低成本生产个性化定制产品将是中国制造业的大趋势。

尽管制造业在过去一个世纪中发生了多次技术和生产形态的进化，但这些变化还不够彻底，因为制造业始终把持在大企业和专业人士手中，从未向所有人真正完全开放。过去由于专业知识、特制设备及大规模生产成本因素，大众进入制造业受到严重制约，眼下随着"云工厂"模式的逐步实现，这种桎梏正在逐渐消失。

更改制造过程，已不再是未来制造业变革的重点，重点是由谁制造。提出"长尾理论"的美国学者克里斯·安德森经过深入观察，对制造业形态的变化做出一个判断："全民创造的DIY（自己动手）魅力或将远大于大企业和商业巨头的大包大揽。'创客运动'的工业化，是数字制造和个人制造的合体。人类极有可能第一次摆脱对生产资料系统（重资产）的依赖，仅仅凭着自己的头脑这个轻资产，就可以把创意高效能地变为现实。"

自己想要什么样的产品，在自家桌面上就可以设计，无须任何特殊技能。因为有了云工厂，从单个设计到大量产品生产也变为现实。重复制造和标准化是大规模生产的优势所在，而云工厂的优势在于个性化和定制化，数字制造时代的最大成就是人们可以在大规模生产与定制之间做出选择，而不用支付昂贵的手工制作费用。小订单与大批量生产难易程度趋于相似。小批量订单可以解决中国工业企业低利润的关键问题，定制产品更强调个性化的小众客户可以带来更高的利润，竞争程度却随之减弱。

云工厂大大缩短了想法到产品和服务的距离，极大释放了社会创新的力量。目前工业领域的创业者，还要不断纠结于找OEM代工还是自建工厂，这对工业领域的创新产生很大限制。当云工厂实现的时候，中国工业领域将会出现新一轮的创业和创新浪潮。就像互联网行业的加速发展期那样，创业者只需要专注于产品和模式创新，而不用自己去买一个服务器，直接租用云端的服务器就行了。

"云工厂"时代，知识成为社会最重要的部分，而大数据能够催生大量高价值知识和创新，工业领域再不是以物质为主，而是以数据和创新为主。新时代工业领域的创业和创新，必须学会聪明地利用云端大数据资源，并将其提炼加工成"智慧的成品"，未来最具颠覆力的技术变革也将发源于此。

（注：选取时略有改动。）

? 思考题

1. 你参与过哪些生产劳动？有哪些收获？
2. 大学生参加生产劳动的途径有哪些？生产劳动的主要内容有哪些？
3. 你希望学校拓展的生产劳动平台有哪些？
4. 正确的择业观有哪些？

◇ 劳动实践

参与实习，为实习项目提出意见建议。

第七章 大学生服务性劳动

通过学习马克思主义劳动观，我们能够掌握正确看待不同劳动方式的方法，认识不同的劳动种类和社会现象。在我们的社会生活中存在着多种工作类型，其中就有不为任何物质报酬、其价值无法用劳动报酬来衡量的志愿劳动。对于志愿者而言，参与志愿活动和公益活动带来的精神愉悦，帮助他人所获得的成就感与获得感，是难以用金钱标准来衡量的。志愿劳动代表着社会发展中延续的宝贵价值，体现为互助关爱、服务社区、回馈社会，在道德层面和社会实践层面具有重要意义。

第一节 志愿劳动服务

我国《志愿者服务条例》中指出，志愿服务是指志愿者、志愿服务组织和其他组织自愿、无偿向社会或他人提供的公益服务。通常而言，志愿服务指的是不为谋求经济利益、奉献与回馈社会、提高公共事务效能、推动公益事业发展的多种类工作的总和；志愿者指的是提供志愿服务的人。志愿服务的基本特点是个人和群体出于自由意志，而非义务或法律责任，用自己的知识、体能、劳动、经验、技术、时间等服务社会，不以获取经济报酬为目的，为增进社会公益进行的各项辅助性服务。志愿服务在培养公民社会责任感、倡导合作精神、提高社会福利及推动社会进步等方面，提供了巨大的社会支持功能。

近现代社会中的国际志愿服务发展约有200年历史。早期志愿服务往往出现在战争时期，提供伤病救护、重建家园、关爱伤者等人道主义救助事项。而在和平时期，志愿服务的内容通常包括环境保护、扶弱助残、赈济贫困、救灾抢险、维护和平、社区建设等多个领域。志愿服务及相关活动是现代国家中公民参与公共生活的重要途径，在现代社会中，志愿者数量的增加，也是衡量社会进步的重要参数之一。

志愿服务是连接青年与社会的重要桥梁。我国青年志愿者服务起源于20世纪60年代开始的学雷锋活动，"向雷锋同志学习"是毛泽东主席向全国人民发出的号召，学雷锋就是学习无私奉献、敢于牺牲，不怕苦、不怕累的钉子精神，青年志愿者行动就是在学雷锋活动的基础上"自上而下"，组织化、规范化地发展。在改革开放之后，志愿者不仅仅提供社区服务，也成立了相应社区志愿者组织。20世纪90年代初期，全国性的志愿者组织在共青团系统中形成。到 2007 年，全国共有志愿者 4000 万人左右，青年志愿者数量达到 2600 万人。此后，这个数据逐年提高。《新时代的中国青年》白皮书显示，截至 2021 年末，在全国志愿服务信息系统中 14 岁至 35 岁的注册志愿者总数超过 9000 万人。从社区服务到大型赛事活动、从扶贫助困到卫生健康、从应急救援到文化传承，青年志愿者服务已覆盖了经济发展、社会治理创新、文明进步、民生改善等方面。大学生是我国青年志愿者服务的中坚力量。大学生志愿服务和社会实践，包括全国范围内的"三下乡"活动和西部志愿者活动等多种形式，也是青年志愿服务的重要组成部分。

一、我国青年志愿活动发展历程

大学生的志愿服务和志愿服务型社会实践是青年志愿服务的重要组成部分，参与各个层级志愿服务活动和实践活动的大学生志愿者数量呈逐年上升趋势，大学生成为我国青年志愿活动的中坚力量。

（一）青年志愿活动的发展阶段

1993 年 12 月 7 日，共青团十三届二中全会决定实施青年志愿者行动。12 月 19 日，团中央、铁道部共同组织的首批中国青年志愿者走上了千里铁路大动脉，这标志着"中国青年志愿者行动"正式启动，也标志着团中央推出的"跨世纪青年文明工程"拉开帷幕。迄今，青年志愿者行动已走过了 4 个阶段。

1. 宣传发动与项目带动阶段（1993—2003 年）

作为共青团开展精神文明建设的有效载体，青年志愿者行动着眼于人民群众生产生活需求，通过开展各类青年志愿者活动、建立青年志愿者组织等方式，推广志愿者理念、树立青年志愿者品牌。青年志愿者行动从无到有，由小到大，开辟了社会服务的新领域，在社会上初步具有一定的影响力。

团中央青年志愿者行动指导中心成立，多个省（区、市）团委设立青年志愿者专门工作机构，依托该机构开展志愿服务组织、队伍、项目、机制等四大建设，以"志愿+接力"为基本模式，创新工作理念、工作思路、工作项目，把青年志愿者工作摆在经济社会发展全局中进行谋划和推进。全面实施中国青年志愿者扶贫接力计划，巩固深化社区志愿者"一助一"结对服务计划，启动实施中国青年志愿者研究生支教团、中国青年志愿者海外服务计划和中国青年志愿者为老服务"金晖行动"、百万青年志愿者助残行动、维护社会治安志愿者筑城行动、法律援助志愿者服务计划，以及大型赛会、抢险救灾等新项目，将服务大局、服务社会、服务青年有机结合，加强社会合作，探索实施中国 2001 国际志愿者年系列活动、"保护母亲河"青年志愿者绿色行动营系列活动等，举办"青年志愿者之歌"等大型电视文艺晚会，开展青年志愿者注册试点工作，创新开展中国青年志愿者评选表彰活动，选树一大批优秀志愿者典型，志愿服务的深度、广度、宽度进一步拓展，夯实了志愿服务事业发展的基础。同时，为更好地继承和延续学雷锋活动，通过青年志愿者行动促进学雷锋活动机制化、常态化，2000年3月，团中央决定把每年3月5日"学雷锋日"作为"中国青年志愿者服务日"，组织全国青年志愿者集中开展内容丰富、形式多样的志愿服务活动。

2. 体系建设阶段（2003—2008年）

以实施大学生志愿服务西部计划为标志，青年志愿者行动进入了一个跨越式发展的新阶段，初步形成了政府资助、团组织承办、社会化运作、项目化管理的工作格局。扎实开展了青年志愿者抗击非典系列活动、青年志愿者抗击雨雪冰冻灾害活动、青年志愿者汶川地震抗震救灾志愿服务工作，启动消防志愿者行动。开展"志愿中国人文奥运"主题活动，组织广大青年志愿者积极投身北京奥运会、残奥会志愿服务活动，向全世界展示了中国青年的良好形象。并以此为契机，探索建立符合中国特色社会主义要求、比较完善和能够有效实施的青年志愿服务体系。各级团组织坚持着眼发展、着力建设，积极推进志愿服务的组织建设、队伍建设、项目建设和机制建设，初步建成了以中国青年志愿者协会和团中央青年志愿者工作部为牵头的全国各级志愿服务组织实施网络；各级团组织还积极推广实施注册志愿者制度。在全社会共同努力下，我国已经形成了一支经过规范注册后规模宏大、相对稳定、常年服务的注册志愿者队伍；坚持项目化推进，初步形成了多领域、多层次、立体化的志愿服务项目体系；以立法为带动，不断完善志愿服务机制，在这5年内，有11个省和8个市先后颁布了志愿服务地方性法规。截至2022年底，已有18个省（区、市）和14个城市相继颁布了志愿服务地方性法规。在各级共青团的不懈努力下，志愿服务理念和志愿者精神逐渐被人民群众，特别是被广大青少年接受和认可，为2008年汶川特大地震抗震救援志愿服务工作、北京奥运会志愿服务工作的巨大成功奠定了扎实的基础。

3. 品牌深化阶段（2009—2012年）

随着《中央精神文明建设指导委员会关于深入开展志愿服务活动的意见》的下发，志愿服务从共青团的工作上升为全党的工作。在新的工作格局下，按照"把志愿者的精神、热情、专长、服务时间有机结合，通过团组织的制度化安排转化为长效服务机制"的要求，青年志愿者工作重点转为夯实工作基础、深化品牌项目、建设长效机制。为适应形势发展和需要，针对农民工青年这一特殊群体，结合共青团工作实际，集中力量，"共青团关爱农民工子女志愿服务行动"在全国各地全面启动，并作为全团履行服务青年职能的一项重要工作。进一步深化实施大学生志愿服务西部计划、中国青年志愿者研究生支教团、中国青年志愿者海外服务计划等工作。积极支持上海世博会、广州亚运会、深圳大运会志愿服务工作。积极开展玉树抗震救灾志愿服务。在新格局下，部分地区志愿服务者组织也得以强化，北京、广东、贵州等地相继成立了以共青团为主导的志愿者联合会、志愿者基金会，修改了志愿服务条例，夯实了共青团的志愿服务基础，形成了组织化动员和社会化动员的有机结合。

多年来，各级共青团坚持量力而行、讲求实效、开拓创新、持之以恒的工作方针，坚持从党政关注、社会急需、青年能力的结合点上选择工作重点和服务内容，坚持因地制宜、灵活多样的服务方式，坚持党政支持、团组织承办、调动社会力量共同参与的运作方式，坚持广泛的社会动员、强大的舆论宣传与加强机制建设相结合、集中开展志愿服务活动与长期实施志愿服务项目相结合、推进志愿服务与加强组织建设相结合的推进方式，将青年志愿者行动打造成为一种新的有效的社会化动员机制和方式。这是一种新的经济、社会变革中精神文明建设的有效载体，一种新的为当代青年人所喜爱和接受的精神时尚，在吸引凝聚青年、弘扬社会新风方面所发挥了不可替代的作用，也成为党政高度认可、社会广泛欢迎、青年积极参与的共青团重要工作品牌之一。①

在此过程中，我国青年志愿活动形成了全国性的志愿者组织。当前，中国青年志愿者协会是我国最大的志愿者组织，发起了全国性的青年志愿者行动，是"跨世纪青年文明工程"的重要组成部分。青年志愿者行动是在总结学雷锋活动和借鉴国外志愿者工作经验的基础上，由共青团中央于1993年下半年发起，并在全国青少年中广泛开展的、鼓励和提倡青少年利用业余时间，志愿无偿地参与以扶贫帮困和社会公益事业为主要内容的一项社会服务活动。

4. 持续推进与完善阶段（2012 年至今）

新时代，我国志愿者活动显现出鲜明的特征。青年志愿者牢记习近平总书记的嘱托，"坚持与祖国同行、为人民奉献，以青春梦想、用实际行动为实现中国梦作出新的更大贡献"②。

志愿服务在党的群众工作和基层社会治理领域展现出独特的优势。志愿活动的功能在于促进社会文明的提升，实现道德水准和文明素养的提高。在文化建设方面，志愿服务强调"奉献、友爱、互助、进步"的志愿精神，倡导积极树立社会责任意识、规则意识，以及培养积极向上、善良的品质。

中国特色志愿服务已实现一定程度的制度化与常态化，并将构建新时代特色志愿服务实践体系和发展独具特色的志愿服务文化。志愿服务形式多样化，包括日常互助服务、抗险救灾服务、大型活动志愿服务等，可以满足社会不同领域和层面的需求。

新时代中国特色志愿活动以习近平新时代中国特色社会主义思想为指引，坚持社会主义核心价值观，凝聚人民力量，推动社会文明进步，为实现中华民族伟大复兴的中国梦不断贡献力量。

（二）大学生志愿活动与社会实践的类型

我国的青年志愿者活动与大学生社会实践活动紧密结合。大学生社会实践活动，是

---

① 国务院新闻办公室. 中国青年志愿者介绍及发展阶段 [EB/OL]. (2013-11-29)[2023-03-10]. http://www.scio.gov.cn/xwfbh/xwbfbh/wqfbh/2013/20131202/xgzc29665/Document/1352166/1352166.htm.
② 习近平. 习近平给华中农业大学"本禹志愿服务队"回信（全文）[EB/OL]. (2013-12-06)[2023-03-10].http://theory.people.com.cn/n/2013/1206/c49171-23763101.html.

按照学校的培养目标，有目的、有计划、有组织地参与社会政治、经济和文化活动的一系列活动。社会实践活动对于大学生了解社会、理解基本国情、奉献与回馈社会、锻炼能力、培养品格、增强社会责任感具有十分重要的作用。

在我国，大学生参与的志愿活动通常包括 3 种：社区服务、支教扶贫、社会服务。

1. 社区服务

我国有大量志愿者参与到社区志愿服务中，大学生志愿者也是其中重要的组成部分。社区实践活动是大学生参与到社区、场馆，了解社会基层机构实际运作方式的有效渠道。近来，很多地市建立了线上志愿服务实践平台，吸引当地高校的大学生加入志愿服务。在社区志愿活动中，大学生可以参加垃圾分类、街巷管理宣传等服务队。大学生志愿者更具年轻活力，思路更开阔，并对服务工作有创新意识，会使原有的社区活动更为丰富多彩。

2. 支教服务

在基层扶贫开发志愿服务系列项目中，大学生志愿服务西部计划是其中最有代表性的活动。该计划由共青团中央、教育部、财政部、人力资源和社会保障部共同组织实施，每年招募一定数量的高等学校应届毕业生，到西部基层开展为期 1～2 年的教育、卫生、农技、扶贫等志愿服务。

除服务西部计划外，支教扶贫、大学生支教活动也构成我国青年志愿者活动的主要内容，是推动我国不同地区教育公平的具体有效的方法，也是促进教育平衡与进步的重要渠道。2022 年，浙江省大学生志愿服务山区、海岛、边远地区计划第十九期志愿者培训班中，150 名志愿者前往杭州、温州、金华、衢州、舟山、丽水等地市的 26 个山区县进行志愿服务。为更好地进行志愿服务，志愿者们参加了公文写作培训、心理健康辅导培训等岗前培训。自 2003 年起，浙江省已累计招募 5168 名高校毕业生和在读研究生参与"两项计划"，其中派遣至西部省份志愿者 2843 名，派遣至省内山区、海岛、边远地区志愿者 2325 名。

在我国，更为知名的大学生志愿服务和实践活动有暑期"三下乡"。大学生暑期"三下乡"是指高校学生利用暑期时间进行的文化、科技、卫生"三下乡"活动。"三下乡"社会实践活动的活动参与面广，志愿者人数多，是青年学生参与社会和锻炼自身能力的重要平台。

2022 年，浙江农林大学主题为"生态智慧·乡村大美"的社会实践项目获得共青团中央"三下乡""返家乡"社会实践优秀调研报告的荣誉，该项目就杭州市余杭区余杭街道永安村的村庄现状展开了生态调查、业态调查、问卷调查等。实践团队就调研获得的资料，对村容村貌开展了"以稻为核"的生态规划与景观设计等活动，并进行了系列自然教育科普宣讲、自然教育课程，实现了"自然教育发生地"的实践目标。

通过以"三下乡"为代表的大学生社会实践活动，不同专业的同学结合自身专业特长，以实际行动将知识转化为生产力，为促进区域经济发展、实现共同富裕贡献出自己的力量。2017 年 12 月，教育部在《高校思想政治工作质量提升工程实施纲要》中已明确将实践育人质量提升体系作为"十大"育人体系之重要一环，并提出继承并坚持"理论教育与实践养成相结合，整合各类实践资源，强化项目管理，丰富实践内容，创新实践形式，拓展实践平台，完善支持机制，教育引导师生在亲身参与中增强实践能力、树立家国情怀"。其中的重要内容就是广泛开展社会公益、志愿服务活动，"深入开展好大学生暑期'三下乡''志愿服务西部计划'等传统经典项目"。①

3. 社会服务

如今大学生志愿服务在全国范围已经发展成一项内容较丰富、形式较多样的社会事业，除了大学生志愿服务西部计划、青年志愿者扶贫接力计划，常见的大学生志愿服务和实践活动还有大型经济、体育、文化活动、抗震救灾、抗洪救灾及各种公益性服务活动等。以北京奥运赛会志愿者为例，仅报名参加奥运会赛会志愿者的首都高校学生就占报名总人数的 50%。2016 年的 G20 杭州峰会中，共有 4021 名中外大学生志愿者参与其中，高校志愿者主要从浙江大学、浙江工业大学等 15 所高校报名的 26266 人中选拔而来。在筹备 2022 年杭州亚运会过程中，组委会面向全球招募赛会志愿者。截至 2021 年 11 月，亚运会志愿者注册总人数达 32.14 万人，成功报名人数 22 万人，其中高校志愿者占 67%。大学生志愿者们用行动诠释了"奉献、友爱、互助、进步"的志愿精神。

二、当前大学生志愿服务工作存在的问题

近年来，尽管大学生志愿服务的内容不断增加，方式有所更新，领域不断扩展，但依然存在诸多挑战。在青年志愿者招募方面，志愿服务活动宣传动员不足，参与渠道有限，很多人想要加入却不知如何参与，一些志愿服务参与也缺乏甄选机制；在志愿者培训方面，普遍存在重服务、轻培训的现象，很多志愿服务不组织专门的培训，而已有的培训又因形式单一、内容乏味而导致培训效果不理想；在志愿者考核方面，由于志愿者注册制度未能很好落实，志愿者考核制度也只能流于形式，难以建立志愿者的成长机制。

对于大学生而言，志愿服务与社会实践中的一些生活问题、财产安全、人身安全等也是学校与家长担忧的问题。这些志愿服务的问题有的具有特殊性，有的则较为普遍，需要多部门机构和社会支持才能改善。问题可大致概括为以下几方面。

（一）大学生参与志愿服务意愿不强

在校大学生是青年志愿者的中坚力量，但也存在对志愿活动了解程度偏低，从事志愿服务意愿不足的现象。在普遍面临学习紧张、课余时间有限的情况下，也会有部分学生认为参加志愿活动浪费时间精力、得不到认可。导致这种现象的基本原因有对志愿服

① 中华人民共和国教育部. 中共教育部党组关于印发《高校思想政治工作质量提升工程实施纲要的通知》[EB/OL]. (2017-12-04) [2023-4-13]. http://www.moe.gov.cn/srcsite/A12/s7060/201712/t20171206_320698.html.

务的性质与工作不够了解、宣传力度不够等。

目前，高校的志愿服务工作与以互联网、5G、人工智能为核心的信息技术革命之间的融合已经成为一种主要的发展趋势，这也对大学生志愿服务形式的多样化与时代性提出了新要求。

（二）组织结构规范性有待加强

在学校团委的管理下，大学生志愿者组织结构较为简单。我国志愿者组织结构自初创阶段的直线式组织结构，发展为类似直线职能式组织结构，并逐渐形成一整套具有特色的大学生志愿者招募、培训、管理、考核、激励等方面的管理制度。大多数综合性大学都建立了学生志愿者总会，正式形成了社团化管理和运作模式的大学生志愿者组织，成为志愿从事社会服务的学生进行自我管理、自我培训的载体。但总体而言，该组织还缺乏具有特色的大学生志愿者招募、培训、管理、考核、激励等方面的管理制度等。

（三）活动资金匮乏

资金的短缺是国内志愿者活动面临的主要障碍之一。大量志愿活动的组织者认为，最大困难是缺乏资金去开展志愿工作。大学生志愿服务活动的资金是保证志愿服务活动顺利和高质量完成的重要保障。在青年志愿者服务发展较为成熟的国家，较为完善的资金筹措机制已经形成，政府对志愿者及志愿者组织提供税收方面的优惠政策，保证其建立合理的资金筹措渠道，并推行政府购买公共服务的方式，企业则积极参与志愿者服务事业的发展，为志愿者服务提供资金支持。在我国，大学生志愿者组织获得的政府、企业、学校的资助比较有限。

三、大学生志愿服务工作未来展望

就上述当前大学生志愿服务和社会实践存在的问题，可以从几个方面进行改善。

（一）建立更加健全的评估与激励机制

党的二十大报告提出了"完善志愿服务制度和工作体系"，这为未来中国志愿服务工作的发展指明了方向。在2015年3月，教育部发布了《学生志愿服务管理暂行办法》，明确要求"高校应给予自行开展志愿服务的学生全面支持。扶持志愿服务类学生社团建设，并将志愿服务纳入实践学分管理"。2016年，共青团中央和教育部联合下发《高校共青团改革实施方案》，要求在高校实施"第二课堂成绩单制度"，鼓励大学生积极参与社会志愿公

如何成为青年志愿者为社会发展助力？

益活动。高校可以发挥好自身作为教育主体的优势，把志愿服务纳入大学通识教育的课程，同目前的劳动教育课程结合在一起。这自然需要在高校中建立更加健全的志愿服务的评价与激励机制。采取积极措施建立相对稳定的志愿者服务队伍，其中就包括建立完善大学生志愿者的考评和激励机制。科学的考评不仅有助于及时发现志愿服务活动中存

在的问题，促进志愿服务活动的顺利开展，也助于吸引更多的大学生志愿者长期从事志愿服务活动。正向激励是通过大学生志愿服务活动来满足更高层次的需求的一种方式，诸如社会交往、社会归属与认同、自我价值实现等，高等院校志愿者队伍的管理者在选择志愿服务的项目和内容的时候，应该注重志愿活动的多样性，使志愿服务的工作更具吸引力和挑战性。

（二）完善志愿服务制度与法律保障

党的十八大以来，我国志愿服务事业获得了快速发展。《关于支持和发展志愿服务组织的意见》《志愿服务条例》等条例法规相继出台，在制度层面对志愿服务进行整体布局，为志愿服务可持续发展提供了制度保障。

《志愿服务条例》

为大学生志愿服务立法，是完善大学生志愿服务相关制度的重要基础。要使我国的大学生志愿服务工作能够长久持续地发展下去，提升大学生志愿服务队伍的专业化水平，就必须要重视志愿服务工作法治问题。

1986年，民政部从社会实际需求考虑，提出在城市开展社区服务的设想。其后，中央政府相关部门颁布了一系列政策和法规，对社区服务活动进行支持与鼓励。这些政策和法规包含社团登记注册方面的细则，但总体上规定比较笼统。

在地方性法规方面，1999年8月5日，广东省九届人大常委会第十一次全体会议上通过《广东省青年志愿服务条例》，这是从法律层面对志愿服务的认可。条例中提及志愿服务是"青年志愿服务组织或者青年志愿者自愿无偿地服务于人民群众生产、生活和其他有利于社会发展的行为"。

在地方性法规的基础上，还需要《志愿服务法》及相关子法，如《志愿服务奖励办法》《志愿服务证及服务记录册管理办法》《志愿服务绩效认证及绩效服务证明书发给作用规定》等，明确规定大学生志愿者在相关服务单位应享有的权利和应履行的义务，以此解决大学生志愿活动的后顾之忧，提供法律保障。有了这些法律、法规、指导意见的保障，大学生志愿工作不但能顺利进行，志愿者们的合法权益也能得到充分保护，这是我国大学生志愿服务长久持续发展的法治基础。

（三）扩展志愿服务资金支持

目前，大学生志愿者组织开展活动的经费来源通常是向学校财政申请经费。有社会责任感、有能力的企业和个人对青年志愿者活动应给予支持。一方面，高校可以依托校友资源来设立大学生志愿服务实践基地，让大学生志愿者拥有便捷的实践机会，增强实践教育的多样性、趣味性和实效性。另一方面，大学生志愿者也能为校友企业提供专业对口的人力资源支持。这样既能在一定程度上缓解高校志愿活动的资金问题，同时为相关企业机构提供人力资源的支撑。

（四）应用新型信息技术

合理地使用以互联网、5G、人工智能为核心的信息技术来开展相关的志愿服务工作，可以使志愿服务更加方便快捷。例如，大学生志愿者可使用全国性的注册志愿者信息系统——中国青年志愿者协会运营的"志愿中国"网站及"志愿汇"App。目前网站注册志愿者人数已有 6000 多万人，其中有公益组织 40 多万个，活跃用户遍布 30 个省、自治区、直辖市。例如，宁波大学科学技术学院张琳琳，她作为青年志愿者加入了慈溪市未成年人救助保护中心服务团队。在大学 3 年期间，张琳琳的"志愿浙江"和"志愿汇"App 账号显示，她累计志愿服务时长已超 3000 小时。网络平台使服务组织者和志愿者能够通过智能手机 App 客户端对志愿服务工作进行推广和宣传报道，并及时获得意见反馈。青年志愿者也能够通过平台参与志愿工作线上培训课程，提升服务水平。网络志愿者平台突破时间与地域的限制，实现跨城市、跨地区的大学生志愿服务，实现网络世界与线下志愿服务的有效结合。

党的十八大提出"广泛开展志愿服务，推动学雷锋活动、学习宣传道德模范常态化"；在党的十九大报告中同样指出"推进诚信建设和志愿服务制度化，强化社会责任意识、规则意识、奉献意识"；党的二十大提出了"完善志愿服务制度和工作体系的要求"。志愿者队伍建设和志愿服务发展始终与我国的政治、经济、社会发展密不可分，我国志愿服务事业与社会服务需求的发展、精神文明的建设直接相关。在发展青年志愿者，尤其是大学生志愿者方面，需要更加规范、专业化、系统化的志愿服务教育和培训，既发挥高校学生的专业特长，又适应于社会需求，这也是学生接触社会，参与社区活动、服务与回馈社会的渠道。

第二节 | 公益劳动服务

公益活动是指一定的组织或个人向社会自愿捐赠财物、时间、精力和知识等活动。公益活动的内容通常包括社区服务、环境保护、知识传播、公共福利、帮助他人、社会援助、社会治安、紧急援助、青年服务、慈善、社团活动、专业服务、文化艺术活动、国际合作等。公益精神就是愿意为改善社会公共事务而奉献努力的精神。对于大学生而言，参与各种类型的公益活动是参与社会、服务社会的方法，也为将来更好地适应社会环境奠定良好的基础。

一、大学生网络支教公益活动

当前，大学生志愿者长期参与的公益活动以支教活动作为典型。习近平总书记提出，"可以发挥互联网在助推脱贫攻坚中的作用，推进精准扶贫、精准脱贫，让更多困难群众用上互联网，让农产品通过互联网走出乡村，让山沟里的孩子也能接受优质教育"[1]。浙江师范大学智慧云公益团队旨在通过"互联网＋教育"的形式，创新支教方式，为教育薄弱学校的学生带去优质的教育，为精准扶贫和促进教育公平贡献自己的力量。智慧云公益团队通过"公益 1+1"的方式，将优质教育资源共享至革命老区、边远贫困地区和边疆民族地区的教育薄弱地区，以优质教育资源造福更多学子。基于"互联网＋教育"的技术，依托师范院校的教育优势，智慧云公益团队努力发展教育信息化，创新实践线上线下复合支教模式。从学生和教师两个主体出发，首创"线上线下双师"教学新模式，开设特色课程，开展特色活动，助力学生发展；实地示范平台使用方法，对接当地主管部门为教师开展教育培训，形成在线教育新模式。联合众多社会公益组织，带动更多大学生参与在线志愿服务，长期帮扶教育薄弱地区的师生。

二、公益服务活动的新发展

在互联网时代，公益的内涵和外延都得以拓宽——有趣、丰富、便捷的公益参与模式，社会价值与商业价值合力驱动，让公众参与更简单；科技力量和公益标准相结合，让公益信息记录与反馈更为便利。如今，我们打开高德地图搜索"献血"，就可看到全国无偿献血公益地图。手机应用程序和网站设置与公益服务结合，方便人们能够更快捷地参与公益活动。

（一）大学生参与微公益活动

"微公益"是以互联网平台为基础的网络民间慈善组织，它基于互联网 Web2.0 的官网信息发布机制，以"人人公益""众人拾柴"作为发起模式，以互联网平台为媒介，在融合捐助者的资源与信息并将被捐助者的情况和受益过程展现出来的基础上，高效地实现传统公益组织较难完成的任务。

网络公益使大学生随时参与公益活动成为可能。调查数据显示，绝大多数大学生自愿参与微公益活动，大学生在对待志愿服务活动和公益活动时普遍体现出的内在心理机制是推动其自愿参与微公益活动的主要内因，具体表现为高价值表达、高学习理解、高自我增强、高职业生涯、高社会交往和高自我保护五方面。在大学生所参与的微公益活动的援助对象中，所选人数较多的是助学扶贫、社区服务、环境保护、大型会展或活动的志愿者服务，以及灾难救助与动物保护。

（二）高校公益活动与公益组织合作

高校公益活动与社会公益组织合作，已成为当代公益活动的趋势，这使大学生参与的活动联系更为广泛，具有更佳社会活动影响和宣传效果。例如 2021 年 6 月，杭州首个动物保护月的公益活动得到了社会各方支持。该活动以高校学生志愿者为主体，协办

---

① 习近平. 在网络安全和信息化工作座谈会上的讲话 [EB/OL]. (2016-04-25)[2023-05-03]. https://www.gov.cn/xinwen/2016-04/25/content_5067705.htm?cid=303.

单位有多达 12 所高校的志愿者团队。参与的高校分区举办小型宣传活动，通过义卖、宣讲、观影、音乐会、电台播音、直播等多种形式宣发、传播科学环境保护、动物保护的方法和理念。面向社会，高校积极宣传动物保护理念，发挥高校大学生青年志愿者使命担当，推动环境保护、动物保护科普活动从校园出发走进市民生活，提升了人们保护自然的意识。

三、大学生公益创业

公益创业是指个人、社会组织在社会责任、社会使命的激发下，以创新精神回应社会需要，向公众提供产品或服务。与一般创业项目相比，公益创业的独特之处是以服务社会公益领域为就业方向，建立公益组织，向公众提供公益产品或公共服务的社会活动。例如，浙江师范大学打造了"校聚通"校园公益创业服务平台，由校友团队开发运营，聚焦校园服务，以校园公益创业为方向，融合多种日常学业生活服务业态，为学生提供公益免费服务与创业实践机会，为学生创业提供基础支持，培育学生创业项目，高效实现科创转化，从而帮助大学生进行创业与兼职工作，打造校园公益创业共同体。

就青年创业者普遍面临的缺资金、缺技术、缺市场等困难，部分省市联合地方高校也开始建立有助于大学生创业的公益创业项目和扶持工作。公益创业，实际上是一种更注重社会责任感和使命感的创业形式，与传统创业往往通过盈利和投资回报率来衡量成果不同，公益创业的成就主要来良好的社会影响和美誉度。因此，公益创业既需要创业者具备创新挑战精神，同时也需要具有主动承担社会责任、传播主流价值观的精神。这些公益创业项目的起点，可能源自一次志愿服务经历，可能是一个社会实践项目，可能是一次调研、一次支教，等等。参与志愿活动、实践活动、公益活动都是大学生参与公益创业和创新创业的重要渠道。

第三节 | 强化劳动服务意识和奉献精神

社会中志愿服务的基本特征是志愿者在自身职业之外，不为获得任何物质报酬、不受私人利益的驱使、不受法律的强制，基于道义、信念、良知、同情心和责任感而从事公益事业，为改进社会而服务、贡献个人时间及精神的活动。从人的本质来讲，志愿服务并非单向付出，而是在不断的良性互动与形成正反馈的过程中，促进社会进步的一种实际可行的方法。

一、培育志愿者精神

志愿者精神是志愿者能够不为报酬而主动承担社会责任的内在动机。志愿精神的产生，源自个人对人类及社会的积极认识、对于社会发展的积极价值取向，而这个取向来自个人的背景、教育和经验，也来自社会环境的作用。中国的志愿精神有着源远流长的历史，在中国传统文化的伦理道德中就有倡导无私互助的珍贵情怀。"老吾老以及人之老，幼吾幼以及人之幼"等中国传统文化观念和民族精神已蕴含了志愿精神所倡导的"奉献、友爱、互助、进步"精神。志愿精神能够从道德、实践和价值三个层面阐释。在道德层面，志愿精神体现为一种体现美德的德性精神；在实践层面，志愿精神体现为实践精神，也体现了马克思主义哲学中强调的关键环节；在价值的层面，志愿精神则体现为一种价值诉求。德性奠定了志愿精神的起点，实践指明了志愿精神的方向、路径，价值诉求则是志愿精神的最终归宿。

志愿精神是一种自愿的、不为报酬和收入而参与推动人类发展、促进社会进步和完善社区工作的精神，是公众参与社会生活的一种非常重要的方式。志愿者身份，实质是不为报酬而主动承担社会责任的人，从而以多种的方式开展志愿服务。

志愿精神将传统的互助救助观念与现代的群体关爱意识相结合。有的人群会将生活中的困境和解决方法的个人经验感受向处于困难境地的人们转移。以前主导人们的"生活的道德"也就会向"道德的生活"转移。志愿者精神体现的是有利于他人和社会的付出。道德理想主义常常在人们的行动中表现出不为经济利益驱使的利他行动。志愿行为的两种动力就此凸显个人道德理想与组织推动力量。志愿行为不仅是经济社会传统意义上的个人美德的单纯表现，也是个人美德在公共生活中的升华和社会资本的展示。

二、提升社会公共事务参与度

人与社会的发展离不开实践，青年的发展也离不开社会实践。对公共事务的认识是大学生参与到社会志愿服务中的前提，通过参与志愿服务和实践活动，学生能够深入了解国家和社会的基本情况，以及社区和社会组织对志愿者的需求。参与各个高校举办的社会实践活动和相关课程，大学生能够直接地体验志愿者活动的乐趣与意义。大学生也可以以参与高校的实践基地为起点，通过社会实践，把课堂和社会实际联系起来，也可在实践中拓展书本知识，把理论与实际、学校与社会、课内与课外有机结合起来，这是自我实现和自我发展的前提基础。

志愿者能够通过参与志愿服务丰富生活体验和生活经历。志愿者利用闲暇时间，参与一些有意义的工作，能够拓宽自身的生活交际圈，更可深切体验社会和人生，对社会发展和社会生活做出客观的判断。参与志愿活动，可以为志愿者提供自我教育和自我完善的机会。在参与志愿工作的过程中，志愿者可以发挥特长，培养组织及领导才能，学习新知识及技能，从中感受到工作的满足及成就感。志愿工作还可以帮助志愿者培养责任感及正确的工作态度，为未来工作提供训练与准备。

三、共建美好社会

各行各业都有很多值得我们学习的榜样，包括航天英雄、奥运冠军、大科学家、劳动模范、青年志愿者，还有那些助人为乐、见义勇为、诚实守信、敬业奉献、孝老爱亲的好人，等等。榜样的力量是无穷的。大家要把他们立为心中的标杆，向他们看齐，像他们那样追求美好的思想品德。这就是孔子讲的："见贤思齐焉，见不贤而内省也。"

——2014 年 5 月 31 日，习近平在北京市海淀区民族小学主持召开座谈会时的讲话

志愿服务可以培养公民的社会责任感、倡导合作和奉献精神。和谐社会、共同富裕的实现，离不开个体、团体之间的互帮互助。社会需要公民积极承担社会责任，在不为物质报酬的前提下提供时间和精力，去促进社会进步和社会福利事业的发展。志愿服务既是服务他人，也是帮助自己。志愿服务在增强人民幸福感上具有无可替代的社会功能，志愿服务带来的是物质满足之上的更高层次的幸福感。青年志愿服务活动将在实现共同富裕的过程中发挥积极作用，能够促进社会公平，推动社会成员间友善互助，促进社会共建共享。

在湖南女子学院暑期"三下乡"暨"青年红色筑梦之旅"的社会实践活动中，建立在收纳整理基础上的云享整理公司是该校大学生的成功创业案例。该团队连续 4 年为乡村女性提供家政服务、收纳整理相关培训，并帮助她们寻找就业岗位，助力乡村振兴。在"三下乡"期间，该公司安排专业技能人员进行业务指导。不仅在收纳整理方面对乡村女性帮扶赋能，更在妆容礼仪、护肤化妆知识、女性领导力等相关课程中实现。经实践团调研发现，在岗的女村干部、返乡创业女青年等是乡村振兴中非常重要的一个群体，而她们的共同需求就是女性领导力的相关培训。依托学校商学院的管理学、领导力等课程基础，实践团成员针对性地帮助当地解决了乡村振兴中这一需求。

杭州亚运会官方主题推广曲《有你有我》MV 发布

大学生志愿服务的精神及其活动，用一种生动的方式诠释了"以人为本"的理念。大学生志愿活动有助于协调多方面的社会关系，调节多种社会矛盾，促进和谐社会建设。志愿服务遍及扶老、助残、救孤、济困、扶贫、助学、助医、环保、抢险救灾等各个方面。在预防和化解社会矛盾、维护社会安定团结，缩小城乡差距，消除经济与社会发展、人与自然发展的矛盾方面发挥了积极的作用。志愿服务工作的不断推进也会提升民众的生活幸福指数，改善生活环境，提高精神生活质量。大学生是社会志愿服务和公益活动的中坚力量，志愿服务的发展也代表着国民素质和社会文明程度的提高。在构建美好社会的道路上，每个社会成员都在付出努力，一步一个脚印，脚踏实地践行共同富裕原则。助人自助，乐人乐己。大学生加入到志愿服务和公益活动中，能够体会参与建设互助和谐社会的喜悦与成就感。

📖 **拓展阅读**

"小青荷"

2016 年 9 月 4—5 日，二十国集团（G20）领导人杭州峰会在浙江杭州举行。4021 名会场志愿者累计服务 19.4 万个小时，服务嘉宾 5 万余人次。"小青荷"是 G20 杭州峰会志愿者的代名词。这个名字取自宋代诗人杨万里描写杭州的诗句"接天莲叶无穷碧，映日荷花别样红"，"青荷"也音同"亲和"。

G20 杭州峰会会场志愿者招募工作于 2015 年 12 月启动，面向浙江大学、浙江工业大学等 15 所高校进行定点招募，共接受志愿者报名 26266 人。通过团省委、杭州团市委和 15 所高校组织的两轮面试，以及志愿者通用知识线上测试、心理素质测试等，最终选拔出志愿者参与岗位服务。此外，还有面向国际留学生选拔的国际志愿者代表 25 名，分别来自俄罗斯、德国、澳大利亚、哈萨克斯坦等 14 个国家。

G20 杭州峰会之后，杭州还将承接大型赛事，像世界游泳锦标赛、亚运会等，这些赛事都将成为志愿者展现风采的舞台。19 届杭州亚运会、亚残运会赛会志愿者的名称将继续使用"小青荷"。小青荷志愿者将为开闭幕式、各项竞赛及活动提供竞赛运行服务、礼宾和语言服务、观众服务、媒体运行服务、后勤保障服务等 13 类志愿服务，起到非常重要的沟通作用。

📖 **拓展阅读**

大学生志愿服务西部计划[①]

2003 年，共青团中央、教育部、财政部、人力资源社会保障部根据国务院常务会议和全国高校毕业生就业工作会议精神，联合实施大学生志愿服务西部计划，招募一定数量的普通高等学校应届毕业生或在读研究生，到西部基层开展为期 1～3 年的志愿服务工作，鼓励志愿者服务期满后扎根当地就业创业。

西部计划按照服务内容分为基础教育、服务"三农"、医疗卫生、基层青年工作、基层社会管理、服务新疆、服务西藏 7 个专项。西部计划 2018 年实施规模为 18300 人，其中包括 2100 多名中国青年志愿者扶贫接力计划研究生支教团成员。

西部计划实施 15 年来，已累计选派 27 万余名大学生志愿者到中西部 22 个省区市及新疆生产建设兵团的 2100 多个县市区旗基层服务。西部计划实施以来，综合成效明显。作为实践育人工程，引导具有理想主义情怀的青年人，通过火热的西部基层实践进一步坚定理想信念，锤炼意志品格，升华志愿情怀；作为就业促进工程，引导和帮助高校毕

---

① 大学生志愿服务西部计划项目介绍 [EB/OL]. (2018-05-03)[2023-03-10]. http://xibu.youth.cn/xmjs/201510/t20151015_7212132.htm.

业生树立正确的就业观，并为他们搭建到西部去、到基层去、到祖国和人民最需要的地方去干事创业的通道和平台；作为人才流动工程，鼓励和引导东、中部大学生到西部基层工作生活，促进优秀人才的区域流动；作为助力扶贫工程，以西部计划志愿者为载体推动校地共建，引导高校资源参与到当地的脱贫攻坚工作中。

西部计划是国家重大人才工程"高校毕业生基层培养计划"的子项目，是引导和鼓励高校毕业生到基层工作的5个专项之一。党中央、国务院高度关心西部计划志愿者，高度重视西部计划和研究生支教团工作。习近平总书记曾多次做出批示或给志愿者回信，肯定志愿者们在西部地区辛勤耕耘、默默奉献，为当地经济社会发展、民族团结进步做出了贡献，勉励越来越多的青年人以志愿者为榜样，到基层和人民中去建功立业，让青春之花绽放在祖国最需要的地方，在实现中国梦的伟大实践中书写别样精彩的人生。

⑦ 思考题

1. 当前大学生参与志愿服务有什么样的社会意义？

2. 结合自身专业所学与兴趣爱好，想一想自己适合从事什么类型的志愿服务或公益活动？

✅ 劳动实践

结合本章内容，发挥专业特长参与志愿服务活动和公益活动，开展爱心帮助、技术咨询、文体休闲服务等。

第八章 大学生创新性劳动

习近平总书记指出，培养创新型人才是国家、民族长远发展的大计。[①]面对劳动形态的新变化，作为未来社会劳动的主力军，新时代大学生应当如何科学认识和准确把握新机遇和新挑战，以积极的姿态在新科技浪潮中承担历史使命？

第一节 产业新业态与劳动新形态

随着人类社会进入知识经济时代，新一轮科技革命正在深刻影响着人们的生产方式、生活方式和思维方式，不断重塑各行各业的劳动形态，这也对劳动者提出了更高的知识和能力要求。

一、拥抱产业新业态

业态是与一个国家或地区一定时期生产力发展状况相适应的产业存在形式或实现形式，产品或服务、经营方式和经营组织形式等都是其具体内容。三次产业是世界各国对产业类型的基本划分，通俗而言，第一产业主要指农业，第二产业主要指制造业，第三产业主要指服务业。根据国家统计局 2022 年发布的数据指标解释，新业态指顺应多元化、多样化、个性化的产品或服务需求，依托技术创新和应用，从现有产业和领域中衍生叠加出的新环节、新链条、新活动形态[②]，表现出生产过程数字化和智能化、经营方式平台化和生态化、产品服务柔性化和定制化等特点。

世界各国积极拥抱新经济、新产业、新模式的变化，谋划与这些变化相适应的发展方案。2015 年起，国务院办公厅、各相关部门陆续发布关于支持新业态培育和发展、新业态协同监管、新业态新模式从业人员技能培训与权益保障等的指导意见，为新业态发展提供政策支持与保障。近年来，出现了数字经济、流量经济、创意经济、共享经济和绿色经济等常见的产业概念，作为知识劳动的生力军，还需特别关注"战略性新兴产业"等重要领域。

---

① 习近平 . 在中国科学院第二十次院士大会、中国工程院第十五次院士大会、中国科协第十次全国代表大会上的讲话 [N]. 人民日报，2021-05-29(2).
② 国家统计局 . 2021 年我国"三新"经济增加值相当于国内生产总值的比重为 17.25% [EB/OL]. (2022-07-29)[2023-03-10]. http://www.stats.gov.cn/xxgk/sjfb/zxfb2020/202207/t20220729_1886876.html.

（一）数字经济

党的二十大做出"加快建设数字中国""加快发展数字经济"等一系列重要部署。2021 年 10 月，习近平总书记在主持中共十九届中央政治局第三十四次集体学习时强调，要充分发挥海量数据和丰富应用场景优势，促进数字技术和实体经济深度融合，赋能传统产业转型升级，催生新产业新业态新模式，不断做强做优做大我国数字经济。[①]

根据 2016 年 G20 杭州峰会发布的《二十国集团数字经济发展与合作倡议》，数字经济是指以使用数字化的知识和信息作为关键生产要素，以现代信息网络作为重要载体，以信息通信技术的有效使用作为效率提升和经济结构优化的重要推动力的一系列经济活动。[②]2021 年 6 月，国家统计局发布《数字经济及其核心产业统计分类》，从二元结构、三元要素、五大分类对数字经济进行严格划分，成为度量数字经济的官方参考依据。该文件指出，数字经济核算包括数字产业化和产业数字化两部分。核心部分是数字产业化，主要包括计算机通信和其他电子设备制造业、电信广播电视和卫星传输服务、互联网和相关服务、软件和信息技术服务业等，是数字经济发展的基础；产业数字化部分指应用数字技术和数据资源为传统产业带来的产出增加和效率提升，是数字技术与实体经济的融合[③]。

从世界范围来看，数字经济已经成为世界上许多国家驱动经济发展的重要力量，是国家的核心竞争力，已经成为大国竞争的重要领域和重塑国家竞争优势的重要战略，也是全球经济复苏的重要支撑。世界经济论坛曾预测，数字化程度每提高 10%，人均 GDP 将增长 0.5%～0.62%。中国信息通信研究院发布的《全球数字经济白皮书（2022 年）》指出，中美欧主导的全球数字经济发展三极格局已经形成。从规模上看，2021 年，美国数字经济蝉联世界第一，规模达 15.3 万亿美元，中国位居第二，规模为 7.1 万亿美元。从占比看，德国、英国、美国数字经济占 GDP 比重均超过 65%。2021 年中国数字经济规模达 45.5 万亿元，同比名义增长 16.2%，占 GDP 比重为 39.8%。预计到 2025 年，我国数字经济规模将超过 60 万亿元，到 2032 年将超过 100 万亿，10 年间增长将超过 50万亿元。

2023 年 1 月，浙江兔年"新春第一会"——全省深入实施"八八战略"，强力推进创新深化、改革攻坚、开放提升大会提出，2023 年将更大力度实施数字经济创新提质"一号发展工程"。这也是自 2017 年浙江启动实施数字经济"一号工程"以来的再一次升级。具体到目标上，2023 年到 2027 年，浙江数字经济核心产业增加值超过 1.6 万亿元。

图片说明（右侧二维码）：发展数字经济 共建数字中国 ——二〇二三数字经济论坛发言摘编

① 习近平. 习近平谈治国理政：第 4 卷 [M]. 2 版. 北京：外文出版社，2022: 206.
② 二十国集团数字经济发展与合作倡议 [EB/OL]. (2016-09-29)[2023-3-10]. http://www.g20chn.org/hywj/dncgwj/201609/t20160920_3474.html.
③ 国家统计局. 数字经济及其核心产业统计分类 (2021)[EB/OL]. (2021-05-27)[2023-3-10]. http://www.gov.cn/gongbao/content/2021/content_5625996.htm.

📚 **拓展阅读**

杭州："数字之城"瞄准"二次攀登"①

在刚刚过去的 2022 年，"数字之城"杭州面临前所未有的挑战，多种复杂因素影响下，数字经济发展遭遇瓶颈。站在数字文明的时代风口，杭州吹响了"二次攀登"的号角。

杭州是最早拥抱数字经济的城市之一，早在 2003 年，杭州就确立了"硅谷天堂、高科技的天堂"的发展目标。回望过去 20 年，杭州的"出圈"早已超越历史文化或西湖风光，"数字之城"美誉更甚。

2018 年，杭州市数字经济核心产业营收突破万亿元，达到 10824 亿元。在这一年，杭州提出打造数字经济第一城。

此后，2019 年至 2021 年，杭州全市数字经济核心产业营收和增加值年均增速分别达到 14.69%、13.49%，实现高基数上的高增长。

2022 年 1 月至 11 月，杭州数字经济核心产业增加值增速从此前同期的两位数降至 3.5%。这一年，杭州召开全市数字经济高质量发展大会，提出高水平重塑全国数字经济第一城。

正在召开的浙江省两会上，"数字之城"的竞争优势如何重塑，也成为与会代表委员们的关注话题。代表委员们认为，虽然增速下降受到疫情、俄乌冲突等超预期宏观因素影响，但也意味着杭州数字经济到了转型升级的关口。

先行者难免率先遇到成长的烦恼——数字经济高基数上保持高速增长支撑不足，关键核心技术受制于人的情况还未完全改观，部分传统小微企业面临数字化"掉队"的风险。

面对这些瓶颈，杭州数字经济的"打法"正在发生变化。2022 年，杭州提出以数字化改革为牵引，以科技创新为核心动力，谋划打造万亿级智能物联产业圈，其中包括以视觉智能、云计算大数据、网络通信、智能仪表、高端软件和人工智能等优势基础作为主攻方向，形成产业生态圈，以增强抵御外在不确定性的能力。

如果说过去 20 年，互联网企业是数字化先驱和主角，改变了衣食住行、经济形态和城市气质，在今天，数字经济和实体经济的加速融合正成为发展主旋律，成为打开高质量发展之门的钥匙。

眼下，走进杭州的工厂车间，可以观察到，数字化改革风吹正劲。"链主工厂""智能工厂""数字化车间"……"链主"企业领头出征，与中小企业协同发展的"雁阵"逐

---

① 朱涵．杭州："数字之城"瞄准"二次攀登"[EB/OL]．(2023-01-17)[2023-3-10]．https://m.gmw.cn/baijia/2023-01/17/36309111.html.

渐成形。

数字技术、数字经济是世界科技革命和产业变革的先机，是新一轮国际竞争重点领域。浙江省两会上，代表委员们认为，杭州应勇当数字经济的开路先锋，敢于以体制机制创新驱动产业创新，率先转换增长范式，率先转变增长方式，全方位孕育数字经济新动能，加快构建万亿级数字产业生态圈。

没有走在前列也是一种风险，这是先行者应有的自信与担当。杭州已为"二次攀登"明确目标：力争到 2025 年，全市数字经济核心产业营收突破 2 万亿元，增加值超过 7000 亿元，占 GDP 比重超过 30%。

（二）流量经济

流量经济是存量经济的对向概念，存量经济偏重累积，流量经济偏重流动，是一种去中心化的经济发展模式。其利益实现方式主要通过构建平台或 IP，获取用户与较大的市场流量，再流量变现，从而实现平台价值与利润。以微博、小红书、抖音、哔哩哔哩等新媒体为主要营销平台，针对新人群，开发新渠道，提供新供给，关注新事件，获取广告收入、红包打赏、直播带货等都是典型的流量经济新模式。

近十年，流量在全球经济中的价值和贡献不断提升。2012 年，全球商品、服务、金融流量总价值高达 26 万亿美元，占全球 GDP 的 36%。据估计，到 2025 年全球流量总规模将扩大 3 倍，每年对世界 GDP 的贡献价值在 2500 亿～4500 亿美元，占据全球经济增长的 15%··25%。2022 年 5 月，抖音电商生态大会上发布的数据显示，相比 2021年，抖音电商交易总额（GMV）是同期的 3.2 倍，一年内售出超过 100 亿件商品。抖音电商每个月有 2 亿多条商品短视频发布，957 万多场直播售卖，蕴藏着巨大的商品推广和营销需求。流量经济的"五大流"，即物资流、资金流、人才流、技术流和信息流在全国甚至全球范围内相互交织，一种要素的流动会带动其他要素的流动，给全球经济带来新的巨大活力。[①]

📚 拓展阅读

萧山区"播"出电商新未来[②]

一部手机、一支话筒、一台电脑、几盏镁光灯，主播在镜头前卖力地介绍产品，在萧山的中国 TOP 直播电商产业园，这样的场景每天都在上演。新冠疫情之下，直播带货成为消费新趋势，直播电商得到了迅猛发展。依托扎实的产业优势和成熟的电商生态，

① 沈桂龙，张晓娣. 上海流量经济发展：必然趋势、现实状况与对策思路 [J]. 上海经济研究，2016 (8)：3−18，27.
② 贾晓芸. 杭州日报：萧山区"播"出电商新未来 [EB/OL]. (2021-10-19)[2023-3-10]. http://www.hangzhou.gov.cn/art/2021/10/19/art_812264_59043127.html.

萧山正通过布局电商直播来探索新零售，寻找数字经济的新增长点，以新业态、新模式赋能新服务、新消费。

2020年5月，中国TOP直播电商产业园在萧山科技城的浙江国际影视中心正式开园。全力构建集平台、主播、产业链、企业品牌、物流管理、大数据运营、孵化培训等于一体的全国首个直播电商生态圈。截至2021年9月底，产业园已入驻16家头部直播类企业，其中，杭州秀鱼影视传媒有限公司和杭州星探文化传媒有限公司两家MCN机构，2021年预计可实现年带货销售额超7亿元。而园区重点培育企业好易购近两年也迅速发展，走出了"电视+电商"的改革新突破。2020年全年销售额达25.9亿元，同比增长25.62%。2021年上半年销售额突破10亿元，获得"2020年度淘宝直播TOP10 PGC机构"荣誉。

当大多数实体商贸经济还处于低迷期，在云创直播小镇里，呈现的却是另一番生机勃勃的景象：6层母婴产业、15层食品零售、22层服饰产业……走进新塘街道的云创直播小镇，可清晰地看到每一层的布局规划。在一个个10多平方米的直播间中，主播们正在镜头前细心地介绍产品的特点及优惠方式。

作为萧山区重点培育的直播电商园区之一的云创直播小镇，2020年累计服务150+电商品牌，全年累计开播场次共达50000场，不仅开展带货直播，还进行政务直播。小镇入驻企业20余家，签约主播人数累计600+，年销售额突破1.33亿元。

在中国TOP直播电商产业园、云创直播小镇等"新物种"带动下，萧山电商正以"星火燎原之势"蓬勃发展。2020年，萧山区累计实现网络零售额1606.0亿元，同比增长21.9%。2021年1—8月，萧山区累计实现网络零售额753.8亿元，同比增长12.7%。截至2021年8月底，萧山区在重点监测第三方电子商务平台上共有各类活跃网店238.5万家，数量排名杭州市第一、浙江省第三。创建区级重点电子商务企业28家，6家企业获评浙江省2021—2022年度重点培育电商平台企业。

2021年以来，萧山区锚定"数字化改革"目标，扎实推动数字商贸、数字教育、数字出行、数字文旅、数字健康、数字政务六大领域建设，成功列入省首批数字生活新服务标杆县创建名单。

在电商产业发展取得众多突破的同时，萧山区"党建"+"电商"的发展体系也日趋完善。好易购家庭购物有限公司、杭州九州通医药有限公司、杭州拼便宜网络科技有限公司等电商企业坚持党建引领，依托"三会一课""主题党日"等形式组织开展电商培训，切实把党建优势转化为企业竞争优势，不断优化电商发展水平，推动企业经济持续健康发展。

接下来，萧山区将充分发挥产业带优势，通过政策引领，政企携手，进一步增添企业发展的新动力，带动创造直播电商的新发展，努力将萧山区打造成杭州直播电商的新窗口。

（注：选取时略有改动。）

（三）创意经济

创意经济是通过创意活动来丰富和完善经济行为，提高产品和服务的文化内涵，进而提高它们的附加值的经济活动。创意经济包括文化创意产业、数字创意产业、知识产权服务产业、创意设计服务产业和服务创意产业。创意经济的出现促进了文化的传承和发展，推动了经济的可持续发展。随着社会的不断发展，创意经济的外延不断拓展，创意经济新业态体现为对信息技术的充分利用，以数字化、网络化的生产方式实现价值增值和就业增长。

创意产业是创意、高科技与文化相结合的产物，蕴含着深厚的文化底蕴，它通过对传统文化的创新，创造出巨大的经济价值。创意产业包含众多行业，如广告、游戏、动漫、电影、软件等，无不与信息技术息息相关。就创意产业的发展而言，个人的创造性固然值得强调，但也需要注重整个产业价值链的形成。建立完整的产业价值链是成功案例的共同特征，如北京冬奥会文创、故宫文创、"三体"系列等，包括从创意、设计、生产到销售和营销等环节的有机衔接。此外，它们注重个性化的创意和成功的市场营销，使产品能够更好地满足消费者的需求。因此，创意产业在发展过程中，必须重视信息化技术的应用，构建完整的产品价值链，并将个性化的创意和成功的市场营销作为核心竞争力，以提高产业的整体竞争力和市场影响力。

📚 **拓展阅读**

余杭：数字创意经济蓬勃发展[①]

文化为魂，数字为媒，铸就数字创意产业之魄。

余杭，5000 年良渚文化、2000 年运河文化、1000 年禅茶文化，在这里交汇融合，厚植文创根基；科技重器之江实验室、未来研究阿里达摩院、产研一体 5G 创新园，在这里开疆辟土，勃发数字活力。

作为我省文化产业重点区，余杭的影视、动漫、游戏、设计等数字创意产业迅猛发展。2019 年上半年，余杭文创产业产量保持稳定、质量持续攀升、价值日益提高，实现增加值增幅达 12.1%，数字内容产业增长明显，成为余杭文创重要增长极。

澎湃而来的数字经济浪潮、日益融合的长三角一体化，让余杭这片创业创新高地，

---

① 祝婷兰. 余杭：数字创意经济蓬勃发展 [EB/OL]. (2019-09-17)[2023-3-10]. http://www.hangzhou.gov.cn/art/2019/9/17/art_812262_38131732.html.

积极发挥数字经济先行区的引领作用，用数字创意赋能"文化"，不断朝着"数字产业化、产业数字化"的方向迈进，逐渐形成文化引领、技术先进、链条完整的数字创意产业发展格局，在建设"文化文明"桥头堡的百舸争流中奋楫前行。

精准发力 核心产业百花齐放

余杭重点发展影视、动漫、游戏等原创内容产业，对这"三驾马车"谋划在先，布局"三村聚落"，数字化、产业链化、IP化运营培育，迎来核心产业百花齐放。

余杭索以文化出品的网络动画《书灵记》第一季，正式定档 2019 年 9 月 10 日在腾讯视频独家首播上线。杭州微著网络有限公司运行的重点文创项目"辅导君"，2018 年完成平台业绩 5600 万元，2019 年平台业绩预估 8000 万元，成长性良好。

越来越多的影视行业头部企业新落户余杭，余杭也正在力争阿里影业核心业务"浙商回归"。今年上半年，余杭影视原创企业和产业链配套企业数达到 60 多家，如永乐影视、晟喜华视、佳禾影视、好酷影视、浙江美视、+星影业等，影视全产业链初步形成。

"影视余杭军"大量涌现。电视剧《在远方》《大明皇妃》精彩亮相第 56 届法国春季夏纳国际电视剧节；《在远方》还被中宣部、国家新闻出版广电总局评为 2019 年"中国联合展台"重点推荐片目，9 月 22 日将强势登陆浙江卫视、东方卫视、优酷平台同步播出。《风雨送春归》《觉醒者》《红鲨突击》等 12 部余杭产电视连续剧也都完成拍摄制作等待播出。

数字阅读产业取得了新突破。万派文化《网络英雄传 2：引力场》入选"2018 优秀网络文学原创作品推荐名单"，被评为"2018 年度十佳数字阅读作品"、2018 年度"中国好书"，并在央视一套进行宣传。《网络英雄传之黑客诀》完稿，首次聚焦黑客反恐题材，为《网络英雄传》系列再添新丁。余杭正日益成为中国财经文学新高地。

游戏产业也步入新的发展阶段，积极联姻资本市场。未来科技城集聚游戏企业 60 余家，其中遥望网络入选 2019"杭州准独角兽企业榜单"，并实现资产重大重组；绝地科技被评为 2019—2020 年度国家文化出口重点企业；非奇科技被认定为浙江省"文化＋互联网"创新企业、浙江省"隐形冠军"培育企业。

动漫 IP 价值也日渐显现。良渚新城集聚动漫企业 30 余家，漫画 IP 已经在动画、电视剧、电影等领域多处开花。翻翻动漫对旗下漫画 IP 进行多元化运营，推进《时间支配者》《蔚蓝 50 米》等动漫项目，2019 年一季度营业收入达 1660 万元，同比增长 112.8%。籍火文化出品的《伞少女梦谈》获第 15 届中国国际动漫节金猴奖综合类漫画银奖。

核心产业价值的日益凸显，让余杭的项目招引也瞄准影视传媒、动漫游戏等细分行业、领域的单项冠军，提高招引项目的集中度和落地效率。2019 年上半年对接联系项目 50 余个，赴北京、深圳与名企大企洽谈合作，新引进浙江美视、其飞祥文化等多家文创企业。重点引进数字内容产业链企业，向IP全产业链进发。

创意发挥　多元平台擦亮品牌

2019年5月，万派文化与浙江佳禾影视传媒有限公司、杭州佳平影业有限公司就《网络英雄传Ⅲ：攻防战·弈》达成影视合作，实现网络文学与影视"联姻"，该小说将被打造成IP头部剧集。入驻余杭的企业能够"喜结连理"，得益于余杭多元产业平台聚集牵起的"红线"。

2019年上半年，余杭完成区级第三批文创众创空间创建单位的认定。新增可供文创产业发展的培育空间15家。多个文创楼宇新业态正在快速发展。截至2019年9月，全区共认定文创众创空间创建单位50家，梳理存量发展空间40余万平方米，为文创产业集聚提供发展空间。

区级文创产业公共服务平台作用持续发挥，浙江大学影视与动漫衍生品设计中心举办了"文创助力乡村振兴——动漫文创与文旅开发良渚高端论坛""中国学派重建与动漫品牌打造"产学研合作论坛；"FROM余杭"融·设计图书馆联合老板电器、创基金共同打造"THE LAKE"第三季"食屿"艺术公益展，亮相上海展览中心；华麦网络组织影视企业参加第23届香港国际影视展，承办第十五届中国动漫节动漫游戏商务大会、第三届戛纳杭州国际影视高峰论坛等大型活动，开展4400余场商务洽谈，初步达成合作意向1500余个。

正是这些平台空间载体，实现了余杭文创企业的互联互通、品牌汇聚。

系统发展　优质服务营造生态

余杭着力创新众创空间的产业优化升级和空间特色运营提升，推动数字原创内容众创空间的培育认定和入驻企业的培育扶持，做好产业落地和产业要素资源的整合。

2019年4月，余杭启动"文创企业服务月"活动，陆续开展各具特色文创活动，推行"创意蓝海计划"深圳大学文创高层次人才专题培训、高层次文创人才认定、文创项目征集、文创资本对接等上门菜单式服务。

2019年7月，余杭举办"红领Talk"会，将文创企业、金融机构、法律服务机构聚成联盟，发布文创领域服务清单，搭建专业资源对接平台，大力推进动漫、网游和设计产业交流合作。

2019年8月初，余杭正式发布《余杭区支持文化创意产业发展财政政策实施细则》，进一步提升在数字内容产业、设计服务业、载体培育等方面的文创政策引导力度。

在文创"出海"上，持续举办世界工业设计大会、意大利"金圆规"奖、中国时尚大会等国际盛会，为创意产业对外展示交流和交易合作搭建重要平台；通过参与和主办中英影视动画创新合作论坛、第二届法国戛纳电视节中国（杭州）国际影视高峰论坛等活动，吸引国际国内高层次文创人才；绝地科技列入国家级文化出口企业。

再过两天，第十三届杭州文化创意产业博览会即将举行。此次展览余杭馆的面积达252平方米，为余杭历届占地规模最大的一场。

余杭将以新世遗——良渚文化为核，集中展示传承良渚文明脉络，良渚·中华五千年文明圣地的创意印记。展品涵盖铜雕壁画、珠宝设计、陶瓷设计、丝绸设计、生活日用、原创动漫等多个门类。

参展企业用"数字"赋能"文化"，在数字经济中"解码"文创产业新动能，折射出余杭创新活力，把数字创意产业作为撬动经济增长的杠杆，主动把推进"全域创新策源地"建设同长三角一体化发展国家战略结合起来，建设"文化文明"桥头堡，努力跻身长三角经济发展先行区行列，推动长三角区域一体化高质量发展。

（注：选取时略有改动。）

（四）共享经济

共享经济是利用互联网平台将分散资源进行优化配置，通过推动资产权属、组织形态、就业模式和消费方式的创新，提高资源利用效率、便利群众生活的新业态新模式。新业态下的共享经济是以互联网技术为特征，以闲置资源为对象，以共享主义为文化理念的一种新型经济形态。在交通出行、共享住宿、知识技能、生活服务、共享医疗、共享办公和生产能力等领域，共享经济展现出巨大的发展潜力和韧性。共享经济的优势在于它将个人和企业之间的闲置资源进行整合和利用，这不仅降低了资源浪费和环境负担，同时也满足了人们对便利、灵活和经济的需求。在此基础上，共享经济逐渐形成了自己的商业模式和文化理念，成为一种全新的社会生活方式。共享单车、网约车、互联网医院等，都是典型的共享经济新模式。

《中国共享经济发展报告（2021）》显示，2020年共享经济参与者人数约为8.3亿人，其中服务提供者约为8400万人。[1]2021年中国共享经济市场交易规模约为36881亿元，同比增长约9.2%。从市场结构上看，生活服务、生产能力、知识技能3个领域共享经济市场规模位居前三，分别为17118亿元、12368亿元和4540亿元。[2]2017至2021年5年间，我国参与共享经济活动的人数从7亿增长到8.3亿。未来，随着技术的不断发展和人们消费观念的改变，共享经济必将在更多领域展现出它的巨大潜力和发展前景，在促生产、扩内需、稳就业、保民生等方面发挥重要作用，成为中国经济社会数字化转型的重要推动力。

① 国家信息中心信息化与产业发展部分享经济研究中心.中国共享经济发展报告(2022)[EB/OL]. (2022-02-22)[2023-3-10]. https://www.ndrc.gov.cn/xxgk/jd/wsdwhfz/202102/P020210222307942136007.pdf.
② 国家信息中心信息化与产业发展部分享经济研究中心.中国共享经济发展报告(2021)[EB/OL]. (2021-02-22)[2023-03-10]. http://www.sic.gov.cn/archiver/SIC/UpFile/Files/Default/20220222100312334558.pdf.

拓展阅读

小红车已经陪伴杭州人十四年了！①

不知不觉，杭州的小红车已经陪伴市民和游客们走过了十四年。

2008年5月1日，杭州公共自行车项目启动，从0到1，杭州公共自行车迈出第一步。从2012开始的十年，是小红车快速发展的十年。

2012年，编号"800001"的杭州首辆小红车从凤凰山下跨过钱塘江，被一路骑到南岸的中国杭州低碳科技馆，入驻该馆成为永久性"镇馆"藏品向公众展示。

今天（2022年10月21日），小时新闻记者从杭州公共自行车公司获悉，目前杭州的小红车服务点已达到5263处，拥有小红车12.20万辆，其中亲子小红车11000辆，累计租用量达到12.35亿人次。

十年间，小红车已经实现了从瓜沥衙前到老余杭，从之江转塘到塘栖扫码租车的全覆盖，在整个杭州彼此间互联互通。

十年来，小红车也从需要200元押金到如今可以免押金，"1小时免费，超过1小时每小时1元，单次单日5元封顶"的计费标准更惠民，通过延时还车，还可以实现最多3小时的免费时长。运营时间上，也实现了24小时运营。

租用方式上，扫码租车已经覆盖了整个杭城，市民游客通过叮嗒出行App，就能在杭城随时随地租用小红车，还可以查看服务点的分布和车辆情况。尤其是今年正式试点推出的"实体桩＋电子桩"服务，很受用户欢迎。

此外，杭州公共自行车公司通过设立义务维修点，不定期开展进社区活动，为有需求的市民朋友免费维修自行车；随处可见的服务亭，则被打造成旅游咨询点、社企共建点、微笑亭、城管驿站、普法加油站……

十年间，小红车一直走在推动绿色出行的道路上。通过举办骑行活动、发布骑游路线不断倡导绿色出行，以绘画比赛、"点亮一座亭"公益计划让小朋友认识了解绿色出行，推出团租服务让更多的组织团体能够轻松组织骑游活动……

根据统计小红车租用人数已经达到12.35亿人次，按照平均租用时间33.6分钟，平均出行距离约3.0～5.0千米。如果按照每次出行距离为3.0千米计算，累计行驶里程约37.06亿千米。如按每辆小汽车平均运载2人计算，相当于减少6.18亿辆小汽车的出行量。

（注：选取时略有改动。）

---

① 黄伟芬，邢煜．小红车已经陪伴杭州人十四年了！目前有服务点5263处，车子12.20万辆 [EB/OL]．(2022-10-21)[2023-3-10]．https://baijiahao.baidu.com/s?id=17472782204208333832&wfr=spider&for=pc.

（五）绿色经济

绿色经济是指以经济与环境的和谐为目的，以资源节约、环境友好为基本原则，通过建立绿色产业体系，促进经济可持续发展的一种新型经济形式。绿色经济的目标是在经济发展的同时，减少资源消耗和环境破坏，实现经济、社会和环境的可持续发展。发展绿色经济，对于加强资源节约和集约利用，调整产业结构、优化能源结构，构建绿色产业体系，促进区域绿色转型，推进绿色科技创新等都具有重要意义。

党的十八大以来，以习近平同志为核心的党中央坚持贯彻新发展理念，坚定不移地走生态优先、绿色低碳高质量发展道路，着力推动经济社会发展全面绿色转型。十八届五中全会提出"创新、协调、绿色、开放、共享"的新发展理念。"十四五"规划纲要指出，要加快发展方式绿色转型，坚持生态优先、绿色发展，推进资源总量管理、科学配置、全面节约、循环利用，协同推进经济和生态环境高水平保护。党的二十大报告指出，"推动绿色发展，促进人与自然和谐共生"。发展绿色经济已然成为我国快速推进生态文明建设的重要举措。根据中共中央党校（国家行政学院）与社会科学文献出版社共同发布的《高质量发展蓝皮书：中国经济高质量发展报告（2022）——践行绿色发展理念》测算，2021 年，中国经济绿色发展指数为 70.12，较"十三五"初期提高了 32.2%。

📖 拓展阅读

好项目也得先过绿色门槛　嵊州聚焦高精尖发展绿色经济[①]

近日，嵊州经济开发区绍兴弗迪电池有限公司占地 56 万平方米的厂区里，每晚灯火通明忙着生产，成为一道亮丽新夜景。据了解，该项目总投资约 130 亿元，全部达产后预计年产值超 200 亿元，是嵊州有史以来单体投资规模最大的产业项目。

以弗迪电池项目为代表的新能源汽车产业，以长鸿高科项目为代表的新材料产业，以及贝达药业、浙江纳米抗体、金达视讯等一批重点项目……嵊州主动"解题"——聚焦"高精尖"，坚持绿色发展。2022 年 1 至 9 月，嵊州全市高端装备、新材料等战略性新兴产业产值达 165.76 亿元，同比增长 22.2%。

"在洽谈项目时，我们不是'照单全收'。"嵊州市招商投资促进中心相关负责人告诉记者，对高污染、高耗能的项目，嵊州设置了准入"门槛"，加强审批核验。今年年初，有一家建材企业前来洽谈项目，虽然预期产值和税收都较高，但考虑到该项目能耗较高，最终没有引进。即使项目成功"过关"，当地也会加强日常监管，确保污染物达标排放和环境风险可防可控。

在激烈的市场竞争中，难免出现一些"掉队"的企业。"这些企业往往技术落后、设

---

① 阮帅，陈荣，蒋幸. 好项目也得先过绿色门槛　嵊州聚焦高精尖发展绿色经济 [EB/OL]. (2022-11-20)[2023-3-10]. https://baijiahao.baidu.com/s?id=1749971029919876673&wfr=spider&for=pc.

备陈旧，抑制着工业经济的创新发展，也可能对生态环境造成影响。"嵊州市经信局相关负责人说。截至2022年11月，已累计关闭退出企业1501家，兼并重组23家，规范提升696家。

此外，嵊州同步开展工业园区"污水零直排区"建设，推进"六小行业"整治，并通过"美丽嵊州实践日"活动等方式，守护绿水青山，为经济社会发展擦亮生态底色。

通过这些行动，嵊州发出发展绿色经济的信号，促使企业规范经营、创新创业、谋求高质量发展的意愿不断增强。7家电镀企业关停，取而代之的是1家规模化、集约化、现代化的新型节能环保电镀企业；6家造纸及配套企业整体拆除，盘活62亩土地后，一个年产20万吨的白板纸项目崭新出炉，能耗大幅降低……不少企业通过抱团提升，重新站稳脚跟，有效促进行业的转型发展。

摆脱"枷锁"后，轻装上阵的嵊州跑出了加速度。据统计，2022年1至9月，嵊州规上工业产值444.39亿元，同比增长15.3%；累计工业用电增速达7.6%，规上工业增加值增速达10.7%，均居绍兴市第一；高新技术产业投资增速连续7个月居绍兴市第一。

（注：选取时略有改动。）

（六）战略性新兴产业

除了上述常见的新业态类型，战略性新兴产业也是新时代大学生必须关注的重要概念。战略性新兴产业以重大技术突破和重大发展需求为基础，对经济社会全局和长远发展具有重大引领带动作用，是引导未来经济社会发展的重要力量。发展战略性新兴产业已成为世界主要国家抢占新一轮经济和科技发展制高点的重大战略。[1]过去10年，战略性新兴产业已成为我国新旧动能接续转换、供给侧结构性改革、区域协调发展等领域的有力支撑[2]。

2022年12月，中共中央、国务院印发《扩大内需战略规划纲要（2022—2035年）》，特别指出要壮大战略性新兴产业。具体包括：深入推进国家战略性新兴产业集群发展，建设国家级战略性新兴产业基地。全面提升信息技术产业核心竞争力，推动人工智能、先进通信、集成电路、新型显示、先进计算等技术创新和应用。加快生物医药、生物农业、生物制造、基因技术应用服务等产业化发展。发展壮大新能源产业。推进前沿新材料研发应用。促进重大装备工程应用和产业化发展，加快大飞机、航空发动机和机载设备等研发，推进卫星及应用基础设施建设。发展数字创意产业。在前沿科技和产业变革领域，组织实施未来产业孵化与加速计划，前瞻谋划未来产业。推动先进制造业集群发展，建设国家新型工业化产业示范基地，培育世界级先进制造业集群。

---

① 国务院．国务院关于加快培育和发展战略性新兴产业的决定（国发〔2010〕32号）[EB/OL].（2010-10-18）[2023-03-10]. http://www.gov.cn/zhengce/content/2010-10/18/content_1274.htm.
② 姜江，白京羽．"十四五"战略性新兴产业发展的思考[J].宏观经济管理，2020(1): 8-13.

战略人才站在国际科技前沿、引领科技自主创新、承担国家战略科技任务，是支撑我国高水平科技自立自强的重要力量，要加快建设国家战略人才力量，把建设战略人才力量作为重中之重来抓。[①]目前，我国人才规模、人才结构、人才质量还不能适应新发展阶段的需要。壮大战略性新兴产业，亟须大量创新科技人才，既包括战略科学家和科技领军人才，又包括面向生产一线的实用工程人才、卓越工程师、高级管理人才和专业技能人才，从而构建衔接有序、梯次配备、合理分布的人才队伍格局[②]。

二、适应劳动新形态

劳动形态是人在改造自然的生产活动中所采取的劳动形式，主要包括物质劳动和非物质劳动。物质劳动是人们借助劳动工具，以自然资源为劳动对象，以创造满足人类生产生活的物质产品的活动。随着生产力的发展，劳动工具的改进，劳动对象范围不断扩大，劳动分工逐渐精细化和专业化。经营管理劳动、服务性劳动等非物质劳动虽然不能直接创造物质财富，却为社会提供了必要的生产和生活服务，是现代社会生产的重要方面。一般认为，第一、第二产业的劳动为物质劳动，第三产业的劳动为非物质劳动。

信息技术的快速发展和广泛运用构建了新的生活场景和劳动场域。这两个方面的变化深刻地影响了劳动者的价值观念、行为模式和职业选择，劳动者具备了打破现有制度性和结构性约束方面的能力与可能。数字经济时代，劳动形态发生了重大变化，最突出的表现就是信息化生产已成为带有主导性的社会劳动形态，日益挑战着过去主要基于三次产业所建构的劳动形态格局，呈现生活劳动市场化、生产劳动智能化和服务劳动数字化的特点。

（一）生活劳动市场化

生活劳动市场化是指将个人的生活技能、经验和时间等转化为市场价值，通过平台化的方式出售给有需求的人群，从而获得收入的一种趋势。数字经济和平台经济的发展为生活劳动市场化提供了新的契机，带来了一种新的就业形态。这些新型就业形态提供了更灵活的工作方式，为人们提供更为多元化和个性化的生活服务，满足不同人群的需求，从而提供更多的就业机会。通过数字平台，人们可以展示自己的特长、技能或者生活经验，为其他人提供帮助，获得收入的同时也提高了自己的技能水平和社交能力。例如，线上程序开发服务、线上提供翻译服务、线上提供培训服务等。

当然，在生活劳动市场化的过程中，已经出现了价格不透明、服务质量参差不齐、"劳动价值"低估等问题，政府、平台和从业者正采取措施，规范生活劳动市场的秩序，保护从业者的权益，维护市场竞争的合法性与公平性，为生活劳动市场化提供更好的平台和环境。

① 中共中央宣传部，国家发展和改革委员会. 习近平经济思想学习纲要 [M]. 北京：人民出版社，学习出版社，2022: 129.
② 王广生. 以创新驱动发展战略推动经济高质量发展 [J]. 中国井冈山干部学院学报，2022(5): 32−40.

📖 **拓展阅读**

返乡新农人赵欣欣直播带货助农增收：乡情脉脉　乡味浓浓①

"地瓜面包子，大家吃过吗？"镜头前，赵欣欣头扎麻花辫，笑脸盈盈，利落地将剂子擀成圆皮，包入馅，捏成形，放进蒸锅。20分钟后开锅，香味扑鼻而来，赵欣欣咬了一大口包子，"吃起来有一股阳光的味道，清香甘甜。"

1988年出生的赵欣欣，是山东省淄博市沂源县悦庄镇中营村人。大学毕业后，赵欣欣留在青岛打工。在外几年，她日日夜夜思念着生她养她的故乡。2019年，她放弃了工作机会，选择返乡创业。

蒸馍馍、烙煎饼、摘榆钱……回到家乡的赵欣欣，在短视频平台上注册了账号，分享家乡的美景、美食，记录农家生产生活。淳朴的笑容、亲切的乡音、惬意的农家生活，勾起了不少在外游子的乡愁。短短几年时间，她的账号粉丝数达到16.8万人，获赞287.7万，赵欣欣成了当地小有名气的"网红"。

"有位老乡看了视频联系我，说老母亲去世20年了，再也吃不到娘烙的荠菜煎饼了。"第二天，赵欣欣便到山上挖了一篮子荠菜，给老乡寄去。"家乡的一景一物，是在外游子心底柔软的记忆。"赵欣欣说。

在缓解大家思乡之情的同时，怎么能为家乡发展做点贡献？赵欣欣决定尝试直播带货，带动乡亲们的农产品"走出去"。从家乡的红薯、大樱桃、蒲公英，再到乡亲们缝制的虎头帽、花棉袄，她都义务代言，助力网销。

地里拔花生，大棚里割韭菜，爬上屋顶摘榆钱……农产品的收货、分装、打包等环节，她都自己操持。

3年时间，赵欣欣通过直播带货的方式，销售家乡农产品达10余种，销售额近百万元。望着绿油油的地头，赵欣欣动情地说："我是农民的闺女，脚下沾满泥土，心中才能充满力量。带动乡亲们致富增收，让更多人听得到乡音、看得见乡情、吃得到乡味，这就是我最快乐的事。"

（二）生产劳动智能化

信息技术全面涌入农业，带来了农业生产数字化、产销对接智能化和农业监管智慧化。卫星监测、无人机植保等数字化、信息化种植技术的使用，带来了农业规模经营和生产率的提高；大数据技术的运用，使得农产品市场监测预警、农业重大自然灾害监测防御和动植物疫病防控成为常态；"互联网＋农业农村"在缓解农产品滞销、带动乡村创

---

① 李蕊. 返乡新农人赵欣欣直播带货助农增收 [EB/OL]. (2022-09-29)[2023-03-10]. https://baijiahao.baidu.com/s?id=1745232668193520794&wfr=spider&for=pc.

新创业和促进乡村产业转型等方面发挥了重要作用。数字化和智能化对制造业的影响也有目共睹：一方面，数字化、智能化的生产线实现了包括生产参数的自动采集、工艺动作的自动控制、设备运行的动态模拟、工艺参数的自动采集与存储等在内的自动化生产。另一方面，信息技术的深度使用带来了生产系统柔性化，为规模化订制生产提供了可能，这就在事实上提升了制造环节的价值创造能力，并推动从工厂制造向社会化制造的转变。

随着新劳动形态的不断涌现和扩张，政府主管部门已将一部分新的职业类型纳入官方认定的职业范畴。2019年，人社部、市场监管总局、统计局联合发布了新职业信息，公布了《中华人民共和国职业分类大典》中未收录的13个新职业，包括：人工智能工程技术人员、物联网工程技术人员、大数据工程技术人员、云计算工程技术人员、数字化管理师、建筑信息模型技术员、电子竞技运营师、电子竞技员、无人机驾驶员、农业经理人、物联网安装调试员、工业机器人系统操作员、工业机器人系统运维员。这13个新职业主要集中在高新技术领域，对从业人员知识、技能水平提出了较高要求。

📖 拓展阅读

杭州市节能与新能源汽车产业发展"十四五"规划（节选）[1]

杭州市节能
与新能源汽
车产业发展
"十四五"规划

"十三五"期间的发展成效之一：创新能力显著提升，智能化水平进一步提高。"十三五"期间，杭州市以汽车生产制造企业、核心零部件龙头企业为主体，通过联合国内外高等院校、科研机构成立企业技术中心，通过国际合作等方式，突破核心零部件关键技术。同时，积极引导汽车企业开展智能化升级改造，推动传统制造业数智化转型。截至2020年，全市汽车产业拥有国家级企业技术中心6个、省级企业技术中心15个、市级企业技术中心23个，实施数字化改造项目44个，成功创建4家智能工厂和10余个数字化车间。春风动力入选浙江省首批"未来工厂"，亚太机电"智能汽车＋车联网＋新能源汽车轮毂电机"发展模式全国首创，首批产品已于2018年1月正式下线，初步实现产业化。万向集团通过国际化并购，整合全球电池研发资源，成立了万向集团电池国际创新中心。

（三）服务劳动数字化

服务业的数字化和智能化最先被消费者直接感知。技术、产品或服务、商业模式等方面的创新丰富了服务业态，加速了价值流动，实现了海量分散的细分市场需求与丰富多样的服务供给的精准匹配，为新业态发展提供了强劲动力。服务领域的劳动形态也正在迅速进行数字化转型。

---

[1] 杭州市经济和信息化局.关于《杭州市节能与新能源汽车发展"十四五"规划》的公示 [EB/OL]. (2021-06-28)[2023-05-11]. http://jj.hangzhou.gov.cn/art/2021/6/28/art_1229234096_3891179.html.

传统服务业逻辑下的劳动是劳动者运用自身的体力和智力来满足消费者特定需求的活动，通常具有时空范畴的限制，以面对面服务活动为主。随着信息技术在服务业的应用和普及，越来越多的服务业借助服务业网络平台进行网络化转型，由传统的劳动转变为时空融合化和高效化的数字化服务劳动。例如，市场商贸服务劳动转型为网络电商服务，客运服务劳动转型为网约车服务，金融服务劳动升级为网络金融服务，家政服务升级为网络家政服务，等等。这使得传统服务业劳动突破了时空局限，让劳动者能以更高的效率在更广阔的时空范围匹配更多的服务需求，也促进了服务资源的优化配置，推动了市场价格的合理化。美团点评等机构联合发布的《2019年生活服务业新职业人群报告》，列举了酒店收益管理师、整体造型师、线上餐厅装修师等生活服务业的26项新职业。许多新职业呈现出个性化、线上化、中高收入化等特点，拓展了对传统服务业劳动形态的认知。

📖 拓展阅读

浙江发展平台经济大有可为[①]

今年浙江省政府工作报告提出，大力实施数字经济"一号发展工程"。从数字经济"一号工程"迭代到数字经济"一号工程"升级版，再到数字经济"一号发展工程"，清华大学技术创新研究中心主任、长江学者特聘教授陈劲赞叹道："浙江抢占数字经济发展制高点的决心一目了然。"

作为从浙江走出去的学者，陈劲对浙江情况非常了解，认为浙江的数字经济实力已位于全国第一方阵，核心产业发展势头强劲，下一步应持续支持平台经济的健康发展，"在平台经济领域，浙江仍大有可为"。

平台经济可以使多个主体通过互联网平台实现资源优化配置，是新的生产力组织形式。陈劲关注到，2022年中央经济工作会议释放了一个重要信号，支持平台企业在引领发展、创造就业、国际竞争中大显身手。此后，浙江等省市领导先后考察调研了阿里巴巴等大型互联网平台企业。目前平台经济已经广泛渗透到社交、零售、支付等领域，浙江也诞生了多个大型互联网企业，但陈劲认为，并不能将平台经济局限于互联网产业。

数字经济时代，传统实体经济的生产、研发、供应链等各方面成本不断上升，转型迫在眉睫。而平台经济可以发挥数字化优势，赋能实体经济转型，成为经济增长的关键。这就要求平台经济从关注自身发展转向与实体经济深度融合。

浙江是平台经济大省，全省共有300多个网络交易平台，平台上的网店数量超过1000万家。如何在推进平台经济与实体经济深度融合上走在前列？陈劲建议，要牢牢把

---

① 章忻. 浙江发展平台经济大有可为——访清华大学技术创新研究中心主任陈劲 [N]. 浙江日报，2023-01-15(4).

握创新这一关键要素。他告诉记者，创新驱动将比资源和投资驱动的经济发展形态，更有动力、更加健康、更可持续。

一是要实现技术创新。平台企业是最重要的创新主体，一方面，平台企业要强化对数字技术的创新研发，加强基础研究和人工智能、网络通信、区块链等领域前沿技术的攻关；另一方面，要加快产业数字化，主动将技术开放给实体企业，助力制造业、农业等传统产业进行全方位、全链条改造，释放数字技术对经济发展的放大、叠加、倍增作用。

二是要实现制度创新。实现平台经济高质量发展，要做到有效市场和有为政府的有机结合。从顶层设计而言，政府应给经营能力强、科技水平先进、有社会责任担当的大型企业适当放权。本月 10 日，杭州市政府与阿里巴巴签订全面深化战略合作协议，精准引导、支持平台企业发展。同时，要加强企业间的合作，通过出台相关制度政策，助推大中小企业协同发展，加快打造创新联合体，实现企业的规模化发展。

三是要实现文化创新。文化建设是经济发展的精神动力，也是企业之魂。有的平台企业只关注自身经济利益，缺少使命感和责任担当，这是导致他们发展不规范的一个重要原因。因此，平台企业要明确责任担当，将自身发展与国家和社会发展紧密结合。另外，要培育符合行业特色的企业文化，既要具有开放、平等、协作的互联网精神，也要弘扬创新、坚守、担当的企业家精神。

三、展望就业领域新发展

数字职业提供
就业新空间

　　2020 年 7 月 14 日，国家发展改革委等 13 个部门联合印发《关于支持新业态新模式健康发展激活消费市场带动扩大就业的意见》，该文件从积极探索线上服务新模式、加快推进产业数字化转型、鼓励发展新个体经济、培育发展共享经济新业态等 4 个方面，针对 15 种数字经济新业态新模式重点方向，提出了一系列支持政策。

　　第一，积极探索线上服务新模式，激活消费新市场。大力发展融合化在线教育、积极发展互联网医疗、鼓励发展便捷化线上办公和不断提升数字化治理水平，以此来激活消费新市场。

　　第二，加快推进产业数字化转型，壮大实体经济新动能。培育产业平台化发展生态、加快传统企业数字化转型步伐、打造跨越物理边界的"虚拟"产业园和产业集群和发展基于新技术的"无人经济"，以达到壮大实体经济新动能的目的。

　　第三，鼓励发展新个体经济，开辟消费和就业新空间。积极培育新个体、支持自我就业，大力发展微经济、鼓励"副业创新"，强化灵活就业劳动权益保障、探索多点执业，不断开辟消费和就业新空间。

第四，培育发展共享经济新业态，创造生产要素供给新方式。拓展共享生活新空间，打造共享生产新动力，探索生产资料共享新模式，努力创造生产要素供给新方式。

第二节 提升创新性劳动能力

面对产业新业态与劳动新形态，大学生不仅需要适应新的生产方式和工作方式，还需要提升自身的创新性劳动能力，这样才能够更好地适应市场和社会的需求。

一、劳动者面临的新挑战

（一）更激烈的竞争环境

新业态带来了就业市场的巨大包容性，任何人都可以在网络上表达观点、发表原创内容、发布生产信息和提供服务，这使每一个网民都可以成为独立的内容生产者和信息提供商。人们的就业机会增加了，但机会的增加也意味着竞争的加剧。国家信息中心发布的《中国共享经济发展报告（2021）》显示，2020年平台企业员工数约631万人，同比增长约1.3%；据预测，到2036年，中国将会有大约4亿人参与零工经济。如何在4亿人中脱颖而出，获得生存与发展的空间，显然需要不断提升自身的竞争力。

（二）更精湛的专业需求

随着社会生产力水平的进一步提高，数字技术、互联网、终端设备等逐渐成为当今数字劳动的生产工具，新兴生产工具能够减轻劳动者的劳动负担，提高劳动生产效率，把人们从繁重的体力劳动和枯燥的重复性劳动中解放出来，但对知识型劳动者提出了更高的要求。新时代大学生作为知识型劳动者的主力军，在战略性新兴产业、技术革新与智慧制造、高技能型劳动中承担着更大的责任，发挥着更重要的作用。以高技能型劳动为例，据统计，作为技工大国，中国的高技能人才5000万人，占技能人才总量的28%，与德国、日本等制造强国高技能人才50%的占比有较大差距[1]。"十四五"期间，劳动力需求正由数量型转变为质量型，新时代大学生如何提升自己的专业能力任重道远。

（三）更专业的职业规划

新业态适应多元化知识生产和个性化消费需求，体现出去雇主化、平台化的特点，严格的工作时间和固定的工作场所被打破，劳动关系更具自主性、个体化和灵活性，激发了兴趣驱动的工作价值观。新生代劳动者的自由择业和社会流动，必须适应市场需求趋势和职业发展趋势，这就对人的自我规划能力提出了更高要求。

---

[1] 范孝东.访全国人大代表杨杰：让技能人才成为"香饽饽"[N].安徽日报，2022-02-20(2).

（四）更主动的创新意识

创新是成功企业家的独门利器。新业态下，劳动产品呈现多样化的特点，既可以表现为新闻、书刊、电影、音乐等表达一定内容的数字产品，也可以表现为数字门票、数字货币、电子信用卡等交换工具，还可以表现为在线教育、网络游戏等包含数字化交互行为的数字化过程与服务，以及无数未知的可能。创新可能来源于发明创造，也可能来源于资源的重配，但无不蕴含着劳动者自身的创新力。新业态的机遇与竞争并存，创新制造差异，差异更容易形成独特的竞争优势。

二、提升创新性劳动能力

创新性劳动能力是指在工作和生活中，通过创造性思维和创新精神，进行工作和创新活动的能力。数字经济时代的创新性劳动能力包括但不限于创新思维、数字化劳动能力和创业精神等。

（一）创新思维

创新思维是一种能够解决问题和寻找机会的非传统思考方式。创新思维的核心是不断提出新问题、新方法和新方案，同时能够充分利用已有的资源和技术，以创新的方式创造价值。创新思维能够帮助个人和组织在快速变化的环境中保持竞争优势，适应不断变化的市场需求。通过对问题的重新定义和重新审视，找到新的切入点，创造出更具有创新性的解决方案。

创新思维能力具有开放性、敏锐性、批判性和联想性的特点。开放性体现在要求人们拥有开放的心态，愿意接受新思想、新观念、新理念，并能够将其应用到实际工作中。敏锐性体现在要求人们能够敏锐地察觉到问题、挑战和机遇，并及时作出反应，以获得先发优势。批判性体现在要求人们对问题进行深入的分析、评估和判断，并能够从多个角度进行思考，以得出切实可行的解决方案。联想性体现在要求人们能够将不同领域的知识、技能、经验相结合，进行联想和创新，从而开创出新的领域和市场。大学生在学习过程中能够自主思考、提出问题、寻找答案，并将知识应用于实际问题的解决方案中，就是一种直接提升创新思维能力的方式。在科学研究领域，创新思维能力体现在研究者能够在多大程度上从复杂的现象中提取关键信息、分析实验数据，并发展新的理论和方法。在商业管理领域，企业要快速应对市场变化，创新产品和服务以保持市场竞争力，并发展新的商业模式，都需要具备创新思维能力的行动者。

可以通过学习和思考，了解不同领域的知识和经验，积累多样化的思维模式和方法等提升创新思维能力。通过实践和经验积累，可以提升解决问题的能力，激发创新思维的灵感。从不同角度、不同维度思考问题，发掘新的思维方式和解决方案。在学习、工作中，要勇于提出新思路、新观点、新理念，通过分享和讨论促进创新思维的产生和发展。与此同时，创新是一个不断试错、不断学习的过程，因此需要接受失败，从失败中吸取经验和教训，也是提升创新思维能力的重要方法。

（二）数字化劳动能力

2022 年 9 月 15 日，全球管理咨询公司麦肯锡发布的《数字化劳动力白皮书——全力激活人效潜能，助力企业行政稳远》指出，到 2030 年，数字化劳动力将在中国形成一片价值 1.73 万亿元的蓝海。未来 8 年，数字化劳动力将提供总计 1.6 亿元的经济增值空间。数字化劳动力提高了生产效率，降低了人力成本，提升了用户体验，却不可避免地增加了传统劳动力被替代的风险。对于新时代大学生而言，掌握数字化劳动能力显得尤为重要。

数字化劳动能力是指利用数字化技术进行工作的能力，其中包括数字技术应用能力、数字沟通能力、数字创新能力、数字安全能力等，这对在数字化环境下的工作和生活具有重要意义。数字技术应用能力是能够有效地使用数字技术工具和应用软件来解决问题和完成工作任务的能力，包括熟练使用各种办公软件、编程语言、数据分析工具等数字技术工具，能够根据工作需要不断学习和适应新的数字技术。数字沟通能力是指在数字化环境下进行有效的信息传递和交流的能力，包括在不同的数字平台上进行沟通，能够正确理解和表达信息，以及有效地利用数字沟通工具进行协作和合作的能力。数字创新能力是指运用数字技术来创造新的价值和解决问题的能力，包括对数字化工具和技术的创造性应用，以及将不同的数字技术和工具进行整合和创新，提出新的解决方案和商业模式的能力。数字安全能力是指在数字化环境下保护个人和机构信息安全的能力，包括了解数字安全的基本知识和原则，能够正确地使用数字安全工具和技术，防范网络攻击和信息泄露，确保数字资产的安全等能力。

提升数字化劳动能力，必须保持好奇心，不断学习和掌握新技术，增强自己的数字化技术应用能力。这需要我们关注数字经济和数字社会的发展趋势，了解数字时代经济的商业模式和变革；积极参与数字化平台和社交网络，提高数字沟通能力；探索数字化技术在自身行业的应用，提升数字化创新和创业的能力；强化数字化安全意识，掌握数字化安全技术和工具，保障数字信息的安全和保密。

（三）创业精神

创业精神是指创业者在创业过程中表现出来的一种积极向上的心理状态和行为特征，开拓进取、敬业敬职、不折不挠等是创业精神最为突出的表现形式。

开拓进取具体表现为不断寻找新的商机、新的市场和新的发展方向；不断探索新的商业模式和经营策略，以更好地满足市场需求。敬业敬职表现为创业者对自己的事业充满热情和责任感，努力提升自己的专业技能和经验，不断提高自己的竞争力，同时，积极与合作伙伴沟通合作，共同推动事业发展。创业过程中充满着不确定性和风险，面对市场变化、资金问题等各种困难和挑战，成功的创业者往往表现出坚韧不拔、不屈不挠的特点，克服各种困难和挑战，实现创业梦想。

2012 年 8 月，教育部办公厅下达关于印发《普通本科学校创业教育教学基本要求（试行）》的通知。文件指出，在普通高等学校开展创业教育是服务国家加快转变经济发展方式、建设创新型国家和人力资源强国的战略举措，是深化高等教育教学改革、提高人才培养质量、促进大学生全面发展的重要途径，是落实以创业带动就业、促进高校毕业生充分就业的重要措施。创新创业类课程开设、"挑战杯"系列竞赛、"互联网＋"大学生创新创业大赛等迎来新一轮发展热潮，为大学生创新创业能力的培养构建了机制，搭建了平台。

拓展阅读

《人民日报》：弘扬企业家精神　推动高质量发展[①]

企业家要带领企业战胜当前的困难，走向更辉煌的未来，就要在爱国、创新、诚信、社会责任和国际视野等方面不断提升自己，努力成为新时代构建新发展格局、建设现代化经济体系、推动高质量发展的生力军。

——摘自习近平总书记 2020 年 7 月 21 日在企业家座谈会上的讲话

"市场活力来自于人，特别是来自于企业家，来自于企业家精神。"党的十八大以来，习近平总书记高度重视企业家群体在国家发展中的重要作用，多次强调要弘扬企业家精神。

干事创业，需要强大的精神激励。改革开放以来，一大批有胆识、勇创新的企业家茁壮成长，形成了具有鲜明时代特征、民族特色、世界水准的中国企业家队伍。广大企业家主动为国担当、为国分忧，顺应时代发展，勇于拼搏进取，为积累社会财富、创造就业岗位、促进经济社会发展、增强综合国力作出了重要贡献，在波澜壮阔的历史画卷中书写下企业家精神的华彩篇章。

2020 年 7 月 21 日，习近平总书记主持召开企业家座谈会，充分肯定企业家群体所展现出的精神风貌，明确提出了"增强爱国情怀""勇于创新""诚信守法""承担社会责任""拓展国际视野"等五点希望，丰富和拓展了企业家精神的时代内涵，为新形势下弘扬企业家精神提供了思想和行动指南。

改革开放激发市场活力，催生了一批批中国企业家

2018 年 12 月 18 日，庆祝改革开放 40 周年大会上，在获得改革先锋称号的人员中，不少是企业家。

他们勇于拼搏、敢闯敢试。

---

① 李心萍，韩鑫.弘扬企业家精神　推动高质量发展 [N].人民日报海外版，2021-12-08(6).

怀揣着"做老百姓买得起的好车"的理想，1997年，李书福创办了我国第一家民营汽车企业。敢为人先、稳扎稳打，李书福带领吉利走出一条让民族品牌走向世界的造车之路。

经过20多年发展，吉利集团将核心技术牢牢掌握在手中，部分车型成功打入欧美市场，成为沃尔沃集团第一大持股股东、戴姆勒公司第一大股东，连续10年入围世界500强。

他们追求卓越、永不停顿。

我国第一台按键免提电话、我国第一代大屏幕彩电、全球首款喷墨打印可卷绕柔性屏样机……40年发展历程中，TCL创下许多第一。

从一家只能生产磁带的小企业起步，到如今在全球设有42个研发机构和32个制造基地，掌握高端显示技术，TCL创始人、董事长李东生坦言，支撑TCL成功的最重要因素就是不断变革、超越自我。

回顾往昔，李书福感慨："吉利从小山村走向全中国、走向全世界，这一切应归功于改革开放的好政策。"李东生表示："是时代造就了TCL。"

的确，时代造就了企业家。改革开放激发市场活力，催生了一批批中国企业家。

深化改革，让企业家有了大展身手的空间。

从实现产权有效激励、要素自由流动，到竞争公平有序、企业优胜劣汰，从支持民营企业发展、深化商事制度改革，到打破行政性垄断、防止市场垄断……一系列改革举措助推营商环境不断优化，让企业家群体更加担当作为，带动中国企业不断发展壮大。

扩大开放，让企业家走向更加广阔的舞台。

加入世界贸易组织，主动参与国际竞争与合作；共建"一带一路"，构建广泛朋友圈；签署《区域全面经济伙伴关系协定》，合作交流更深入……开放中国，机遇更多、舞台更大。加入世贸组织20年，我国对外直接投资从世界第二十六位上升到第一位，更多中国企业走向全球。今年，共有143家中国企业入围世界500强，比2009年增加100家，居世界第一。

努力成为新时代构建新发展格局、建设现代化经济体系、推动高质量发展的生力军

新时代呼唤与时俱进的企业家精神。2020年10月，习近平总书记在广东考察时强调："大家要深刻领会党中央战略意图，在构建新发展格局这个主战场中选准自己的定位，发扬企业家精神，推动企业发展更上一层楼，为国家作出更大贡献。"

——争做创新发展的探索者、组织者、引领者。

2016年，当总经理王天翔提出山西太钢精带公司要全力冲刺"手撕钢"时，一些人并不赞成。"这个目标太高了，我们经不起折腾！""不行，之前请过外国专家也不成功。"

"创新就是要把不可能变成可能。"王天翔亲自挂帅成立研发小组。之后两年中，他们历经多次失败，终于攻克175个设备难题、452个工艺难题，将不锈钢的厚度从0.5毫米一点点降至0.02毫米。

王天翔表示，企业家就要勇于创新，不断占据新技术高点，攻克"卡脖子"难题，保障产业链供应链稳定，助力实现高质量发展。

发扬创新精神，"中国制造"不断创造惊喜：

"一键点击"，机器人自动完成扫地、拖地，智能家电让做家务更轻松；"一声令下"，电视、空调、加湿器等家电迅速响应，智慧家居让生活更舒适；最大续航里程突破1000公里，从零加速到时速100公里只需2.9秒，比亚迪新款电动车让绿色出行更加舒心。

企业家们表示，进入新发展阶段，人民对美好生活的向往更加强烈。只要坚持创新，提升质量，不断满足并引领消费升级需求，企业就能获得发展新机遇。

——在更高水平开放中实现更好发展。

阿曼的风电场，伴随着轰鸣的汽笛声，300吨"中国造"全路面吊起重机正式上岗；俄罗斯的矿山，西伯利亚零下30摄氏度的严寒中，75吨级中国挖掘机顺利入驻，为当地煤矿开采带来质的变化；巴西的建筑工地，历经30多天海上运输，10台三一矿用自卸车一字排开，成功交付客户。

立足中国，走向全球。中国车、中国路、中国桥、中国港闪耀世界，铸就大国名片；列车、卫星、水电站，服饰、家电、数码产品，海外处处都有中国造。

"我们将认真落实习近平总书记重要指示要求，全面提升企业全球运营和竞争能力，在更高水平的对外开放中实现更好发展。"广西柳工集团董事长曾光安说。

为国担当、诚实守信、履行责任

濠河之滨，天朗气清；馆园相衬，中西互映。

2020年11月12日，习近平总书记来到南通博物苑，了解张謇创办实业、发展教育、兴办社会公益事业的情况。

习近平总书记强调："改革开放以来，党和国家为民营企业发展和企业家成长创造了良好条件。民营企业家富起来以后，要见贤思齐，增强家国情怀、担当社会责任，发挥先富帮后富的作用，积极参与和兴办社会公益事业。"

为国担当，企业家有祖国。

2020年，面对突如其来的新冠疫情，中国建筑、山河集团、三一集团等多家企业4万名建设者和几千台设备昼夜不歇，仅用10多天时间就火速建成火神山医院和雷神山医院。中国邮政、顺丰航空等企业调配779架次航班为武汉运输物资。

爱国情怀，百年传承。从清末民初的张謇，到抗战时期的卢作孚、陈嘉庚，再到新中国成立后的荣毅仁、王光英等，一大批企业家把企业发展同国家繁荣、民族兴盛、人民幸福紧密结合在一起，主动为国担当、为国分忧。

诚实守信，企业无信不立。

"诚者，天之道也；思诚者，人之道也。"20世纪80年代，万向的鲁冠球把40万元的次品当作废品卖掉，海尔的张瑞敏把76台存在缺陷的冰箱挥锤砸掉，警醒了企业员工的质量意识。如今，诚实守信的观念更加深入人心。

2020年初，口罩成为最紧俏的商品之一。原材料熔喷布的价格每日更新，从每吨2万元上涨到60万元，口罩机也从每台20万元上涨到100多万元。"我们承诺，所有的防护产品不涨价！"在市场供应最紧张的时候，稳健医疗咬紧牙关、完成承诺，不降低生产标准，不随意涨价，董事长李建全说，企业家要做诚信守法的表率。

履行责任，真诚回报社会。

电商平台辟专区、开直播促对接，消费扶贫如火如荼；扶贫车间创机会、纳就业，一人就业带动全家脱贫；东部企业进山区、兴产业，"山海"合作共谋发展……

在脱贫攻坚、乡村振兴中，一大批企业家致富思源、积极行动，作出重要贡献。

企业家们表示，要在新时代找准自己的定位、在扎实推进共同富裕中让员工就业乐业。

弘扬企业家精神、发挥企业家作用，对深化供给侧结构性改革、激发市场活力、实现经济社会持续健康发展具有重要意义。新时代新征程上，弘扬企业家精神、推动高质量发展大有可为！

（注：选取时略有改动。）

第三节　创业机遇与创业活动

习近平总书记寄语青年：创新是民族进步的灵魂。[1]作为创新性劳动的重要形式，创业是推动经济社会发展、改善民生的重要途径，青年学生富有想象力和创造力，是创新创业的有生力量，希望广大青年学生在创新创业中展示才华、服务社会。

一、创新创业大赛

大学生创新创业大赛是激励大学生面向社会主义建设的主战场，鼓励大学生将专业知识与社会热点相结合、理论与实践相结合，并运用到社会生产实践的各个领域。学生

---

[1]　习近平. 在同各界优秀青年代表座谈时的讲话（2013年5月4日，上午）[N]. 人民日报，2013-05-05(2).

在参加大学生创新创业大赛的过程中，锻炼了能力，丰富了生活，培养了创新创业意识，使自身得到了全方位的发展。

教育部、各省教育厅、各高校每年都会举办针对大学生的各类创新创业大赛。目前大学生可参加的各级竞赛数量众多、丰富多彩，有综合性的，也有学科类的，为大学生提供了足够多的竞赛平台。中国国际"互联网＋"大学生创新创业大赛、"挑战杯"全国大学生课外学术科技作品竞赛和"挑战杯"全国大学生创业计划竞赛（暨"创青春"全国大学生创业大赛）是目前我国影响力最大、认可度最高、获奖最难的综合性双创竞赛。

（一）中国国际"互联网＋"大学生创新创业大赛

中国国际"互联网＋"大学生创新创业大赛（以下简称大赛）于 2015 年设立，由教育部、政府、各高校共同主办，每年举办一届，是目前我国影响范围最大的创新创业赛事。

**全国大学生
创业服务网**

1. 促学促教促创的创新创业大赛

（1）以赛促学，培养创新创业生力军。大赛旨在激发学生的创造力，激励广大青年扎根中国大地了解国情民情，锤炼意志品质，开拓国际视野，在创新创业中增长智慧才干，把激昂的青春梦融入伟大的中国梦，努力成长为德才兼备的有为人才。

（2）以赛促教，探索素质教育新途径。把大赛作为深化创新创业教育改革的重要抓手，引导各类学校主动服务国家战略和区域发展，深化人才培养综合改革，全面推进素质教育，切实提高学生的创新精神，培养创业意识和提升创新创业能力。推动人才培养范式深刻变革，形成新的人才质量观、教学质量观、文化质量观。

（3）以赛促创，搭建成果转化新平台。推动赛事成果转化和产学研用紧密结合，促进"互联网＋"新业态形成，服务经济高质量发展，努力形成高校毕业生更高质量创业就业的新局面。①

2. 多赛道助力青年领跑

一般分为高教主赛道、青年红色筑梦之旅赛道、职教赛道、萌芽赛道、产业命题赛道（2021 年第七届新增），每届参赛组别会微调。高教主赛道又分为本科生组和研究生组，每类组别里再分为创意组、初创组、成长组（毕业五年内学生可参加）三类进行；青年红色筑梦之旅赛道分为公益组、创意组、创业组；职教赛道分为创意组、创业组；萌芽赛道针对中学生。高校在校大学生可以参加的有高教主赛道、青年红色组筑梦之旅赛道和产业命题赛道。每个赛道分组都跟项目的类型和项目成熟度相关，大学生们可以结合项目特点来选择。

3. 多学科培育优质项目

以 2022 年为例，高教主赛道分新工科类、新医科类、新农科类、新文科类；青年

---

① 史钟锋，董爱芹，张艳霞. 新时代大学生劳动教育 [M]. 北京：清华大学出版社，2022: 175−177.

红色筑梦之旅赛道分为"互联网+"现代农业、"互联网+"制造业、"互联网+"信息技术服务、"互联网+"文化创意服务、"互联网+"社会服务；职教赛道分为创新类、商业类、工匠类。每届的参赛类别会有微调。

4.回望历届大赛

中国国际"互联网+"大学生创新创业大赛是我国创新创业教育改革的生动实践，是深化高校创新创业教育改革促进学生全面发展、推动产学研用结合的重要载体，极大地激发了大学生投身创新创业的热情。目前大赛已举办八届，累计参赛学生达3983多万名，覆盖全国所有高校，是国内参赛规格最高、影响最广、成效最佳的大学生创新创业比赛。第五届开始增加国际赛道，发展至今吸引100多个国家参加，逐步成长为全球参赛规模最大的大学生创新创业比赛。2017年8月15日，习近平总书记给第三届大赛"青年红色筑梦之旅"大学生回信，深切勉励青年学子把激昂的青春梦融入伟大的中国梦，用青春书写无愧于时代、无愧于历史的华彩篇章。历届中国国际"互联网+"大学生创新创业大赛相关情况如表8-1所示。

表8-1　历届中国国际"互联网+"大学生创新创业大赛相关情况

届别	年份	承办学校	高校参与数	团队数（万个）	项目数（万个）	参与学生数（万人）
第一届	2015	吉林大学	1878	5.73	3.65	20
第二届	2016	华中科技大学	2110	—	12	55
第三届	2017	西安电子科技大学	2241	—	37	150
第四届	2018	厦门大学	2278	64	—	265
第五届	2019	浙江大学	4093	109	—	457
第六届	2020	华南理工大学	2988	—	147	630
第七届	2021	南昌大学	4347	—	228	956
第八届	2022	重庆大学	4554	—	340	1450

注：相关数据由全国大学生创业服务网、中国国际"互联网+"大学生创新创业大赛各届相关网站数据整理而得，"—"表示未查阅到相关数据。

（二）"挑战杯"系列竞赛

"挑战杯"系列竞赛（简称"挑战杯"）是由共青团中央、中国科协、教育部和全国学联共同主办的全国性的竞赛。"挑战杯"在中国共有两个并列项目："挑战杯"全国大学生课外学术科技作品竞赛（简称"大挑"）和"挑战杯"中国大学生创业计划竞赛（简称"小挑"）。这两个项目的全国竞赛交叉轮流开展，每个项目每两年举办一届。两个项目侧重点不同，"大挑"注重学术科技发明创作带来的实际意义与特点，而"小挑"更注重市场与技术服务的完美结合，商业性更强。

挑战杯官方网站

1."挑战杯"全国大学生课外学术科技作品竞赛

"挑战杯"全国大学生课外学术科技作品竞赛是由共青团中央、中国科协、教育部、全国学联和地方政府共同主办，国内著名大学、新闻媒体联合发起的一项具有导向性、示范性和群众性的全国竞赛活动。自1989年首届竞赛举办以来，始终坚持"崇尚科学、追求真知、勤奋学习、锐意创新、迎接挑战"的宗旨，在促进青年创新人才成长、深化高校素质教育、推动经济社会发展等方面发挥了积极作用，在广大高校乃至社会上产生了广泛而良好的影响，被誉为当代大学生科技创新的"奥林匹克"盛会。历经十七届，"挑战杯"竞赛已有1000多所高校、200多万大学生参与，竞赛获奖者中已经产生了2位长江学者、6位国家重点实验室负责人、20多位教授和博士生导师，70%的学生获奖后继续攻读更高层次的学历，近30%的学生出国深造。"挑战杯"竞赛是促进优秀青年人才脱颖而出的创新摇篮，20多位教授和博士生导师，70%的学生获奖后继续攻读更高层次的学历，近30%的学生出国深造。成果展示、技术转让、科技创业，让"挑战杯"竞赛从象牙塔走向社会，推动了高校科技成果向现实生产力的转化，为经济社会发展做出了积极贡献。

2. "挑战杯"中国大学生创业计划竞赛

在"挑战杯"全国大学生科技创新活动的基础上，1999年，"挑战杯"扩容创办了中国大学生创业计划竞赛，开始命名"创青春"全国大学生创业大赛，是由共青团中央、教育部、中国科协、全国学联主办的一项创新创业竞赛类品牌赛事。从2000年即第二届竞赛开始，"挑战杯"中国大学生创业计划竞赛每两年举办一次。竞赛要求参赛团队提出一项具有市场前景的技术（产品或服务），并围绕该技术（产品或服务）完成特定的商业计划以获得风险资本。竞赛目的是深入学习贯彻习近平新时代中国特色社会主义思想，聚焦为党育人功能，从实践教育角度出发，引导和激励大学生弘扬时代精神，把握时代脉搏，将所学知识与经济社会发展紧密结合，培养和提高创新、创造、创业的意识和能力，并在此基础上促进大学生就业创业教育的蓬勃开展，发现和培养一批具有创新思维和创业潜力的优秀人才。历届"挑战杯"中国大学生创业计划竞赛相关情况如表8-2所示。

表8-2　历届"挑战杯"中国大学生创业计划竞赛相关情况

年度	届别	承办高校	参加高校数量（所）	作品数量（件）
1999	第一届	清华大学	120	400
2000	第二届	上海交通大学	137	455
2002	第三届	浙江大学	244	542
2004	第四届	厦门大学	276	603
2006	第五届	山东大学	343	624
2008	第六届	四川大学	356	600
2010	第七届	吉林大学	374	640
2012	第八届	同济大学	390	650
2014	第九届	武汉理工大学	1000	1000
2016	第十届	电子科技大学	2200	1100
2018	第十一届	浙江大学	2999	150000

年度	届别	承办高校	参加高校数量（所）	作品数量（件）
2020	第十二届	东北林业大学	2786	179000
2023	第十三届	北京理工大学	3011	330000

注：相关数据经由共青团中央学校部审定、同济大学主编的《共挑战 创未来——"挑战杯"中国大学生创业计划竞赛（1999—2012）》一书及"挑战杯"官方网站、"创青春"官方网站整理而得。

二、优秀项目的主要来源与特征

（一）项目来源

创业项目是创业者为了达到商业目的而实施和操作的工作，按性质可以分为互联网创业项目和实体创业项目。不同时期项目来源不同，针对大学生而言好的创业项目往往来源于以下几个方面：

1."互联网+"新技术

不断涌现的新技术不仅大大激发创业者的创业的热情，也诞生了优质的创业项目。互联网是人类在技术领域的巨大进步，能够重新建构世界的连接方式，也可以重新配置社会资源。大学生的优秀创业项目往往来源于新技术研发。在中国国际"互联网+"大赛的产业命题赛道中，各大企业就现状提出科技难题，大学生团队可以针对这些"卡脖子"问题提出解决方案。

2.电子商务创新创业

许多优质创业项目来源于电子商务，利用互联网的优势，项目帮助线下传统企业电商运营，实现线下商品资源的电子商务。电子商务平台创新创业门槛相对比较低，有更多的创业机会。当下，各高校、各级政府也推出系列电子商务大赛，积极推进构建实践类创新创业体系。

3.发挥自身特长和专业优势

创业者充分发挥和运用自己的专业优势，通过创新创业，找到适合创业项目，围绕项目建立自己的团队，各取所长，朝共同的目标奋进。好的创业项目也可以是由自己创造的，利用自己对行业的研究和前期的市场调查，自发创意、自主创新，发现商机。通过自己对行业的认知、对市场的研究、洞察和思考，"白手起家"。

4.为已有产业注入创新元素

已有产业是好项目的来源之一。在民营经济发达的地区，越来越多的产业面临转型发展问题，在此过程中，大学生可以利用自己所学，在传承已有产业的基础上，注入新的元素和动能，催生创业项目。

创业者除了找到项目来源之外，也要从资金和行业发展等方面客观分析所选择的创业项目是否有前景。

（二）优秀创业团队的基本特征

优秀的企业离不开优秀的团队，创业时期更是优秀创业团队形成的关键期。经过研究分析和总结发现优秀创业团队往往具备以下 5 个基本特征。

1. 目标明确

优秀的创业团队往往对所要达到的目标清晰明朗，并坚信这一目标包含着重大的意义和价值。该目标的重要性还在于激励着团队成员把个人目标升华到群体目标中去。在优秀的团队中，成员愿意为团队创业目标作出努力，清楚地知道希望他们做什么工作，以及他们怎样去共同完成任务。

2. 能力突出

优秀的创业团队需要具备实现理想目标所必需的专门技术、能力和合作能力。比如良好的沟通能力能保证团队成员迅速、默契和准确地了解彼此的想法与情感，良好的谈判技能能让团队在企业发展中获得更多有效资源。

3. 相互信任

创业成员间相互信任是优秀创业团队的显著特征，这体现在每个成员对其他人的品行和能力都确信不疑。优秀的创业团队往往崇尚开放、诚实、协作的办事原则，并不断营造信任的环境，团队成员对团队表现出高度的忠诚和承诺，愿意为实现这一目标而调动和发挥自己的最大潜能。

4. 卓越领导

优秀的领导者能够让创业团队跟随自己共同度过最艰难的时期，往往担任的是教练和后盾的角色，他们对团队提供指导、支持和服务，能增强团队凝聚力，激发团队成员潜能。对于创业团队来说，优秀的领导能极大提高整体的战斗力，对企业发展方向引领、战略布局都起到至关作用。

5. 内外支持

从内部条件来看，团队应拥有一个合理的基础结构，支持并强化成员行为以取得高绩效水平，其中包括适当的培训、有效的绩效测量系统和完善的人力资源系统。从外部条件来看，管理层应给团队提供完成工作所必需的各种物质和环境资源。

创业团队内的文化差异、人力资本差异、成员结构和集成化知识结构等因素也会影响创业团队发展。[①]

三、提升创新创业能力的途径

（一）加强创新创业理论学习

目前很多高校都开设了创新创业系列课程，既有侧重于政策与概念理解的通识教育

---

① 张玉臣，叶明海，陈松. 创业基础 [M]. 北京：清华大学出版社，2020: 61–62.

课程，也有针对性的专业教育课程，还有着重于项目培育的实训类课程。参与这些课程，可以学习相关知识、关注创业活动，增强对创新创业理论和实践的认知，提升创新创业能力，塑造创新创业精神。很多实践类课程能够帮助大学生拓展思路、选择可行的候选项目、探索可能的项目商业化路径，并形成报告或实施方案。

（二）参与创新创业竞赛

大学生可以通过竞赛了解国家宏观政策和行业发展动向，激发创新意识、积累创业经验。团队成员往往来自多个专业，成员间的相互交流和跨专业的通力合作，有利于取长补短、优势互补，打造优秀团队，展现项目优势，提升项目软实力。将理论所学应用于实践也是竞赛吸引大学生的重要方面，通过项目发掘、创作和打磨，可以加深对专业的理解，不断发掘自身潜力。总之，积极参赛不仅能为大学生创新创业项目的酝酿、萌芽、成长及最后孵化奠定基础，还能够提升自身素养，不断突破自我。

📚 拓展阅读

知行合一，实现突破[①]

凭借着不断创新、探索和永不言败的精神，作为项目负责人，我在第八届中国国际"互联网+"大赛中带领团队获得国铜，成为学校建校以来第一个入围"互联网+"全国总决赛并获奖的项目。回想起刚进大学的时候我只知道自己喜欢做机器人，对创新创业的认知也很懵懂，随着专业知识的积累，我希望自己能把现实生活中出现的问题运用所学知识来解决。在一次暑假社会实践中我发现海滩环境治理存在较大问题，本次国奖项目"济沧海"的理念雏形就是那个时候产生的。

如何将理论项目落地有很长的路要走，需要不断实践、打磨、测试，我之前有个"猪场智能喂料机"项目，到猪场实地进行走访、调研、测量，"真刀真枪"地干。做"济沧海"项目时，在设计链轮制作、电机控制等方面也是进行了无数次尝试和论证，当发现比赛所需的部分内容于我而言有点超纲超专业时，我马上去别的学院找人，毕竟术业有专攻，最后组建成来自十个专业、五大学院的团队。起初我们的作品实地测试时没跑起来，校赛排名也很靠后，但是我们团队有信心，觉得我们的作品完善后能实实在在解决市场存在的问题。我们主动去参加校内外各类创新创业讲座，向专家请求指导，小到PPT里字体和标点的修改，大到产品功能和商业计划书的内容结构调整，反复打磨，通宵达旦地干，可喜的是项目相关知识产权获得十几项，最后获得国家级、省级竞赛奖项七项，成功申请到国家级大学生创业项目，入驻学校创业孵化园，本人也成功入选杭

---

① 浙大城市学院学生在第八届中国国际"互联网+"大赛中获得国铜，案例来自获奖团队。案例中他们分享了如何把一个新项目快速打磨成熟的经验。

州市"未来星计划"。

做项目打比赛过程虽然艰苦，但是它的魅力就在于会让人情不自禁地投入，在获得一次次突破的时候，会让我觉得很欣喜，我们很享受这个过程。人生伟业的建立，不在能知，乃在能行，创新创业亦是如此，每一次失败都是宝贵的复盘机会，每一次阶段性成功都是对初心的鼓舞，希望大家能踏出第一步，去全身心地投入和享受竞赛带给我们的价值。

——第八届中国国际"互联网+"大赛铜奖获得团队负责人 缪徐

（三）参与创新创业孵化

大学生依托创业孵化平台进行创新创业实践是非常重要的。很多高校积极构建平台服务质量体系，激发"产、学、研、转、创"的内生动力，合力形成"1+5+N"内涵提升新路径，发挥"1"（高校创业孵化平台的服务质量标准体系）+"5"（产、学、研、转、创）+"N"（政府、高校、企业、科研院所、金融等参与主体）的合力，全方位地服务师生、服务教学、服务项目转化、服务区域产业转型升级，助推毕业生高质量就业。从形成创新创业团队到选择专业项目，再到专利成果的选择、转化，到"小试、中试"再到平台注册公司、产品孵化上市等环节，这些创新创业孵化平台在主体的项目策划、项目管理、项目孵化、项目上市、项目运行和项目盈利能力培养的流程中探索更多可能性。大学生可以在这些孵化平台中整合到很多资源让自己的项目走得更远，体验更深，积累实践经验。①

📖 拓展阅读

创新源于生活 创业始于探索②

项目名称：GoPrint——多功能智能打印机先行者

所属高校：浙江大学

所获奖项：第七届中国国际"互联网+"大学生创新创业大赛全国金奖、季军，获得第十二届"挑战杯"全国大学生创业计划竞赛金奖、第十七届"挑战杯"大学生课外学术竞赛特等奖

项目概述：这是一款继移动笔记本电脑、移动智能手机之后的又一项革命性的发明——移动智能打印机。作为办公和学习的必备工具，在这个时代，打印机却始终没能

① 韩秀枝，曹源. 基于"双创"背景下高校创业孵化平台"1+5+N"内涵提升路径探索与实践 [J]. 创新创业理论研究与实践，2022(22): 195–198.
② 中关村加一人才中心. 第七届"互联网+"大赛国赛金奖案例—GoPrint——多功能智能打印机先行者 (新工科)[EB/OL]. (2022–08–22)[2023–03–10]. https://mp.weixin.qq.com/s?__biz=MzIwMDY0ODAzNQ==&mid=2651125987&idx=1&sn=1479127f08990cbb38a401559462a386&chksm=8d09acefba7e25f964e1812341535fe27220d7fa5383267d3eff97d2d6ee8a2d5fe412d92621&scene=27.

移动化。——我们期望改变这一现状。经过团队工程师的不断努力，我们终于将打印机缩小到了钱包的大小，它包含传统打印机的功能却不止于此，大至A4甚至更大的打印幅面。打印，从此随时随地。

市场背景：移动办公的人越来越多，纸质材料却难以被取代，如何在外出时获得打印材料成了很多人的痛点。市场调研显示，人们对便携式打印机的需求正在持续增长。相关市场正处于发展阶段，创业机会增多。而现阶段市面上的便携式打印机难以实现传统打印机的功能。我们希望能用革新的产品GoPrint，实现传统打印机的功能并提供更多可能，触及普通打印机不易触及的时空——掀起一场打印机的革命。

技术优势：产品具有独创技术。GoPrint的打印喷头摆脱了框架导轨的束缚在平面上自行走，而减小了体积。团队工程师应用了现今先进的微电子学工业成果和计算机图形学应用设计了一套特别的定位方式，在打印机体积缩小成钱包大小时仍有较高打印质量。同时提供多套方案面向不同市场。相关技术申请了中国发明专利。

市场优势：GoPrint解决了相关人群的痛点。不管是学生党需要随时打印错题、复习材料或论文，还是商务人士在外办公打印文件合同，甚至是普通消费者日常使用，GoPrint都将成为他们生活中的好伙伴。GoPrint的核心技术还可用于超大幅面印刷，现行业内相关设备动辄数十万，GoPrint降低了行业门槛。GoPrint还具有很强的可扩展性：搭载在GoPrint上的打印喷头可快速拆卸，换成CCD传感器变身扫描仪，扫描仪和打印机组合变身复印机。还可基于GoPrint打印用的App建立一整套生态，用独占内容和社群建设提高用户黏性、助力产品营销。

营销策略：将结合6P和6C营销理论。产品面向国际市场，充分利用互联网优势，可先采用众筹方式获得生产资金和第一批用户，接着线上线下铺货，除传统营销方式外，还可采用和相关产品，如纸张组合搭售的方法。通过合适的营销策略，周全考虑的定价策略和审慎的财务分析，项目有很强的盈利能力，市场前景良好。我们也进行了风险评估，做好了应对准备，为项目长足发展奠定坚实基础。

? 思考题

1. 你认为哪些岗位更容易被人工智能取代？
2. 大学生可参加的创新创业大赛有哪些？这些创新创业大赛分别有哪些具体特点？
3. 如何提升创新创业能力？

✓ 劳动实践

1. 通过互联网等渠道了解一下所在城市的创业支持政策。

2. 参加一项创新竞赛。

劳动创造社会财富，劳动推动社会进步。劳动是人区别于动物的历史性活动，是满足社会需要的社会性活动，是促进人的全面发展的创造性活动。全社会都要贯彻尊重劳动、尊重知识、尊重人才、尊重创造的重大方针，维护和发展劳动者的利益，保障劳动者的权利。

经过前面三篇的学习和实践，相信同学们对如何树立劳动观念、坚持劳动精神、增强劳动技能已经有所掌握。那么，在劳动过程中，法律对于劳动者的物质保护、精神保护有哪些规定？用人单位需要履行哪些义务，来保护劳动者的安全和健康？劳动者有哪些关于劳动安全的权利和义务？大学生在实习过程中享有哪些权利？大学生毕业以后，在劳动就业方面享有哪些权利？签订劳动合同需要注意哪些事项？解除劳动合同，劳动者又享有哪些权利，需要履行哪些义务？在劳动过程中，劳动者如何培养和维护健康的劳动心理？通过第四篇劳动保障篇的学习，同学们可以获取上述几个方面的知识储备，在劳动中、在全面建设中国式现代化的进程中，进一步焕发劳动热情，释放创造潜能，成就自己的出彩人生。

第九章 | 劳动者权益与法律保护

劳动者是社会生产力发展的推动者，也是社会财富的创造者。党的十八大以来，以习近平同志为核心的党中央高度重视劳动者权益的保障。习近平总书记深刻指出，"全社会都要贯彻尊重劳动、尊重知识、尊重人才、尊重创造的重大方针，维护和发展劳动者的利益，保障劳动者的权利"①。党的二十大报告中再次强调，"完善劳动者权益保障制度，加强灵活就业和新就业形态劳动者权益保障"。要不断提升广大劳动群众的获得感、幸福感、安全感，就必须在法律制度中强调对劳动者保护。这不仅是社会文明的象征，也是社会进步的必然结果。

最高法发布保护
劳动者合法权益
指导性案例

第一节 | 劳动安全

劳动安全，又称职业安全，是劳动者享有的在职业劳动中人身安全获得保障、免受职业伤害的权利。劳动者是生产力要素中最具决定性作用的因素，也是提高劳动生产率的重要因素。发展生产力、提高劳动生产率就要求劳动者有充沛的才智、精力和健康的体魄。新时代对劳动安全工作提出了更高的要求，我们应当以人为本，坚持人民至上、生命至上，大力实施安全发展战略。那么关于劳动安全，生产经营单位应当做什么？劳动者应当如何做？了解上述知识对于将走上工作岗位的大学生来说具有相当重要的现实意义。

一、生产经营单位的劳动安全保障义务

保护劳动者在劳动过程中的安全和健康，防止安全事故和职业病危害等，是国家在社会治理中的重要任务，也是用人单位在生产经营过程中的重要义务。国家在各项法律法规及相关规章规定中，规定了系列的劳动安全技术规程、劳动安全卫生规程、劳动安全管理制度等，从人、物、制度等多方面为保护劳动者安全健康创造有利条件。

---

① 习近平．在同全国劳动模范代表座谈时的讲话 [EB/OL]. (2013-04-28)[2023-3-10]. http://www.gov.cn/govweb/ldhd/2013-04/28/content_2393150.htm.

（一）劳动安全技术规程

劳动安全技术规程是指国家为了保护劳动者在劳动过程中的安全、防止伤亡事故发生，而采取的各种安全技术保护措施的规章制度，包括工厂安全技术规程、矿山安全技术规程和建筑安装工程安全技术规程等。

《中华人民共和国安全生产法》是我国综合规范安全生产的法律，该法于2021年6月10日经全国人大常委会审议进行了第三次修正，并于2021年9月1日起施行。它适用于所有生产经营单位。劳动过程中的复杂性决定了劳动设备、劳动条件也具有复杂性。由于各行各业的生产特点和工艺过程有所不同，需要解决的劳动安全技术问题也有所不同。国家针对不同的劳动设备和条件，以及不同行业的生产特点，规定了适合各行业的安全技术规程，如《建筑施工升降机安装、使用、拆卸安全技术规程》《城镇污水处理厂运行、维护及安全技术规程》等。

例如，为了保障矿山生产的安全，保护劳动者的生命安全，国家制定了一系列有关矿山安全的措施，包括：矿山建设、矿山开采均必须符合开采不同矿种的矿山安全规程和行业技术规范；矿山设计规定保留的矿柱、岩柱，在规定的期限内应当予以保护，不得开采或者毁坏；矿山企业必须对作业场所中的有毒有害物质和井下空气含氧量进行检测以保证符合安全要求；等等。

（二）劳动安全卫生规程

劳动安全卫生规程是指国家为了保护劳动者在劳动过程中的健康，防止有毒有害物品的危害和职业病发生所采取的各种防护措施的规章制度。国家颁布的有关劳动卫生方面的法律法规主要有《中华人民共和国职业病防治法》《国务院关于加强防尘防毒工作的决定》《中华人民共和国尘肺病防治条例》《工业企业设计卫生标准》《危险化学品安全管理条例》《使用有毒物品作业场所劳动保护条例》等。

防止粉尘危害。在劳动过程中，吸入过多粉尘将会引发劳动者肺组织纤维化的各种尘肺疾病，这极大地伤害了劳动者的身体健康。因此，凡有粉尘作业的企事业单位应采取综合防尘措施和无尘或低尘的新技术、新工艺、新设备，使作业场所粉尘浓度不超过国家卫生标准。

防止有毒有害物质危害。从事有毒物品作业的用人单位不得在作业场所使用国家明令禁止的有毒物品或者不符合国家标准的有毒物品。用人单位应做到有害作业与无害作业分开，高毒作业场所与其他作业场所隔离，设置有效的通风装置，高毒作业场所设置应急撤离通道和必要的泄险区等。用人单位由卫生行政部门发给职业卫生安全许可证，方可从事使用有毒物品的作业。

防止噪声和强光刺激。长期在噪声和强光的作业环境下生产和劳动会使劳动者的听觉和视觉器官产生不良的影响，引发多种职业病。发生强烈噪声的生产活动，应该尽可能在设有消声设备的单独工作房中进行。对于在有噪声、强光、辐射热和飞溅火花、碎片、刨屑的场所操作的工人，应配备必要的个人防护用品。

防暑降温、防寒取暖和防湿。温度经常高于 32℃ 的室内工作地点应当采取相应降温措施。在高温条件下操作的工人，工厂应供给含盐清凉饮料。温度经常低于 5℃ 的室内工作地点应当设置取暖设备。对于经常在寒冷气候中进行露天操作的工人，工厂应设置有取暖设备的休息处所。生产时用水较多或产生大量湿气的车间，应采取排水防湿设施，防止顶棚滴水和地面积水。

（三）劳动安全管理制度

劳动安全管理制度是指为了保障劳动者在劳动过程中的安全和健康，用人单位根据国家有关法规的规定，结合本单位的实际情况所制定的有关劳动安全管理的规章制度。劳动安全管理制度是企业管理制度的重要组成部分。

1. 安全责任制度

安全生产责任制是企业岗位责任制的重要组成部分，是企业安全生产的基本制度。根据《安全生产法》的规定，生产经营单位的安全生产责任制应当明确各岗位的责任人员、责任范围和考核标准等内容。生产经营单位应当建立相应的机制，加强对安全生产责任制落实情况的监督考核，保证安全生产责任制的落实。生产经营单位的主要负责人对本单位安全生产工作负有下列职责：（1）建立、健全本单位安全生产责任制；（2）组织制定本单位安全生产规章制度和操作规程；（3）组织制订并实施本单位安全生产教育和培训计划；（4）保证本单位安全生产投入的有效实施；（5）督促、检查本单位的安全生产工作，及时消除生产安全事故隐患；（6）组织制定并实施本单位的生产安全事故应急救援预案；（7）及时、如实报告生产安全事故。

2. 安全技术规划制度

安全技术规划制度是企业为了改善劳动条件，防止工伤事故和职业病而编制的预防和控制措施的计划。它是企业生产、技术、财务规划的一个组成部分。对于每项措施应该确定实现的期限和负责人，安全技术措施所需的设备、材料，应该列入物资、技术供应规划。安全技术规划制度的范围包括以改善劳动条件、防止伤亡事故、预防职业病和职业中毒为目的的各项措施，具体项目有安全技术、工业卫生、辅助房屋及设施、宣传教育等。《安全生产法》规定，生产经营单位应当具备的安全生产条件所必需的资金投入，由生产经营单位的决策机构、主要负责人或者个人经营的投资人予以保证，并对由于安全生产所必需的资金投入不足导致的后果承担责任。

3. 安全生产教育制度

安全生产教育制度是企业帮助职工提高安全生产意识，普及安全技术法规知识，教育和培训职工掌握安全技术常识的一项经常性教育制度，是预防工作事故发生的重要措施。对劳动者进行安全生产教育是用人单位的一项基本义务。

安全生产教育的内容包括思想政治教育、劳动安全卫生法制教育、劳动纪律教育、劳动安全技术知识教育、典型经验和事故教训教育等。《安全生产法》规定，生产经营单位应当对从业人员进行安全生产教育和培训，保证从业人员具备必要的安全生产知识，熟悉有关的安全生产规章制度和安全操作规程，掌握本岗位的安全操作技能，了解事故应急处理措施，知悉自身在安全生产方面的权利和义务。生产经营单位使用被派遣劳动者的，应当将被派遣劳动者纳入本单位从业人员统一管理，对被派遣劳动者进行岗位安全操作规程和安全操作技能的教育和培训。生产经营单位接收中等职业学校、高等学校学生实习的，应当对实习学生进行相应的安全生产教育和培训，提供必要的劳动防护用品。学校应当协助生产经营单位对实习学生进行安全生产教育和培训。

此外，随着近年来新经济形态的迅速发展，催生了大量新类型的就业岗位。各种灵活就业及劳动新形态从业人员，如网约配送员、网约车驾驶员、互联网营销师等新劳动者数量大幅增加，维护劳动者劳动保障权益面临新情况、新问题。2021年7月，人力资源社会保障部、国家发展改革委、交通运输部、应急部、市场监管总局、国家医保局、最高人民法院、全国总工会等八部门共同印发了《关于维护新就业形态劳动者劳动保障权益的指导意见》；2021年8月，国务院印发《"十四五"就业促进规划》。以上文件对于进一步规范平台用工关系，对维护好新就业形态劳动者的劳动报酬、合理休息、社会保险、劳动安全等权益都做出明确要求。文件指出，企业应健全并落实劳动安全卫生责任制，严格执行国家劳动安全卫生保护标准。企业应落实全员安全生产责任制，建立健全安全生产规章制度和操作规程，配备必要的劳动安全卫生设施和劳动防护用品，加强安全生产和职业卫生教育培训，重视劳动者身心健康，及时开展心理疏导；强化恶劣天气等特殊情形下的劳动保护，最大限度减少安全生产事故和职业病危害；采取政府主导、信息化引领和社会力量承办相结合的方式，建立健全职业伤害保障管理服务规范和运行机制；强化职业伤害保障，以出行、外卖、即时配送、同城货运等行业的平台企业为重点，组织开展平台灵活就业人员职业伤害保障试点；引导支持灵活就业人员和新就业形态劳动者参加社会保险，鼓励平台企业通过购买人身意外、雇主责任等商业保险，提高灵活就业人员和新就业形态劳动者社会保障水平。

二、从业人员的劳动安全权利和义务

生产经营单位的从业人员有依法获得安全生产保障的权利，并应当依法履行安全生产方面的义务。

从业人员有权了解其作业场所和工作岗位存在的危险因素、防范措施及事故应急措施，有权对本单位的安全生产工作提出建议。

劳动光荣
安全第一

从业人员有权对本单位安全生产工作中存在的问题提出批评、检举、控告；有权拒绝违章指挥和强令冒险作业。生产经营单位不得因从业人员对本单位安全生产工作提出批评、检举、控告或者拒绝违章指挥、强令冒险作业而降低其工资、福利等待遇或者解除与其订立的劳动合同。

从业人员发现直接危及人身安全的紧急情况时，有权停止作业或者在采取可能的应急措施后撤离作业场所。生产经营单位不得因从业人员在前款紧急情况下停止作业或者采取紧急撤离措施而降低其工资、福利等待遇或者解除与其订立的劳动合同。

生产经营单位发生生产安全事故后，应当及时采取措施救治有关人员。因生产安全事故受到损害的从业人员，除依法享有工伤保险外，依照有关民事法律尚有获得赔偿的权利的，有权提出赔偿要求。

工会有权对建设项目的安全设施与主体工程同时设计、同时施工、同时投入生产和使用进行监督，提出意见。工会对生产经营单位违反安全生产法律、法规，侵犯从业人员合法权益的行为，有权要求纠正；发现生产经营单位违章指挥、强令冒险作业或者发现事故隐患时，有权提出解决的建议，生产经营单位应当及时研究答复；发现危及从业人员生命安全的情况时，有权向生产经营单位建议组织从业人员撤离危险场所，生产经营单位必须立即作出处理。工会有权依法参加事故调查，向有关部门提出处理意见，并要求追究有关人员的责任。

从业人员在作业过程中，应当严格落实岗位安全责任，遵守本单位的安全生产规章制度和操作规程，服从管理，正确佩戴和使用劳动防护用品。

从业人员应当接受安全生产教育和培训，掌握本职工作所需的安全生产知识，提高安全生产技能，增强事故预防和应急处理能力。

从业人员发现事故隐患或者其他不安全因素，应当立即向现场安全生产管理人员或者本单位负责人报告；接到报告的人员应当及时予以处理。

生产经营单位使用被派遣劳动者的，被派遣劳动者享有从业人员的权利，并应当履行从业人员的义务。

第二节｜劳动法律关系与法律保障

劳动法律关系是指劳动关系经过劳动法调整而形成的、以劳动权利和劳动义务为内容的关系。劳动关系是劳动法律关系的基础，劳动法律关系是劳动关系在法律上的体现形式，是被规范了的劳动关系，体现出法律对个人意志的干预。例如，在私营企业没有纳入我国劳动法调整的时期，私营企业雇主如何雇用劳动者、如何支付工资、规定多长的工作时间等事项完全由雇主决定，没有法律干预。自1994年《中华人民共和国劳动法》实施后，私营企业雇主在确定劳动者的工时、工资和劳动条件等内容时，必须符合法律的规定，要遵守法定工时，工资不得低于最低工资等。在劳动法的调整下，劳动法律关系具有了权利义务的内容，劳动法律关系产生了法律保障性。这意味着若违反权利义务的规定，当事人就要承担相应法律责任。

一、劳动就业

从劳动经济学的角度看，劳动就业是劳动力与生产资料结合生产社会物质财富，并进行社会分配的过程；从劳动者个人的角度看，劳动就业是劳动者的谋生手段；从社会价值的角度看，劳动就业是使劳动力和生产资料两大资源得到合理利用的过程；从劳动法的角度看，劳动就业是指具有劳动权利能力和劳动行为能力并有就业愿望的公民获得有报酬的职业。

（一）劳动就业权

劳动就业权，也称就业权或工作权，是指公民享有的使自己的劳动力与生产资料结合实现职业劳动的权利。劳动就业权的权利实现具有特殊性。它的实现不完全由人的主观意志决定，而在很大程度上依赖于社会客观条件的存在。因此，国家作为劳动就业权的相对义务主体，要以积极的作为促进和保障该权利的实现。一方面，对处于非就业状态下的公民，国家要采取一切措施发展经济、创造和扩大就业机会，采取职业介绍、职业训练、职业辅导等措施促进公民就业；对已经处于就业状态的公民，国家通过法律对用人单位解除劳动合同做出必要的限制，以保障公民劳动就业权的实现。另一方面，当受诸多因素的制约，有就业愿望的公民不能就业时，公民不能就此以诉讼或仲裁的方式向国家主张权利，只能申请领取失业保险救济金或社会救济金。

国务院于 2021 年 8 月印发《"十四五"就业促进规划》（以下简称《规划》），该文件指出，应以实现更加充分更高质量就业为主要目标，健全有利于更加充分更高质量就业的促进机制。《规划》特别提出，要建立促进多渠道灵活就业机制，支持多渠道灵活就业和新就业形态发展，并提出七项重点任务。一是坚持经济发展就业导向，不断扩大就业容量；二是强化创业带动作用，放大就业倍增效应；三是完善重点群体就业支持体系，增强就业保障能力；四是提升劳动者技能素质，缓解结构性就业矛盾；五是推进人力资源市场体系建设，健全公共就业服务体系；六是优化劳动者就业环境，提升劳动者收入和权益保障水平；七是妥善应对潜在影响，防范化解规模性失业风险。

（二）我国劳动就业的形式

随着我国社会主义市场经济的建立，我国的劳动就业也完成了由原来单一的靠国家统包统配向市场配置多渠道、多方位的就业方式的转变。目前我国劳动就业的形式主要有以下几种。

（1）劳动者与用人单位直接洽谈就业。例如，国家每年在大中专院校学生毕业之前在各地举办大规模的人才交流洽谈会，即将就业的高校毕业生通过洽谈会与有关的用人单位直接见面、洽谈，双向选择后实现就业。

（2）职业介绍机构介绍就业。由职业介绍机构沟通劳动力供求双方，由双方订立劳动合同实现就业。

（3）劳动者自行组织就业。由多名劳动者组织起来，合办集体经济组织实现就业。

（4）自谋职业。即劳动者从事个体经营等职业。

（5）国家安置就业。目前国家对少数劳动者仍然负有保证其实现第一次就业的义务。例如，根据《中华人民共和国兵役法》规定，军士退出现役，服现役满12年或者符合国家规定的其他条件的，由安置地的县级以上地方政府安排工作等。

（三）劳动就业基本原则

第二次世界大战以后，由于失业问题比较严重，各国的经济政策几乎都致力于解决就业问题，促进就业。《中华人民共和国就业促进法》第二条规定，我国坚持"劳动者自主择业、市场调节就业、政府促进就业的方针"，以实现多渠道扩大就业的目标。劳动就业应遵守如下基本原则。

1. 国家促进就业的原则

促进就业是指国家采取的帮助公民实现劳动就业的一系列措施的总称，包括建立促进就业的政府责任体系，建立促进就业的政策支持体系，建立统一、规范的人力资源市场体系，建立面向所有劳动者的职业教育和培训体系，建立和完善公共就业的服务体系和就业困难群体援助制度。

2. 公平就业和自主择业原则

公平就业原则。我国是一个劳动力资源大国，随着市场经济进一步完善、农村劳动力向城市转移等，社会财富的有限性使得就业岗位正在成为稀缺的资源。因此，保障公民就业机会的均等、就业条件的公平，防止和杜绝各种形式的就业歧视是《就业促进法》关注的焦点。我国《就业促进法》根据我国的实际情况，通过如下几个方面的规定保障公平就业。（1）明确了劳动者的平等就业权。《就业促进法》第三条第一款规定：劳动者依法享有平等就业和自主择业的权利。（2）明确了平等就业和公平就业的基本内涵，将就业歧视从传统的因民族、种族、性别和宗教信仰等歧视因素扩大到地区歧视、病理歧视和身份歧视等。《就业促进法》第三条规定：劳动者就业，不因民族、种族、性别、宗教信仰等不同而受歧视。另外，针对在实际生活中传染病病原携带者受歧视的现状，《就业促进法》第三十条规定：用人单位招用人员，不得以是传染病病原携带者为由拒绝录用。（3）明确规定了政府、用人单位和职业中介机构等在保障公平就业原则的贯彻上承担的义务。《就业促进法》第二十五条规定：各级人民政府创造公平就业的环境，消除就业歧视，制定政策并采取措施对就业困难人员给予扶持和援助。第二十六条规定：用人单位招用人员、职业中介机构从事职业中介活动，应当向劳动者提供平等的就业机会和公平的就业条件，不得实施就业歧视。（4）确立了劳动者公平就业的法律救济途径。《就业促进法》第六十二条规定：违反本法规定，实施就业歧视的，劳动者可以向人民法院提起诉讼。

自主择业原则。自主择业是指公民根据自己的意愿、才能，结合社会的需要自主地选择职业。劳动是劳动力的消耗过程，更是人的自我价值的实现过程。不同的职业、不同的工作岗位对劳动者劳动能力的要求不同，社会回报的程度也不同。公民作为自身劳动力的所有者，有权根据自身的实力，通过平等竞争获得自己理想的职业和工作岗位，取得理想的经济利益。确立公民自主择业权，不仅符合公民行使劳动权的价值取向，而且有利于调动公民劳动的积极性和主观能动性，为公民将自己的劳动潜能最大化地释放于社会和服务于祖国建设事业提供了条件。公民可以通过行使订立、变更、解除和终止劳动关系的权利来实现自主择业权。

3. 照顾特殊和困难就业群体就业的原则

特殊和困难就业群体是指因特殊情况而在就业竞争中处于不利地位的人员，包括妇女、残疾人、少数民族人员、退役军人、失地农民和连续失业达一定时间人员。对特殊和困难就业群体进行就业照顾是人类进步和社会文明程度提高的标志。

二、劳动合同

劳动合同，又称劳动协议，是指劳动力的提供方即劳动者（雇员）和劳动力的使用方即用人单位（雇主）确立劳动关系，明确双方在劳动力的使用和被使用过程中的权利和义务的协议。劳动合同是确定劳动关系的法律凭证，是建立规范有效劳动关系的重要载体。以劳动合同作为确立劳动关系的基本形式，对劳动者来说，是劳动者实现劳动权的重要保障；对于用人单位来说，是合理使用劳动力、巩固劳动纪律、提高劳动生产率的重要手段；对于社会来说，是减少和防止发生劳动争议的重要措施。作为即将进入职业生活的大学生，了解劳动合同的相关知识，了解劳动合同双方的权利义务，具有相当重要的意义。

（一）劳动合同的订立

劳动合同的订立是作为劳动合同主体双方的劳动者和用人单位就各自的权利和义务进行协商，使双方的意志协调一致从而签订对双方具有约束力的劳动合同的法律行为。由于劳动合同内容上的特殊性，劳动合同的订立不单纯是双方当事人的事，而是要在不同程度上服从国家的强制干预。劳动者和用人单位都必须了解劳动合同订立的法律规定，遵循订立的原则，按照订立的程序，在劳动合同订立过程中利用法律手段保障自己的权利，保证劳动关系的依法确立。

1. 当事人在订立劳动合同时享有的权利和应尽的义务

（1）知情权和告知义务。劳动合同任何一方对对方都享有一定的知情权，都有义务如实告知对方必要信息。《中华人民共和国劳动合同法》第八条规定：用人单位招用劳动者时，应当如实告知劳动者工作内容、工作条件、工作地点、职业危害、安全生产状况、劳动报酬，以及劳动者要求了解的其他情况；用人单位有权了解劳动者与劳动合同直接相关的基本情况，劳动者应当如实说明。当然，用人单位知情权是有限度的。例如，劳动者的婚姻状况属于其个人隐私。实践中，有些已婚人士在求职时未披露自己已婚的信息，被招用后，用人单位以"欺诈"为由解除其劳动合同。这样的解除是不能成立的。（2）劳动自由，不得强迫劳动，用人单位不得扣押劳动者有效证件或要求劳动者提供担保。此前，我国一些地方发生过单位要求劳动者提供金钱担保、提供证明人，甚至扣押劳动者身份证或者职业资格证书等现象。《劳动合同法》明确禁止了这种做法。劳动既是一项基本权利，也是一项基本自由，任何人的劳动都不得被强迫。因此，法律有必要禁止用人单位扣押劳动者有效证件或者让劳动者提供担保的做法，因为这些做法都有强迫劳动的嫌疑。

2. 劳动合同订立的形式

劳动合同订立的形式是指劳动合同依法成立的外在表现方式。劳动合同外在表现形式主要有书面和口头两种。一般而言，书面形式订立的劳动合同，当事人之间的权利义务明确，便于履行，一旦发生纠纷也有据可查，便于处理。而口头形式订立的劳动合同，虽然灵活、简便，但容易发生纠纷，且因口头合同无凭证而增加争议处理的难度，不利于维护劳动者合法权益。我国《劳动法》和《劳动合同法》均要求以书面形式订立劳动合同，《劳动合同法》第十条明确规定："建立劳动关系，应当订立书面劳动合同。已建立劳动关系，未同时订立书面劳动合同的，应当自用工之日起一个月内订立书面劳动合同。用人单位与劳动者在用工前订立劳动合同的，劳动关系自用工之日起建立。"用人单位自用工之日起超过一个月不满一年未与劳动者订立书面劳动合同的，应当向劳动者每月支付双倍的工资；自用工之日起满一年不与劳动者订立书面劳动合同的，视为用人单位与劳动者已订立无固定期限劳动合同。未订立书面劳动合同的，下列凭证亦可以证明事实劳动关系的存在：工资支付凭证或记录和社会保险费的记录；工作证、服务证等证件；招工招聘登记表或报名表；考勤记录；其他劳动者证言等。

（二）劳动合同的内容

劳动合同的内容是指劳动合同所包含的所有条款，即通过劳动合同条款反映出来的当事人双方的权利和义务。劳动合同的内容是劳动合同的实质所在，体现了双方当事人之间劳动法律关系的具体含义。我国《劳动法》和《劳动合同法》规定劳动合同内容由法定内容和约定内容两部分组成。法定内容是国家法律要求劳动合同必须具备的条款，又称为必备条款。约定内容是双方当事人根据双方具体情况协商约定的条款。根据劳动合同订立的合法性原则，约定条款必须不违反现有法律、法规的规定，否则无效。

1. 劳动合同的必备条款

我国《劳动法》第十九条和《劳动合同法》第十七条采用强制性规范并列举劳动合同应当具备的条款，符合我国国情，有利于引导劳动合同双方当事人正确全面地订立合同，减少劳动纠纷。《劳动法》第十九条规定劳动合同应当以书面形式订立，并具备以下条款：（1）劳动合同期限；（2）工作内容；（3）劳动保护和劳动条件；（4）劳动报酬；

（5）劳动纪律；（6）劳动合同终止的条件；（7）违反劳动合同的责任。《劳动合同法》第十七条规定：劳动合同应当具备以下条款。（1）用人单位的名称、住所和法定代表人或者主要负责人；（2）劳动者的姓名、住址和居民身份证或者其他有效身份证件号码；（3）劳动合同期限；（4）工作内容和工作地点；（5）工作时间和休息休假；（6）劳动报酬；（7）社会保险；（8）劳动保护、劳动条件和职业危害防护；（9）法律、法规规定应当纳入劳动合同的其他事项。

2. 劳动合同的约定条款

劳动合同的约定条款是指法律没有要求必须包括的合同内容，是当事人之间通过协商确定下来的合同内容。根据《劳动合同法》第十七条的规定，除上文提到的必备条款之外，劳动合同当事人还可以协商约定其他内容。例如，劳动合同的试用期、培训条款、竞业限制条款、补充社会保险待遇、其他福利待遇等。需要注意的是，劳动合同的约定条款也要在遵守《劳动合同法》中有关规定的前提下进行约定。例如，关于试用期，《劳动合同法》规定，劳动合同期限三个月以上不满三年的，试用期不得超过一个月；劳动合同期限一年以上不满三年的，试用期不得超过二个月；三年以上固定期限和无固定期限的劳动合同，试用期不得超过六个月。劳动者在试用期的工资不得低于本单位相同岗位最低档工资或者劳动合同约定工资的80%，并不得低于用人单位所在地的最低工资标准。

（三）劳动合同的解除

劳动合同解除是指在有效的劳动合同履行过程中，由于双方或单方的法律行为，在合同的有效期届满或者履行完毕之前，结束劳动合同效力的法律行为。

劳动合同的解除有两大类：双方协商解除和单方法定解除。双方协商解除是指在劳动合同的履行过程中，劳动合同双方当事人协商一致结束劳动合同效力的行为。用人单位向劳动者提出解除劳动合同并经协商一致解除劳动合同的，用人单位应当向劳动者支付经济补偿金（《劳动合同法》第四十六条）。单方法定解除是指在劳动合同履行过程中，任何一方当事人基于法律规定，单方提出结束劳动合同效力的行为。从提出解除的主体看，单方解除包括用人单位的单方解除（又称为解雇）和劳动者单方解除（又称为辞职）。

1. 用人单位的单方解除

为了防止用人单位滥用解雇权，法律一般要求用人单位须具备法定理由才可单方解除劳动合同。《劳动合同法》第三十九条规定了用人单位可以单方解除劳动合同的具体情形。

（1）过错型解除的情形。①在试用期间被证明不符合录用条件的。这实际上要求用人单位必须告知劳动者录用条件，并对劳动者进行及时考核，决定劳动者是否符合录用条件，不得主观臆想地认为劳动者不符合录用条件。②严重违反用人单位规章制度的。

实践中，用人单位常以此为理由解除合同，但必须明确以下几点：一是用人单位必须依法制定规章制度，即规章制度必须合法并已告知劳动者；二是劳动者的过错行为达到一定严重程度；三是用人单位对于劳动者过错行为的处理是依据内部制定的合法制度和合法程序进行的，不得仅凭单位领导人的主观印象认定。③劳动者严重失职，营私舞弊，给用人单位的利益造成重大损害的。④劳动者同时与其他用人单位建立劳动关系，对完成本单位工作任务造成严重影响，或者经用人单位提出，拒不改正的。⑤由于欺诈、胁迫或者乘人之危导致劳动合同无效的。⑥劳动者被依法追究刑事责任的。

（2）非过错型解除的情形。根据《劳动合同法》第四十条第一项和第二项的规定，有下列情形之一的，用人单位可以解除劳动合同，但应提前三十日以书面形式通知劳动者本人或者额外支付一个月工资（代替提前三十天的预告期）。①劳动者患病或者非因工负伤，医疗期满后不能从事原工作，也不能从事由用人单位另行安排的工作的。②劳动者不能胜任工作，经过培训或者调整工作岗位，仍不能胜任工作的。在考察上述两种情形时，关键的问题是如何确定劳动者不能胜任工作。用人单位要根据事先建立的合法、科学的考核制度来考察劳动者，不能仅仅根据领导意见或者少数人的主观印象得出结论。

拓展阅读

末位淘汰制等于不能胜任工作吗？ [1]

最高人民法院指导案例 18 号——末位淘汰制不能等于不能胜任工作。

2005 年 7 月，被告王某进入原告中兴通讯（杭州）有限责任公司（以下简称中兴通讯）工作，劳动合同约定王某从事销售工作，基本工资每月 3840 元。该公司的《员工绩效管理办法》规定：员工半年、年度绩效考核分别为 S、A、C1、C2 四个等级，分别代表优秀、良好、价值观不符、业绩待改进；S、A、C（C1、C2）等级的比例分别为 20%、70%、10%；不胜任工作原则上考核为 C2。王某原在该公司分销科从事销售工作，2009 年 1 月后由于分销科解散，转岗至华东区从事销售工作。2008 年下半年、2009 年上半年及 2010 年下半年，王某的考核结果均为 C2。中兴通讯认为，王某不能胜任工作，经转岗后，仍不能胜任工作，故在支付了部分经济补偿金的情况下解除了劳动合同。2011 年 7 月 27 日，王某提起劳动仲裁。同年 10 月 8 日，仲裁委做出裁决：中兴通讯支付王某违法解除劳动合同的赔偿金余额 36596.28 元。中兴通讯认为其不存在违法解除劳动合同的行为，故于同年 11 月 1 日诉至法院，请求判令不予支付解除劳动合同赔偿金余额。

浙江省杭州市滨江区人民法院于 2011 年 12 月 6 日做出（2011）杭滨民初字第 885 号民事判决：原告中兴通讯以被告王某不胜任工作，经转岗后仍不胜任工作为由，解除

---

① 根据最高人民法院指导案例 18 号整理。

劳动合同，对此应负举证责任。根据《员工绩效管理办法》的规定，"C（C1、C2）考核等级的比例为 10%"，虽然王某经考核结果为 C2，但是 C2 等级并不完全等同于"不能胜任工作"，中兴通讯仅凭该限定考核等级比例的考核结果，不能证明劳动者不能胜任工作，不符合据此单方解除劳动合同的法定条件。虽然 2009 年 1 月王某从分销科转岗，但是转岗前后均从事销售工作，并存在分销科解散导致王某转岗这一根本原因，故不能证明王某系因不能胜任工作而转岗。因此，中兴通讯主张王某不胜任工作，经转岗后仍然不胜任工作的依据不足，存在违法解除劳动合同的情形，应当依法向王某支付经济补偿标准二倍的赔偿金。原告中兴通讯（杭州）有限责任公司于本判决生效之日起 15 日内一次性支付被告王某违法解除劳动合同的赔偿金余额 36596.28 元。宣判后，双方均未上诉，判决已发生法律效力。

上述情形是与劳动者个人因素有关的劳动合同解除。除此之外，《劳动合同法》还规定了客观情况变化下的解除和经济性裁员。这两种劳动合同解除方式属于与劳动者个人因素无关的解除。根据《劳动合同法》第四十条第三项的规定，客观情况变化下的解除指劳动合同订立时所依据的客观情况发生重大变化，致使劳动合同无法继续履行，经用人单位与劳动者协商未能就变更达成协议的，用人单位可以提前三十天或者额外支付一个月工资的形式，解除劳动合同。经济性裁员是指用人单位基于经营方面的困难或者基于生产经营方面技术改造的原因，使某些劳动者丧失了劳动岗位，用人单位不得不解雇相关劳动者。

为了防止用人单位滥用劳动合同解除权，保护处于特定阶段或者特定岗位上的劳动者的特殊利益，我国《劳动法》和《劳动合同法》对用人单位不得解除劳动合同的情形作了规定。

《劳动合同法》第四十二条规定，劳动者有下列情形之一的，用人单位不得依照该法的第四十条、第四十一条的规定解除劳动合同：（1）从事接触职业病危害作业的劳动者未进行离岗前职业健康检查，或者疑似职业病病人在诊断或者医学观察期间的；（2）在本单位患职业病或者因工负伤并被确认丧失或者部分丧失劳动能力的；（3）患病或者非因工负伤，在规定的医疗期内的；（4）女职工在孕期、产期、哺乳期的；（5）在本单位连续工作满十五年，且距法定退休年龄不足五年的；（6）法律、行政法规规定的其他情形。

2. 劳动者的单方解除

劳动者合法地单方解除劳动合同的行为，又称为辞职，即劳动者在劳动合同履行过程中，主动向用人单位提出结束劳动合同关系的行为。辞职是劳动者处置自己劳动权的行为，只要有劳动者单方的意思表示即可成立，不需要得到用人单位的同意；但是辞职必须有劳动者自愿的、明确的意思表示，且应以书面形式告知用人单位。辞职还必须遵守预告期，《劳动合同法》第三十七条规定：劳动者提前三十天以书面形式通知用人单位，可以解除劳动合同。劳动者在试用期内提前三天通知用人单位，可以解除劳动合同。在预告期内，劳动者仍然必须正常地履行劳动的义务，到预告期满，再离开单位。

3. 经济补偿金

经济补偿金，有的国家或地区称其为资遣费、离职补贴，或者称为解雇费，是指法律规定的、当劳动合同由于劳动者行为过错以外的其他原因而解除或终止时，由用人单位一次性地支付给劳动者的一笔金钱。其意义在于一方面认可劳动者已经付出的劳动，另一方面为劳动者在解除或终止劳动合同后的生活提供物质帮助。

经济补偿金的支付情形。根据《劳动合同法》的规定，有下列情形之一的，用人单位应当向劳动者支付经济补偿金：（1）由于用人单位违法造成劳动者被迫辞职的；（2）由用人单位主动提出解除劳动合同并与劳动者协商一致解除劳动合同的；（3）用人单位依法预告解除劳动合同的；（4）用人单位因经济性裁员而解除劳动合同的；（5）固定期限劳动合同期满不再续订劳动合同的，用人单位提高条件或在原有条件下愿意续订但是劳动者拒绝续订的除外；（6）用人单位被依法宣告破产的；（7）用人单位被吊销营业执照、责令关闭、撤销或者用人单位决定提前解散的。

经济补偿金的支付标准。按照《劳动合同法》的规定，经济补偿按劳动者在本单位工作的年限，每满一年支付一个月工资的标准向劳动者支付。六个月以上不满一年的，按一年计算；不满六个月的，向劳动者支付半个月工资的经济补偿。劳动者月工资高于用人单位所在直辖市、设区的市级人民政府公布的本地区上年度职工月平均工资三倍的，向其支付经济补偿的标准按职工月平均工资三倍的数额支付，向其支付经济补偿的年限最高不超过十二年。其中所称的月工资是指劳动者在劳动合同解除或者终止前十二个月的平均工资。经济补偿金之所以规定上限，是为了避免实践中出现一些企业支付领导层的劳动者过高经济补偿金的现象。

第三节 │ 劳动心理

当代大学生现身处新时代，心理学在劳动中的作用显得越来越重要，尤其是"内卷"与"躺平"之"风靡"，让人们在劳动中产生的心理问题又被放大。深夜的负面情绪、赶论文时的焦头烂额、写策划时的抓耳挠腮等，都是在付出劳动时产生的一些暂时性心理问题。

一、"我是谁"：劳动心理

劳动心理是研究人在劳动过程中心理活动特点和规律的学科，是心理学的一个分支。劳动心理主要涉及四个方面的内容。其一，劳动者心理，即对劳动者的心理、兴趣、技能、气质、爱好、性格、劳动动机等调查、评估及研究。其二，劳动条件的心理问题，即对劳动环境、劳动工具对劳动者心理及工作带来的影响进行研究，如作业空间、照明、机器噪声等，结合人的舒适度，对劳动环境加以布置，提升工作效率。其三，劳动活动的心理学问题，即研究导致劳动者工作疲劳的因素，并采取必需措施，缓解劳动者疲劳程度，提升工作效率。其四，劳动管理的心理学问题，即通过心理学测试，评估劳动者各项能力，展开职业研究，采用合理的方法对劳动者予以技能培训，激发其工作热情。

在劳动过程中，可能会存在使劳动者心理紧张的情况。在该情况下，劳动者的需求可能因不能得到满足而产生生理、心理或行为的消极反应，形成职业紧张。根据耶基斯—多德森定律，心理紧张强度与劳动效率并不是简单的线性关系，而是倒U形的曲线关系。具体体现在：适宜的职业紧张，劳动效率最佳；职业紧张度过低时，缺乏参与活动的积极性，劳动效率可能不会提高；职业紧张强度超过顶峰时，劳动效率会随强度增加而下降，因为过强的动机使个体处于过度焦虑和紧张的心理状态，干扰记忆、思维等心理过程的正常活动。

当代大学生的劳动，一方面，在校学习期间参加的所有脑力、体力劳动的综合，会受到学业、恋爱、人际关系等因素影响，在生产劳动时会产生负性情绪。另一方面，毕业临近之际，有些学生会因暂未找到心仪的工作而焦虑。尤其是在身边同学都落实工作时，其容易受到环境、氛围的影响和刺激。面对严峻的就业形势压力，自己寻找工作时屡屡受挫、无所进展，尤其当自身专业素质不高、社交能力欠缺、自信心不够、准备不足时，其焦虑、浮躁的心态就会显得越发强烈，甚至长时间都难以排解和克服。

二、"这很重要，因为与你有关"：健康的劳动心理的重要性

人的心理会左右人的行为，心理健康状况会通过"行为健康状况"表现出来，长期的行为表现又决定了一个人的社会角色。心理健康会对劳动者的现实表现产生某种程度的间接或直接影响。例如：在学业上，选课较多或对成绩要求过高，繁重的课程、过多的作业，加上还需要处理生活中的其他事情，大学生会处于压力与焦虑之中，进而作息时间不规律，影响行为效率，学习注意力下降、记忆力减退、人际关系维系时间缩短、工作效率下降等都会出现。可见，健康的心理对大学生的劳动（脑力劳动、体力劳动）产生十分重要的影响。那健康的心理状态对大学生的劳动有着怎样的重要作用呢？

（一）"态度决定一切"：树立正确的情感态度与价值观

在马克思看来，价值是指客观事物能够满足人们某种需要的属性，其实质是人和客观事物之间的利益关系。价值并非静止状态，它代表着主体对客体的动态判断，人们用此观念判断是非善恶，并且对事物的发展状况阐发自己的见解。

从此种意义上看，价值与价值观有异曲同工之妙。在社会发展变迁的过程中，不同的价值观念与价值评价的激烈碰撞造成了大学生价值观的紊乱，并且产生了一系列的价

值冲突。劳动教育的忽视使得大学生的价值观具有多样性、复杂性的特点。而劳动心理是劳动主体在劳动活动中的心理特征及规律的总称，应作为劳动教育的一部分以补充传统劳动教育中的心理方面的不足，帮助大学生树立正确的价值观，培养健全人格。一方面，劳动心理教育有利于使大学生认识到尊敬劳动就是尊敬劳动人民的情感。该内容体现在劳动教育的内容上，将对劳动人民的情感，对劳模精神、工匠精神的尊敬融入自己的价值体系中，使学生个体在成长中形成内驱力来维持崇劳心理的建立。另一方面，劳动心理教育是对劳动实践的情感教育，使学生认识到不是为了知识（技能）而学习，而是要对所学的知识（技能）有一种认识。投射在劳动教育上，其对所学的知识（技能）的这种"认识"可以被看作积极的劳动态度，即学生热爱劳动，以劳动为荣，珍惜劳动成果，具有从事创造性劳动的精神。崇劳心理一旦被学生内化成个体的价值观，将一如既往地指引大学生，贯穿劳动教育实践的始终，使学生产生诸多正向的心理体验，有效减轻学生的心理压力，促进个体心理健康。

（二）"良好人格促进劳动者更好发展"：塑造健全人格

马克思、恩格斯认为，劳动创造了人本身，人的个性、才能和世界观是在劳动的过程中形成的。在社会里，个体将体力劳动和脑力劳动结合，使自己各方面的能力得到充分发展，成为全面发展的人。提升学生个体的劳动技巧，锻炼劳动能力，培养尊重他人劳动的品德等，都是对个体人格的建立与健全，是大学生全面发展过程中不可缺少的一环。人的个性心理存在差异，人的全面发展要尊重个性的发展，因此，学校应根据性别、专业、家庭情况等的不同，倡导因材施教，引导学生全面、和谐地发展。

（三）"需求需要被看见"：了解自身的合理需求，加强自我实现

马斯洛的心理需求理论把需求分为缺失性需求和成长性需求，具体为生理需求（physiological needs）、安全需求（safety needs）、爱和归属感（love and belonging）、尊重（esteem）和自我实现（self-actualization）五类，依次由较低层次到较高层次排列。新时代推动大学生劳动教育不仅是为了让大学生获得基本的生活满足，更重要的是通过劳动获得自我认同，获得自尊自信。劳动推动了人类的进化，促进了大脑的开化，大学生通过劳动教育可以更好地促进大脑的发展，让自己变得更聪明和有智慧；劳动实践教育与知识、技能紧密相关，对大学生进行劳动教育，是开阔他们的知识视野、激发他们学习热情、推动他们理论联系实际的有效途径之一，是一种更为深层次的认识自我、发展自我的智力建构。大学生通过各种劳动获得知识和成果，促进社会进步，推动社会发展，以此获得自我认同，同时获得自尊自信，满足尊重和自我实现的心理需要。

（四）"拓宽朋友圈"：锻炼人际交往能力

在马克思看来，任何劳动都是个人在一定社会形式中并借这种社会形式而进行的对自然的占有。因此，人与人的关系是在劳动中无法脱离的。劳动不仅是人与自然之间的

物质变换活动，更是人与人相互联系的纽带。人对自然界的改造并非孤立封闭的活动，劳动过程本身会产生人与人之间的交往互动，拉近了人与人之间的联系，加强了人的社会性，使人与人之间的关系更加紧密。

人际交往是劳动过程中社会性的体现，也是心理健康的重要组成部分。劳动使人们调节身心健康，促进个体间、个体与组织间的情感交流。和谐的人际关系能够对大学生心理健康的发展起支撑作用，使其更有信心发展自我潜能、完成工作、促进社会良性发展。大学生积极参与劳动过程，可以提升个人工作能力与沟通技巧，体验在分工协作、团结互助的劳动过程中获得成就感，增强个体在集体中的归属感和安全感。

（五）"创新驱动发展"：激发创新创业品质

劳动是推动社会发展、人类进步的必要手段，创造了物质财富和精神财富。开展劳动教育要求大学生认识到劳动不仅能创造出财富，还能够推动个人的发展，这就要求在劳动中激发大学生的创新创业品质。一方面，中华优秀传统文化中包含了劳动的精髓与要义。春耕夏作、秋收冬藏，这是古代劳动者们创造美好生活的基础，辛勤劳动是一件值得自豪的事情，有了劳动成果的滋润，任何事物都会因此而变得伟大。盘古开天，天地方圆；尧舜治国，华夏文明；《诗经》歌颂劳动人民，"四大发明"集聚先贤智慧。另一方面，社会主义核心价值观要求大学生进行创新创业。通过劳动塑造劳动道德和素养，让大学生深刻认识到社会主义核心价值观的劳动内涵，深刻领悟到劳动改造人主观世界的强大力量，最终让劳动成为激发大学生创新创业的不竭动力。

三、"别担心，看我"：培养健康的劳动心理

（一）"信念会转弯"——调整自身认知

古希腊哲学家伊壁鸠鲁有言："困扰人类的不是问题本身，而是人类对问题的看法。"劳动事件对健康的影响主要不在于劳动本身，而在于个体主观上对劳动的认识和评估对其情绪和躯体状况的影响。无独有偶，美国心理学家阿尔伯特·埃利斯提出的"情绪ABC理论"。他认为激发事件A（activating event）只是引发情绪和行为后果C（consequence）的间接原因，而引起C的直接原因则是个体对激发事件A的认知和评价而产生的信念B（belief）。即人的消极情绪和不良行为结果（C），不是由于某一激发事件（A）直接引发的，而是由于经受这一事件的个体对它不正确的认知和评价所产生的错误或不合理的信念（B）所直接引起。错误信念也称为非理性信念。大学生应清醒地认识到，劳动过程中可能会出现一些不可控因素影响个体心态、劳动进度、劳动效率等，

这是调整劳动心态必要的认知前提。

📚 拓展阅读

转念六步法

两人为一组，通过生活中常见的事例发现自身存在的负面想法，进行辩论，得到正面想法和好的结果。

（1）事件：_____

（2）负面想法：_____

（3）负面心情：_____

（4）自我辩论：_____

（5）正面想法：_____

（6）结果：_____

（二）"认识你自己"——制订适合自身的劳动规划

学习也是一种劳动。新时代青年学子，大到肩负着国家富强、民族复兴的梦想，小到实现个人生存谋生、未来发展目标。这些梦想和目标的实现都要求当代大学生锤炼品质，磨炼意志，精练本领。因而在大学4年生涯中，大学生要规划好学生生涯，并主动提升自身素质（知识与技能）。首先，根据自身各方面情况综合得出今后发展的方向，明确目标。然后将大的目标分解成细小目标，并坚定不移地执行。在这一过程中有以下两点值得注意：一是小目标需要缓冲时间。阶段性小目标不是一成不变的，而是一个小幅度动态的过程，如果暂时没有达成，也不必气馁，下次努力，更不必责怪自己为何此次没有达到，不是所有劳动的付出都一定有一个满意的结果。二是，坚持目标是辛苦的，但并不表示没有坚持的必要或者遇到困难就放弃坚持。

（三）"打气筒行动"——开展积极的自我激励

不是所有劳动的付出都必有一个满意的结果，劳动的过程可能也是辛苦的，在这种情况下，大学生需要通过自我激励在劳动后补充体力、补足精力，以及获得心灵的满足。达成目标，需求被满足，内心获得成就感，产生开心、愉悦等充沛的内心体验，可通过自我奖励的方式为自己打气，如考试通过奖励自己一块蛋糕，志愿小时数达到100小时奖励自己一次短途旅行等。未达成目标，内心紧张，产生愤懑、不甘、委屈等消极情绪，需要通过自我慰藉的方法缓解，如考证还有一门没过，决定喊上好友一起吃顿火锅等。值得注意的是，无论是积极情绪的奖励还是消极情绪的慰藉，都需要以合理的方式进行。

（四）"劳动闪光点"——合理安排和使用自身"劳动力"

高校大学生要确定自己具备哪些"劳动能力"，最大程度地挖掘、施展自己才能。

在自己的"得分点"上下功夫，是提升大学生劳动自信心的有效方法，并能促成其在自身优势上发挥才干，做出成绩。对一些各项综合素质较好的大学生来说，应该有意识地把精力放在较为复杂的知识、技能的学习上，使自己的进取心得到满足；对于各项基础比较薄弱的大学生，应制定不同的标准，使自己的能力与劳动相适应，不致因不能胜任而厌恶劳动。

（五）"从点滴做起"——改善自身劳动"微环境"

改善周围微环境是调试心理的积极方式。改善周围的微环境不仅指的是改善身边的物理环境，如周末和室友一起打扫寝室等；还指积极调整个体的生理状态，如定期和朋友去球场酣畅淋漓地运动等；还指创设个体和谐的心理环境，如主动为正在和你闹矛盾的朋友做一些事情等。

同学们有没有注意到，在以上培养方法中，劳动都包含其中。劳动是贯穿于大学生活的方方面面的。1860年俄国著名教育家乌申斯基在《教育部公报》第七期的《劳动的心理和教育意义》一文中对劳动教育的作用与意义做了论述。劳动不仅可以创造物质财富，也是个体发展的必要条件；教育不仅应培养学生对劳动的尊重和热爱，还须培养他们的劳动习惯；脑力劳动与体力劳动的正确交替对增强学生的体力和智力最有益。习近平总书记对劳动的重要论述中，阐释"劳动是一切幸福的源泉"，是贯彻着劳动创造人和财富以满足人的需要的思想。

（六）"实践出真知"——主动投入实践获得真本领

对于在校大学生来说，大学生们可通过学校或学院组织的暑期社会实践、专业顶岗实习、短学期自主实习、志愿服务等，增加自己与社会的接触面。通过自身实践获得的经验远比从他人口中获得的要真实可靠得多。对于学校来说，一方面，学校需要在端正毕业生就业态度的前提下，针对毕业生的特殊需求，精准推荐岗位，在就业中体现人文关怀；另一方面，对于今后没有明确规划的毕业生，学校也应积极鼓励他们去岗位中体验、历练。对于毕业生来说，要牢记"劳动是一种需要付出的辛苦"，刚入职的"菜鸟"要积极投入，主动学习，调动主观能动性应对工作中的问题，拒绝眼高手低，不要"口嗨战术"，通过实际行动解决问题。

📖 **拓展阅读**

情商[①]

从劳动教育角度来说，情商越来越多地被应用在企业管理学上。对于组织管理者而言，情商是领导力的重要构成部分。

国外对情商理论的探索由来已久。1920年，美国心理学家爱德华·李·桑代克在

[①] 黄婉珺. 大学生情商教育研究 [D]. 大连：辽宁师范大学，2014.

"Intelligence and Its Use"（《智商及其应用》）一文中在智商概念的范畴之外，提出了社会智力（social intelligence）的概念，来描述理解他人并能对人际关系做出明智反映的能力，认为这本身就是人的智力的一个因素。1983年，哈佛大学教育学院心理学家霍华德·加德纳的多元智能理论（The Theory of Multiple Intelligences）抛弃传统智商概念的单一性和一成不变性，将智能划分为7类，这种多元智能理论被普遍认为是情商理论的基础。1988年，以色列著名心理学家鲁文·巴伦第一个使用emotional quotient（EQ）这个名词。1990年美国耶鲁大学心理学家彼得·萨洛维和新罕布什尔大学心理学家约翰·迈耶重新系统地解释了"EQ"的概念。1995年，哈佛大学心理学家丹尼尔·戈尔曼发行*EQ*一书，并将加德纳的人际关系技能纳入情感智商的基本概念中，至此，情感智商扩展为5个主要方面：了解自我、自我管理、自我激励、识别他人情绪、处理人际关系。

1.了解自我：监视情绪时时刻刻的变化，能够察觉某种情绪的出现，观察和审视自己的内心世界体验。它是情绪智商的核心，只有认识自己，才能成为自己生活的主宰。

2.自我管理：调控自己的情绪，使之适时适度地表现出来，即能调控自己。

3.自我激励：能够依据活动的某种目标，调动、指挥情绪的能力，它能够使人走出生命中的低潮，重新出发。

4.识别他人的情绪：能够通过细微的社会信号，敏感地感受到他人的需求与欲望，即认知他人的情绪，这是与他人正常交往，实现顺利沟通的基础。

5.处理人际关系，调控自己与他人的情绪反应的技巧。

1997年，巴昂编制了世界上第一个标准化的情绪智力量表——巴昂情商量表（Bar On Emotional Quotient Inventory，简称EQ-i）。2000年，佩特里迪斯在"On the Dimensional Structure of Emotional Intelligence"（《情绪智力的三维结构》）中第一次区分了特质型情绪智力与能力型情绪智力，使情商研究进入新时代。尽管研究者们对情商概念的定义有所不同，但他们都有一个共识：传统的智商定义不能全面地评估人的能力，只有着力提高情商，才能够医治各种社会病。

📖 拓展阅读

情绪劳动[①]

美国社会学家阿莉·拉塞尔·霍克希尔德通过对航空公司空乘人员提供微笑服务的研究，在其著作 *The Managed Heart: Commercialization of Human Feeling* 中提出情绪劳动（emotional labor）概念，除了体力和脑力劳动外，这些服务业工作人员要遵从公司的相

[①] 郭小安，李晗.情绪劳动与情感劳动：概念的误用、辨析及交叉性解释 [J].新闻界，2021(12)：56-58.

关规定付出情绪劳动，以保证乘客始终感受到来自空乘人员的正面情绪。

情绪劳动就是劳动过程中对情绪的商品和社会符号这两种属性的综合利用，情绪的商品属性表现为劳动者的外在状态，即顾客所需要的情绪状态；而其社会符号属性则体现在劳动者对情绪规则的遵守状态，即员工所做的心理调整。

情绪劳动主要是围绕着劳动过程中各主体的行为及互动来探讨组织情绪规范的作用机制、劳动者的反应与抵抗乃至劳动控制引发的后果等问题，展示了情绪规范如何使劳动者一步步从"表层表演"走向"深层表演"。情绪劳动研究通过剖析这一过程中劳动者的情绪整饰过程，来展示劳动者如何运用情绪资源与组织、顾客乃至制度互动，进而细化情绪体制以强化情绪的使用价值，同时减少情绪耗竭的负面影响。

⑦ 思考题

1. 劳动就业的基本原则有哪些？
2. 劳动合同的必备条款有哪些？
3. 如何培养健康的劳动心理？

✓ 劳动实践

参观某一生产经营单位，指出其中哪些规程、设施、装备等，遵循了劳动安全制度的相关规定。

后 记

自从 2021 年 12 月浙大城市学院新时代劳动教育研究中心成立以来，劳动教育进程在浙大城市学院全面启动。2022 年 5 月，杭州新时代劳动教育研究联盟成立，在教学实践的基础上，马克思主义劳动观课程组萌发了编写劳动教育教材的想法。9 月 26 日，正值第四个杭州"工匠日"，第一届新时代劳动教育研究联盟高峰论坛举办的前一天，召开了教材论证会，杭州市十三届人大常委会党组副书记、副主任，杭州市劳模工匠协会会长，杭州新时代劳动教育研究中心主任郑荣胜，浙大城市学院校长罗卫东教授，上海师范大学何云峰教授等与会专家提出了既高屋建瓴又专业细致的修改意见，为本书的最终呈现提供了有效的指导和有力的保障。

本书的写作大纲由鲁明川提出，经过专家委员会的讨论后确定了章节结构。鲁明川、刘珊珊对全书内容进行了审定和修改。张义修、潘玮丽、陈婧洁、韩沁钊、王甄玺、胡小波、逄媛宁、刘珊珊、丁丹丹、林洁、钱俊完成了各相关章节的撰写。浙江大学出版社李晨老师承担了繁重的编辑工作，并给出了许多有价值的建议。在本书的写作过程中，参考了大量国内外相关文章和著作，我们向所有关心、支持、参与本教材撰写的人员表示感谢！